KB097108

남사당의 덧뵈기

초판 1쇄 인쇄 | 2020년 12월 05일
초판 1쇄 발행 | 2020년 12월 10일

지은이 | 문진수 · 남정숙
펴낸이 | 최화숙
편집인 | 유창언
펴낸곳 | **아마존북스**

등록번호 | 제1994-000059호
출판등록 | 1994. 06. 09

주소 | 서울시 마포구 성미산로2길 33(서교동), 202호
전화 | 02)335-7353~4
팩스 | 02)325-4305
이메일 | pub95@hanmail.net|pub95@naver.com

ⓒ 문진수 · 남정숙 2020
ISBN 978-89-5775-239-5 93380
값 28,000원

남사당의 덧뵈기

문진수 · 남정숙 지음

아마존북스

남사당 덧뵈기 옴탈

남사당의 덧뵈기를 만나며

탈은 연희자가 얼굴에 쓰면서부터 다른 인격체가 된다.

따라서 탈은 단순히 극중 인물을 연기하는 도구 이상으로 특정한 인물에 대한 상징성과 기호(記號), 숨겨진 욕망을 반영한 것이다. 또한 극중 인물들의 성격과 비중, 관계를 통해 사회적 권력관계와 억압된 욕구를 표출하고 발산하므로 공동체의 건강함을 유지하게 하는 역할을 하기도 한다.

문자를 접하기 어려웠던 일반대중에게 언어와 공연으로 기층사회의 이데올로기를 전파하고 왕과 영웅을 등장시켜 신탁통치의 당위성을 공감하게 하는 서양의 그리스 비극이 있다면 고대 한국에는 권력에서 비켜난 사회적 약자들을 등장시켜서 기득권 비틀기, 비꼬기, 위계전복, 풍자 등을 하는 희극이자 축제로서의 탈놀이 연행이 있다.

덧뵈기는 남사당놀이 중 탈놀이를 일컫는 은어이다. 덧뵈기는 '덧쓰고 보인다', '덧 보이게 한다', '덧(곱) 본다'는 뜻으로 가면을 착용하고 벌이는 가면극을 의미한다.

남사당의 덧뵈기에서도 말뚝이, 옴중, 먹중, 상중, 샌님, 취발이, 노친네, 피조리, 꺽쇠, 장쇠, 먹쇠, 멍쇠 등이 등장한다.

덧뵈기 탈의 출연 역할만 보면 옴중, 먹중, 상중 등 타 탈놀이에 비해 다양한 성격의 중들이 등장하며 꺽쇠, 장쇠, 먹쇠, 멍쇠 등 다양한 예인들이 등장한다.

남사당에 우두머리가 있듯이 덧뵈기에도 관계와 위계질서 간의 전복과 갈등관계를 통해 재미와 사회적 현상을 드러낸다.

현존하는 자료에서는 덧뵈기가 등장하는 시기를 17세기부터라고 전하고 있으나 덧뵈기를 구성하는 역학과 관계의 변이에 대해서는 어떻게 변화되어 왔는지에 대한 기록을 찾기는 어렵다.

남사당놀이는 꼭두각시놀음으로 1964년 4월에 중요무형문화재 3호로 지정되었고, 1988년 8월 나머지 5개 종목 모두 중요무형문화재가 되었다. 2009년 9월 30일 유네스코 세계무형문화유산에 등재된 대표적인 전통연희 종목이다. 보통 다른 문화재들이 단일 지정 종목으로 이루어진 것과는 달리 남사당놀이는 6종목, 즉 풍물, 버나(접시돌리기), 살판(땅재주), 어름(줄타기), 덧뵈기(탈춤), 덜미(꼭두각시)로 구성되어 가(歌), 무(舞), 악(樂), 희(戲), 기예(技藝) 등이 고루 연계된 종합 예술이다. 그러나 연행자의 입장에서는 다른 탈놀이에 비해 재담의 비중이 높고, 탈 위에 상모를 쓰고 상모를 돌리면서 재담과 노래, 악기연주도 해야 하는 난이도가 높은 공연종목일 것이다.

일반 대중에게 남사당놀이는 현재 안성지역의 남사당놀이가 많이 알

〈유네스코 세계무형문화유산 인증서〉

려져 있지만, 사실은 신라시대부터 조선시대까지 이어져 온 산대(山臺)라
는 대형무대를 중심으로 열리는 우리나라의 대표적인 축제행사의 일환
이었으며, 조선시대 서울이었던 한양에서부터 시작되어 경기도지역과
전국으로 퍼졌다는 사실을 알고 있는 사람은 많지 않을 것이다.

  본 '남사당의 덧뵈기' 책에서는 덧뵈기에 대한 전문적이고 체계적인
전승을 위한 연행구조, 대본, 음악, 춤 등 전통예술을 전공하는 사람들에
게 필요한 전문지식도 들어 있지만, 산대놀이 계통 탈놀이의 역사적 조
망과 산대잡극의 일환인 탈놀이가 궁중에서 어떻게 민가로 확장되고 대
중화되었으며, 마을굿 탈놀이와 어떻게 분화되었는지를 논문들과 자료
등의 객관적 증거를 제시하므로 양주별산대놀이, 송파별산대놀이, 안성
탈놀이 이전에 '한양 본산대탈놀이'가 있었다는 것을 밝히고자 했다.

지금까지 덧뵈기는 양주별산대놀이와 매우 유사하므로 양주별산대 놀이의 한 유파이거나 모방한 것이라는 주장과 달리 임진왜란 이후 산대희가 금지되자 조선시대 궁중에서 산대희에 참가하던 전문재인들이나 대대적인 산대희 국가행사 시 차출되는 서울에 살고 있던 경중우인이라는 재인들에 의해 먼저 애오개, 녹번, 사직, 홍제동, 구파발, 노량진 산대놀이 등 서울지역을 중심으로 전파되었고, 이후 서울지역 산대놀이들이 양주 · 송파 · 퇴계원 별산대놀이로 확산됨과 동시에 전국을 다니던 남사당패의 덧뵈기는 본산대놀이 계통의 궁중 탈놀이와 마을굿 계통의 탈놀이가 섞여서 1~2과장은 본산대놀이 계통의 과장, 3~4과장은 마을굿 계통의 과장이라는 독특한 형태의 덧뵈기가 되었다는 결과에 도달하게 해 주었다.

또한 기존 연구들에서는 남사당 연행자들의 신분이 조선시대 사원에서 쫓겨난 재승들 · 성균관에서 일하던 반인이자 노비 · 소를 도살하는 백정이었다는 의견이 지배적이었으나 본 연구에서는 국가행사였던 나례의식과 산대희에 참여하는 예인들은 궁중에 속한 전문재인으로 비록 천인이기는 했으나 소를 도살하는 백정의 신분은 아니라는 주장을 하고 있다.

왜냐하면 조선 시대는 철저한 신분제 사회로 왕이 주관하는 국가행사 산대희는 의금부에서 주관할 정도로 엄격한 행사였다. 산대놀이에 참여하는 전문재인들도 평소 의금부에 소속되어 철저하게 관리되었는데 어떻게 칼을 사용하여 소를 도살하고 신분도 불분명한 내 · 외국인 백정들을 왕이 참석하는 행사에 주 공연자로 올렸을 것이라는 기존의 주장은 철저한 신분제 사회였던 조선 전기라는 시대적 배경에서 과연 가능한 것이었는지 의문이 들었다.

또한 산대놀이와 산대놀이 재인들은 국가의 나례의식이나 중국 사신들을 영접하는 외교행사의 주요 프로그램인지라 조선 후기까지 의금부–나례청에서 전문적으로 관리했으며, 조선 후기에는 포도청 주관으로 관리할 만큼 전문적 영역이었는데 과연 평소에 소의 도살을 하면서 동시에 나례청에서 훈련을 받는 일이 가능했을지도 의심스러웠다. 우리는 이런 궁금증에서 시작하여 1692년 감로도 및 1725년 봉사도 등 다수의 그림과 화첩들을 분석하고, 다수의 산대놀이에 관련된 고전들·논문과 자료들을 검토한 결과 산대놀이를 했던 전문예인들은 민간으로 확산되었던 임진왜란 이전에는 비단 옷과 한삼 옷 등 고급스런 무대의상을 입었던 전문재인의 신분으로 대우받았다는 그림과 기록들을 찾아낼 수 있었다. 또한 기존에 발표된 적이 없는 다수의 사진 행사 자료를 수집하여 사용하였으며 1965년부터 2018년까지 4개의 년도별 '남사당 덧뵈기' 대본 제시는 이번 출판의 큰 성과라고 하겠다. 특히 1960년부터 2020년까지 선대예인과 현존하는 전승자 선생님들의 구술과 증언을 통한 '남사당 덧뵈기 전승자 계보'에 대한 정리도 이번 연구의 큰 성과라고 하겠다. 따라서 본 '남사당의 덧뵈기'를 통해 그동안 남사당패에 대한 오해들을 불식시키고 본산대놀이 계통의 탈놀이의 대표적인 전승놀이로서 좀 더 학술적이고 체계적인 연구가 이루어질 수 있는 계기가 될 것을 기대하게 되었다. 동시에 임진왜란 이전 삼국시대부터 전승되어 온 산대잡희의 일부인 남사당 탈놀이의 원형을 복원해야 한다는 부담스러운 과제도 안겨주었다.

이번 '남사당의 덧뵈기'를 쓰기 위해 많은 자료가 필요했지만 현존하는 전승자 선생님들이 연로하시고 그동안 구체적으로 정리한 자료들이 부족하여 매우 아쉬웠다. 우리가 사용한 자료들은 '남사당의 덧뵈기'에서는 다음과 같은 공연의 사진과 팜플렛을 사용하였다.

⑴ 1965년 〈국립영화제작소 기록촬영〉 사진
⑵ 1969년 〈명동 카페 떼아프르에서 상설공연〉 공연 전단
⑶ 1973년 〈남사당 창립 8주년 기념 대공연〉 공연 전단, 보도자료
⑷ 〈남사당 덧뵈기 사진〉 남사당, 김수남 (자료출처: 네이버 사진자료)
⑸ 2007년 〈남사당 공개행사〉 남사당 제공
⑹ 2009년 〈남사당 공개행사, 기획공연〉 남사당 제공
⑺ 2010년 〈남사당 대전지회 정기공연〉 문진수 제공
⑻ 2016년 〈남사당 공개행사〉 남사당 제공
⑼ 2017년 〈남사당 공개행사〉 남사당 제공
⑽ 2018년 〈남사당놀이 발표공연〉 남사당 제공
⑾ 2019년 〈남사당 대전지회 정기공연〉 남두희 사진작가 제공
⑿ 2020년 〈남사당 대전지회 정기공연〉 문진수 제공

'남사당의 덧뵈기'에서 연희본은 다음의 대본들을 사용하였다.
⑴ 1965년 〈국립영화제작소 기록필름 채록본〉 문진수 채록
⑵ 1968년 〈무형문화재본〉 「무형문화재조사보고서」 40호, 문화재관리국
⑶ 1974년 〈심우성본〉 남사당패연구
⑷ 1990년 〈남기문본〉 남기문의 덧뵈기 연희본

⑸ 1998년 〈문진수본〉 박용태 구술을 문진수가 1차 채록정리(총 5차 채록)

⑹ 2003년 〈심우성본〉 1968년 무형문화재본 참고 2003년 8월 연희대본 추가

⑺ 2008년 〈박용태본〉 박용태의 덧뵈기 연희본

⑻ 2018년 〈문진수본〉 박용태의 구술을 문진수가 최종 채록

남사당 덧뵈기 연행의 변화양상을 알아보기 위해서 시대별로 다른 3개의 공연들을 비교 분석하였다.

⑴ 1965년 〈경복궁 공연〉

⑵ 2003년 〈건국대새천년관 공연〉

⑶ 2018년 〈서울놀이마당 공연〉

남사당의 덧뵈기 전승자 계보를 위해서는 다음과 같은 다수의 증언과 자료를 사용하였다.

⑴ 1960년 〈정일파 구술〉「심우성의 남사당패 연구」심우성 채록

⑵ 1989년 〈심우성본〉「심우성의 남사당패 연구」

⑶ 1996년 〈남기문 구술〉 문진수 1차 채록

⑷ 1997년 〈남기수 구술〉 문진수 채록

⑸ 1998년 〈박용태 구술〉 문진수 채록

⑹ 2008년 〈박용태본〉「박첨지가 전하는 남사당놀이」

⑺ 2014년 〈전경욱본〉「한국전통연희사전」

⑻ 2020년 〈남기문 구술〉 문진수 최종 채록

남사당놀이의 연혁은 1960년 3월부터 2010년대까지 시대별로 주요연

혁들만 기록하였다. 이 중에서 1965년·1968년·1969년·1973년·2003년
등의 자료들을 인용하였다.

〈남사당놀이 주요연혁〉

구분	년도	내용
1960년대	1960. 3	남사당놀이구성 전국 순회공연
	1961. 10	영남 개천예술제
	1964. 4	중요무형문화재 3호 지정 (꼭두각시놀음)
	1965. 5	제1회 남사당놀이 발표공연(명동 국립극장)
	1965. 5	국립영화제작소 기록촬영
	1968. 3	제5회 남사당놀이 발표공연 및 영화촬영
	1969. 4	명동 카페 떼아뜨르 공연
1970년대	1970. 4	사단법인 민속극회 남사당 설립(문공부승인 64호)
	1970. 10	전국민속경연대회 서울시 대표 참가
	1973. 7	사단법인 민속극회 남사당 창립 8주년 기념 대공연
	1973. 10	남사당촌 개설(경기도 용인군 수지면 성복리)
	1975. 3	남사당 영화촬영(이규환 감독)
	1976. 10	제주도 전국민속예술경연대회 서울대표 참가
1980년대	1984. 3	남사당놀이 전종목 재현 발표공연(경기 광릉)
	1986. 6	아시안게임 축하공연
	1988. 8	남사당놀이 5종목 문화재 추가 지정 중요무형문화재 보유단체 지정 올림픽 축하공연
1990년대	1991. 3	한민족체전 축하공연(일본)
	1992~1998	남사당놀이 정기 해변풍물강습
	1998. 8	광복50주년 행사(독립기념관)
	1999. 9	남미 5개국 순회강연 및 시연

	2000. 2	국립민속박물관 공연
	2000. 8	남사당 6종목 기록영화제작(문화재청)
	2001. 8	일본 동경 슈퍼엑스포 공연(산자부)
	2001. 9	중국 북경 공연(서울시청)
	2002. 6	세계민속축전(국립극장)
	2003. 8	하계유니버시아드대회 공연(대구 선수촌)
	2003. 8	남사당놀이 정기공연
	2003. 10	한, 유럽 수교 40주년기념 유럽 4개국 5개 도시 순회공연
	2003. 10	백제문화재 초청 개막공연(공주)
	2004. 1	설날 서울놀이마당 공연
	2004. 2	하이서울페스티벌 공연
	2005. 6	업무표장등록증 교수(특허청 등록번호 0001694호)
2000년대	2005. 9	미국 뉴욕시 플러싱 매도즈 코로나 공원 공연
	2005. 11	국립중앙박물관 개관 기념 공연
	2006. 3	영화 '왕의 남자' 재현 경복궁 공연
	2006. 7	중국 하얼빈 한국주간 공연
	2006. 10	2006 정기발표 공연
	2007. 7	덜미, 덧뵈기 녹음
	2007. 9	2007 전통연희축제(상암월드컵공원)
	2007. 11	한국관광공사 촬영
	2007. 11	2007 정기발표공연(관악문화관 대공연장)
	2007. 12	중국 하얼빈 조선민속문화재 기념 공연
	2008. 1	고 이수영 선생 1주기 추모공연
	2008. 4	2008년도 전수자 선발 시험
	2008. 5	남사당놀이 6마당 공연(송파놀이마당)
	2008. 9	중요무형문화재 남사당놀이 6마당 기획공연
	2008. 10	부천세계무형문화유산엑스포 공연(부천영상문화단지)
	2008. 12	남사당 6마당놀이 공연(인사동 남인사 마당)

2000년대	2009. 2	무형문화재 공연(경복궁)
	2009. 3	2009 이수자, 전수자 선발시험(전수회관)
	2009. 4	중국 남사당놀이 순회공연
	2009. 6	남사당놀이 6마당 기획공연(국립국악원)
	2009. 9	대한민국 전통연희축제 공연(국립중앙박물관)
	2009. 9	유네스코 세계무형문화유산 등재
	2009. 10	2009년 남사당놀이 정기공연(서울놀이마당)
	2009. 10	유네스코 등재기념 공연(구 인천경찰학교)
2010년대	2010. 3	전주 아시아태평양 무형문화유산축제(전주 한옥마을)
	2010. 6	중요무형문화재 제3호 남사당놀이 정기공연
	2010. 9	국립극장 공연
	2010. 10	남사당놀이 경연대회 공연
	2011. 5	동아시아탈춤축전 공연
	2011. 6	전주 아세아태평양 무형문화유산축제 공연
	2011. 9	KBS 국악한마당 명인전 촬영
	2011. 10	2011 남사당놀이 정기공연
	2012. 2	정월대보름 대동놀이굿 한마당
	2012. 4	위대한 유산, 세계를 만나다
	2012. 6	전주 아시아태평양무형문화유산축제
	2012. 10	2012 남사당놀이 정기공연
	2013. 5	국악원 연희충류공연장 개관기념 공연
	2013. 5	한옥마을 공연
	2013.5~10	국악원 별별연희 객원 출연
	2013. 11	굿보러 가자(서천)

표1 남사당놀이보존회 홈페이지 재구성

신라시대부터 조선시대까지 산대놀이 계통으로 면면히 이어져 온 남
사당 덧뵈기는 수백 년을 이어져 올 만큼 매력적이고 재미있기 때문에

전승되어 올 수가 있었을 것이다. 많은 사람들이 덧뵈기를 관람하였고, 많은 연행자들이 덧뵈기 공연에 참여했으나 체계적으로 정리한 자료는 부족한 편이었다.

그런 의미에서 이번에 출간되는 「남사당의 덧뵈기」는 덧뵈기 어원으로부터 기원을 찾아보고 국가적 의례행사인 산대의식에서 나타난 탈놀이, 본산대놀이와 별산대놀이의 전승과 변이 양상, 서울과 지역 기반의 탈놀이, 서울과 지방의 탈놀이 사이의 계통 등의 역사적 변천을 되짚어 보았으며, 현재 남사당패의 계보를 분명히 밝히고 그들로부터 면면히 전승되어 오는 덧뵈기의 연행구조, 대본, 탈, 음악, 춤 등에 대해 통합적이고 체계적이며, 확실한 증거자료들을 제시한 남사당 최초의 실증적 자료라고 할 수 있을 것이다.

그동안 현장예술이자 공연예술들은 전승자 위주의 세습체계와 구전 위주로 전달되어 오므로 변형과 변이가 일어날 수밖에 없었다. 남사당놀이도 마찬가지이다. 본 연구에서도 언급한 1965년 〈경복궁 공연〉, 2003년 〈건국대새천년관 공연〉, 2018년 〈서울놀이마당 공연〉을 비교해도 조금씩 변이가 일어나고 있는 모습을 알 수 있었다.

'남사당의 덧뵈기' 출간 목적은 신라시대부터 내려 온 남사당 덧뵈기는 우리가 지켜 나가야 할 소중한 자산이자 전통예술·전통연희임을 국민들에게 인식시키고, 현장예술인 남사당놀이가 변형되고 왜곡되는 운명을 극복하고 전승을 위해 애쓰신 선대 전문재인들에게 존경을 표하면서 동시에 현재와 미래 남사당놀이 전승자들에게 남사당놀이의 올바른 전승을 위한 기준과 표준모델을 제시하기 위함이다.

1965년 남사당 덧뵈기 공연 사진

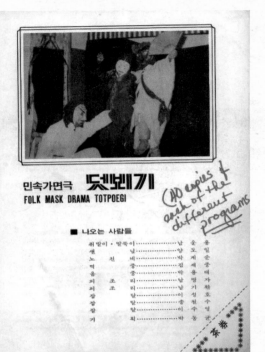

민속가면극 **덧뵈기**
FOLK MASK DRAMA TOTPOEGI

(40 copies of each of the different programs

■ 나오는 사람들

취발이·말뚝이	······	남 운 용 일 순
샌 님	······	양 도 지 성 대
노 친 네	······	박 세 용 가 자
먹 중	······	김 남 명 기 찬
옴 중	······	박 이 성 수
피 조 리	······	남 달 래 동
잡 잽 이	······	이 을 수
기 회	······	박 동 군

남사당 덧뵈기

「남사당」이란 말은 우리의 오랜 역사에서 마을과 마을로 전국강산을 섭렵하며 서민들을 상대로 그들의 여섯가지 연희(풍물, 버나, 살판, 어름, 덧뵈기, 덜미)등이 「남사당놀이」를 보여주며 생활을 영위해온 流浪芸人集團이 이름이다.

앞서 소개한바 있는 「양주별산대놀이」나 「봉산탈춤」등과 같이 일정지역의 향토연희가 아니라 지방성과 행사성에 구애받지 않은 이 「놀이」는 어떤면에서 명실공히 민속극으로서의 소지를 지니는 것이기도 하다.

더욱이 「남사당놀이」는 山台都監이 폐지천후 경제여건에 의한 広大들의 분산으로 「서민놀이」로서 폭넓게 밀착될 수 있었으며 山台都監系 演戱者들의 適合을 받아 한층 규모를 넓혔던것 같다.

50여명의 남자 (간혹 여자가 한몰 끼기도 했음)로써 구성되는 이 연희집단은 풍물(農楽) 버나(쳇바퀴와 사발돌리기) 살판(땅재주와 틀른이라는 요술을 결합) 어름(조선줄타기) 덧뵈기(가면무극) 덜미(꼭두각시놀음)의 여섯가지 종목을 한마당에서 계속하여 노는 장관을 이루었던 것이다.

이러한 여러가지 연희속에 잠복한 서민들의 풍일찬 염원과 사상이 다른 변리우변에서 기생했던 지역안류의 민속연회에 크게 영향을 주었던 것은 말할 나위도 없다.

그중에 가면무극으로써의 「덧뵈기」는 다른 가면극을 보다 연극적 와일새가 있어 춤보다 재담(台詞)과 동작부분이 주도적이며 儀式性이나 行事性에 관계없이 그때 그때 地域民의 渴求와 흥취에 영합하였던 것이다.

이러한 서민취항의 풍자극은 다분이 양반과 상놈의 갈등을 상놈편에서 의식적인 저항의 형태로 다루워져 있고 거칠없는 직설적 재담에만 그치지 않고 사회학으로서의 일면을 보여주고 있는 것이다.

그리고 연희자들은 당시 사회에서 버림받은 소외자들로써 住居地가 없으며 정식결혼이란 생각할수도 없는 여건에서 말한 男色社会라는 지탄마저 받았던 것이다.

이 탈놀이의 명칭을 「덧뵈기」라 함은 「덧(곰)보이다」라는 것으로 탈의 뜻을 포함시키고 있으며 춤사위는 나비춤과 맑이둥나사위가 특징이다.

연행의 제한이 극심한 당시 사회에서 비인격화된 제삼자인 탈을 통해 자기의사를 낼수 있다는 점에서 생겨난 탈로 본다.

연희장소는 마을의 람시막한 뜰이나 마당이며 위에서 말한 남사당의 여섯가지 놀이중 다섯번째로 연희되는 것으로 대개의 시간이 자정 무렵으로 맞고그부터 시작되는 것이다.

내 용 (四마당)

第一. 잘탈마당—상탈과 옹돈샘이들이 나와 덧고사로 시작해서 먹감을 치는 장면
第二. 샌님마당—양반인 샌님 내처가 잘도강산을 유람하는 장면
第三. 임목이마당—취된 말뚝이가 샌님 내처를 조롱하는 장면
第四. 피조리마당—마제승 먹중이 유혹하여 데리고 가는 (처녀)를 상놈인 취발이가 내쫓는 장면.

1973년 민속극회 남사당 창립 8주년기념 대공연 전단

보도자료   전단지

남사당을 빛낸 선대 예인들

故 남형우

(1907~1978)

– 꼭두쇠

1964. 12. 07

보유자 지정

故 양도일

(1907~1979)

– 장구, 악사

1968. 02. 20

보유자 지정

故 박헌옥

(1912~1977)

– 상쇠, 비나리

故 송순갑

(1910~2001)

– 땅재주

故 최은창

(1915~2002) –

장구, 비나리

故 송복산

(1911~1985)

– 태평소

1964. 12. 07

보유자 지정

故 김재원

(1929~1993)

– 상쇠, 버나

1980. 11. 17

보유자 지정

故 조송자

(1930~1999)

– 줄타기

故 지동욱

(1911~1981)

– 징, 북

故 김태만

(1940~1996) –

장구, 소고

故 강천희

(1935~1987)

－소고, 12발 상모

故 이돌천

(1919~1997)

－소고

故 최성구

(1911~?)

－상쇠, 먹중

故 이점식

(1910~1970)

－징, 소고

故 김문학

(1900~1978)

－징, 소고

故 정연민

(1939~1986)

－무통, 피조리

故 박계순

(1927~2006)

－징, 산받이

1980. 11. 17

보유자 지정

故 이수영

(1940~2007)

－상쇠, 비나리

차 례

제 **1** 장

南사당의
덧뵈기 유래

01

덧뵈기의
기원과 역사

◎ 어원으로 살펴 본 덧뵈기

남사당놀이의 덧뵈기는 '덧뵈기'는 '덧'과 '뵈기(=보다)'의 합성어로서 '덧'의 어원은 "원래의 바탕에 거듭 또는 겹쳐서 덧붙이는 뜻을 나타내는 말로 뒤집어쓰거나 한 겹을 더한 것으로 '곱'의 의미를 지닌다. 무용수나 배우가 공연을 위해 분장을 하거나 가면을 쓰는 것으로 원래의 것에 두 배의 곱을 뜻(문진수, 2013)"하고 '뵈기'의 어원은 '보다', '살피다', '알다', '헤아리다' 등의 뜻으로 단순히 대상을 보는 의미를 넘어서 "대상의 존재나 형태적 특징을 살피고, 어우르는 다양한 시야(문진수, 2013)"와 관점을 의미한다고 하겠다.

따라서 덧뵈기는 '덧(쓰고)본다' '곱본다'라는 뜻에서 붙여진 이름으로

'탈'을 쓰고 노는 놀이(문진수, 2013), 즉 탈놀이이다.

장휘주(2006)는 연희집단이 '거사패 – 가리내패 – 사당패 – 남사당패, 여사당패'로 변천되어 오는 것은 이러한 내면에 불교와 밀접한 관련이 있다고 주장했다. 남사당패에서 당연히 불교음악인 불경이나 회심곡, 비나리 등을 적극적으로 차용하게 되었으며 이러한 사찰과의 연대관계 속에서 전문예인집단의 주요 공연 레퍼토리가 풍물이나 비나리(고사소리) 등으로 이루어지는 것은 당연한 귀결이며 이로써 남사당이 불교 사찰과 연관되어 있다는 중요한 근거가 된다고 주장한다.

덧뵈기의 어원을 알고 보면 탈놀이는 공연자가 단순히 탈을 쓰고 춤을 추거나 연희를 보여주는 것이 아니라 "관객과 소통하는 과정에서 직접적인 관계를 맺고, 극중 현실에 개입하는 시야를 통해 대변인으로서 공동체적 놀이판을 형성하거나 비판적인 현실 인식에 대해 폭 넓은 시야를 제공하여 공연을 유발(문진수, 2013)"하는 공연물로, 덧뵈기라는 이름 자체가 공연과 관객 사이의 적극적 매개자이자 안내자가 되는 특별한 공연예술 장르라는 것을 선명하게 제기하는 명칭임을 알 수 있다. 그래서 그런지 남사당패의 덧뵈기는 다른 탈춤에 비해 춤의 비중이 낮고 연기적인 대사와 재담의 비중이 높다. 춤보다는 재담과 연기의 비중이 우수한 풍자극이라고 할 수 있다(한국민속대백과사전).

'뵈기'라고 부르는 명칭은 덧뵈기뿐만 아니라 택견에서 '본때뵈기[1]', '붙뵈기[2]', '막뵈기[3]', '덧뵈기[4]' 등의 기술용어가 있는데 이런 용어들 역시 기술을 쓰면서 상대방에 대한 기술의 수준을 가늠하고 자신의 기술을 적용하는 척도로 사용되고도 있다.

◉ 산악백희(散樂百戲) 기록으로 살펴 본 덧뵈기

중국의 산악(散樂)에 해당하는 연희를 우리나라에서는 백희(百戲)라고 부르는데 종묘의 제사나 조정의 의례에 쓰이는 정통음악인 '아악(雅樂)'에 정반대되는 개념으로 오락위주로 민간에서 행하던 음악과 연희들을 총칭하여 '백희(百戲)'라고 불렀다(한국민족문화대백과).

산악(散樂)은 중국의 고대에 악무(樂舞)를 칭하는 말로, 원래는 주나라의 민간 악무를 일컬었던 용어였다. 남북조시대와 수·당대에 와서는 백희와 동의어로 사용되었으며, 송·원대에 와서는 민간예단 또는 민간 극단을 지칭하는 용어로 사용되었다.

서민적인 연희를 총칭하던 산악백희(散樂百戲)는 한국, 중국, 일본 등 동아시아 국가들이 공동으로 보유했던 연희문화유산으로, 중국에서는 산악, 백희라고 불렀으며 우리나라에서는 백희(百戲), 가무백희(歌舞百戲), 잡희(雜戲), 산대잡극(山臺雜劇), 산대희(山臺戲), 나희(儺戲), 나(儺) 등으로 불렀다(한국전통연희사전).

중국의 산악(散樂)은 한나라와 위나라 때 서역에서 전래되었다고 보고 있으며 특히 남북조시대에 많이 전래되었고 연행종목이 다양하고 세분화되었다고 한다(한국전통연희사전).

'백희(百戲)'가 처음 등장한 기록은 「삼국사기」 유리이사금 가배조에 "7월 보름부터 길쌈내기를 하여 8월 한가위에 그 승부를 가리고 진편이 술과 음식을 갖추어 이긴 편을 대접하는데, 이때에 가무백희를 놀고 이를 가배(嘉俳)라 하였다."라는 기록이 가무백희를 최초로 언급한 기록이다(국사편찬위원회).

신라 진흥왕 12년(551년) 처음 설치했다는 팔관회의 기록에서도 "백희 가무를 놀고 복을 빌었다"고 되어 있다. 이외에도 최치원의 「향악잡영오수」(鄕樂雜詠五首)에도 기록이 나온다.

고려에 와서도 태조 왕건이 팔관회를 계승하므로 팔관회에서 가무 백희로 천지신명을 기쁘게 하여 국가와 왕실의 태평을 기원하였고 이후 고려 의종 때에는 종교적인 의례로 변화하여 국선대사 대신 전문 연행인들을 시켜 일반대중을 위한 백희(百戲)로 변화하였다고 한다. 전문 연행인들은 그 당시에 이미 현재 남사당이 하는 덧뵈기, 죽방울 돌리기, 버나, 장대타기, 살판, 어름, 덜미 등과 같은 종목을 연행했다고 한다. 고려시대 가무백희에 관한 내용은 목은 이색의 시 「산대잡극」(山臺雜劇), 「구나행」(驅儺行), 성현(成俔)의 「관나시」(觀儺詩), 송만재(宋晩載)의 「관우희」(觀優戲), 명나라 사신 동월(董越)의 「조선부」(朝鮮賦) 등에서 구체적으로 기록되어 있다(한겨레음악대사전: 한국민족문화대백과: 이두현, 1979).

기록에 의한 남사당의 연행 및 덧뵈기의 역사는 삼국시대 이전 서역에서 중국으로, 중국에서 삼국으로 전해져 왔음을 증거하고 있으나 가면극, 줄타기, 덜미 등과 같은 놀이와 연행은 세계 어느 지역에서나 보편적으로 발견되는 것으로 우리나라 지역들에서 자생적으로 발생되어 존재하고 있던 것이 중국과 서역의 뛰어난 연희의 영향을 받아 더욱 발전되었을 것이다.

⦿ 나례(儺禮)의식 기록으로 살펴 본 덧뵈기

문진수는 논문(2013)에서 가면극은 나례(儺禮)의식과 관련이 있으며 귀신이나 역병을 쫓는 벽사의례(辟邪儀禮)에서 유래되었다고 주장한다.

나례(儺禮)는 일반적으로 악귀를 쫓는 의식으로 윤아영(2005)은 "조선 시대 전기에는 섣달그믐에 제야일 초혼에 시작하여 야반까지 계속된 행사로 귀신을 쫓는 구역(驅疫)이나 축역(逐疫)으로 시작해서 후에는 좀 더 유희적으로 변화되어 궁중 행사의 하나로 자리매김하게 되었으며 국가 행사나 국빈 행사로 자리 잡았을 것"으로 추측하고 있다.

윤아영(2005)에 의하면 여러 실록에서 나례(儺禮) 궁중행사가 여러 차례 기록되어 있는데 크게 '악귀를 쫓는 의식으로 섣달그믐에 행해지는' 구나(驅儺)의 목적, '왕이 부묘(祔廟)한 후에 궁으로 돌아오면서 노상에서 벌이는' 연행(宴行)의 목적, 사신의 접대 및 지방에 왕명을 전달하는 연향(宴享)의 목적의 3가지 용례로 사용되었다고 한다.

우리나라에서 나례(儺禮)에 관한 최초의 기록은 고려사 예지 6에 기록되어 있어서 서기 1040년에 이미 나례가 있었음을 알 수 있다(백형화, 1976). 우리나라 나례는 중국에서부터 전래되었다고 추측하고 있는데 중국에서 나례에 관한 최초의 기록은 '주례(周禮)' 권 215 춘관종백 제3에 '드디어 나(儺)를 시작하여 역귀(疫鬼)를 쫓다'라는 기록이 있다(백형화, 1976).

조선왕조실록 권4 328 세종(22년) 때에는 대궐의 뜰에서 나례의식이 벌어졌다는 기록이 있으며, 세조 때에는 왕이 사정전 동쪽 모퉁이에서 구경했다는 내용이 나오고, 성종 때에는 선정전 월랑 혹은 선정전 남쪽 처마 모퉁이에서 구경했다는 기록이 나오는데 이는 왕이 달빛에 비치는 야외에서 드러나지 않게 관람하고 있는 모습을 기록해 놓은 것이라 하겠다.

이로 미루어보아 조선시대 나례(儺禮)의식은 귀신을 쫓는 축역(逐疫)을 목적으로 했으나 나례를 하기 전에 내연에서 잔치를 베풀고, 왕과 왕세자 및 종친 등이 함께 모여 술자리를 베풀고 차례로 왕에게 하례(賀禮)를 올리는 잔치의 개념이었다(윤아영, 2005)고 할 수 있다.

나례(儺禮)의식에서는 처용무를 추거나 귀신을 쫓는 우인(優人)들이 잡희(雜戲)를 통해 서로 문답하면서 탐관오리와 더럽고 잡다한 일까지 들추어내는 공연을 하기도 하고 마장, 각궁 등의 물건으로 내기도 하거나 기생, 악사, 나인, 처용 연기자 등에게 선물을 나누어 주는 내용들이 기록되어 있다(윤아영, 2005).

또한 국조오례의(國朝五禮儀) 세종편에서는 "왕이 부묘 후 왕궁을 돌아오는 길에 의금부의 군기감이 종묘의 동쪽 입구에서 나례(儺禮)를 올리고, 성균관의 학생들이 종루의 서쪽 길에서 노래를 부르고(歌謠), 교방에서는 혜정교 동쪽에서 교방가요를 부르고(歌謠), 이어서 궁중 공연예술인 정재(呈才)를 행하였다"고 기록되어 있다.

중국의 사신이 황제의 칙서를 받아 입국할 때 산대와 나례를 베풀었다(조선왕조실록 권5 149 세종 31년).

특히 인조 4년(1626년)에 기록된 '나례등록(儺禮謄錄)'은 중국사신의 입국과 출국까지의 행사일정을 기록한 것으로 나례를 준비하는 과정에서 각 부서별로 준비해야 할 물품과 산대를 설치하는 장소, 공인을 다루는 예절, 각 재인들의 출신 지역들까지 기록된 일종의 행사일지이다. 그러나 행사에 관한 기록은 상세히 되어 있으나 정작 나례의 내용에 대해서는 묘사되어 있지 않다.

'나례등록(儺禮謄錄)'에 의하면 재인들은 각 도의 의금부에 소속되어 있으며 나례등록 시 각도 관찰사에게 공문을 보내어 추착(推捉)[5]하였다고 기록되어 있다.

기타 조선시대 태조 때에는 지방순시 시에도 각 지역에서 나례(儺禮)를 갖추어 왕을 맞이하고 어가 앞에서 절을 하였다(조선왕조실록 권1 40. 태조2년)고 한다.

태종 때에는 왕이 내시를 보내어 연못의 용신과 산신에게 제사를 지낼 때에도 나례(儺禮)를 하였다는 기록(조선왕조실록 권1 689)이 있다.

성종 때에는 왕이 친경(親耕)을 하고 환궁할 때 기생들이 나례(儺禮)를 하는 것은 왕이 놀이를 숭상한다고 보이는 것이므로 나례를 반대한다는 내용의 기록(조선왕조실록 권12 277)도 있다.

대부분의 탈춤에는 가면을 쓰고 귀신을 몰아내는 나례(儺禮)와 같은 벽사의식무가 등장하는데 덧뵈기에는 다른 탈춤과 달리 벽사의식무 성격과 비슷한 '마당씻이'과장이 별도로 있으며, 다른 탈춤에서는 발견되지 않는 특징적인 요소로서 비나리(고사소리)가 등장한다.

◎ 산대의식 기록으로 살펴 본 덧뵈기

산대(山臺)란 신라시대에서부터 고려시대까지 이어져 온 팔관회, 연등회와 같은 국가적인 행사를 거행할 때 사용되었던 산 모양으로 만든 거대한 인공 가설무대를 말한다.

산대를 설치하는 데에는 대규모 물자와 인력이 필요하므로 나례청(儺禮廳) 등의 국가기관이 담당하였고 그 시대에 연행되는 다양한 공연물들이 산대에서와 산대 주변에서 벌어졌다. 조선 중·후기 무렵 폐지되었지만 산대를 중심으로 계승되어 온 우리 공연문화의 규모와 다양함과 수준을 짐작하게 한다.

산대와 관련된 공연물들을 산대희(山大戱)라고 부르는데 이는 '산대(山臺)'라는 가설무대가 곧 대형 공연이 연행되는 공연예술의 현장의 대명사였기 때문일 것이다(송지원, 2018). 산대와 관련된 공연명은 산악백희, 산대희, 산대놀이, 산대극, 산대도감극, 산대잡극, 산대도감놀이 등 다양한 명칭을 쓰고 있다(송지원, 2018).

산대잡희는 불교가 유입되었을 때 동아시아 공동의 연희인 산악백희도 한반도에 전래한 것으로 추측하고 있다.

산악백희는 '신라시대의 팔관회, 연등회, 가배[6]' 행사에서 연행되었고, '고려시대의 우란분재[7], 나례, 수희, 과거급제자 축하연, 외국사신 환영행사' 등에서, '조선시대에는 나례, 중국사신 영접행사, 문희연[8], 수륙재[9], 우란분재, 관아 행사, 읍치제의, 동제, 사대부가의 잔치, 왕의 각종 행차와 궁중의 내농작[10], 과거급제자 축하연, 지방관 환영 등'의 행사에 전문 연희자들에 의해 산대잡극에 해당하는 연희를 열었다(한국민속대백과사전 산대잡극).

삼국시대부터 산대를 중심으로 벌어진 공연들은 그 시대 최고의 공연들로 삼국시대 산대에서 산대희가 공연되어졌는지는 분명하지 않다.

'산대(山臺)'라는 용어가 역사적으로 처음 등장한 것은 고려시대 말, 이색(李穡)이 지은 「목은집(牧隱集)」 33권에 실린 '산대잡극(山臺雜劇)'이라는 연희시에 처음으로 등장한다. 그러나 산대잡극이 이 시기에 처음 연행된 것이 아니라 이색은 더욱 새로워진 모습을 감탄한 것이라고 해석하는 것이 적절하다.

山臺結綴似蓬萊 산대를 얽어맨 것이 마치 봉래산 같고

獻果仙人海上來 과일 바치는 선인이 바다에서 왔네

雜客鼓鉦轟地動 연희자들이 북과 징을 치니 천지가 요동하고

處容衫袖逐風廻 처용의 한삼 소매는 바람에 나부낀다

長竿倚漢如平地 긴 장대 위의 연희자는 평지처럼 움직이고

爆竹衝天似疾雷 불꽃이 하늘을 찌르니 마치 빠른 우레 같다

欲寫太平眞氣像 태평성대의 참 모습을 그리려 하나

老臣簪筆愧非才 늙은 신하의 글 솜씨 없음이 부끄럽다

이색의 시를 보면 봉래산(삼신산) 모양의 산대를 꾸미고 신선놀이를 했음을 알 수 있다. '과일 바치는 선인이 바다에서 왔네'라는 표현은 산대잡극이 헌선도(獻仙桃)를 공연한다는 것을 암시한다. 헌선도는 고려 문종 때 송나라로부터 들어온 교방악의 하나로, 서왕모(西王母)가 선계에서 내려와 군왕에게 선도(仙桃, 복숭아)를 드리는 내용이다.

또한 북과 징소리에 맞추어 처용무를 추고, 장대 위에서는 솟대타기를 했으며, 폭죽놀이를 한 모습을 그리고 있다.

따라서 고려시대 산대잡희의 공연 종목은 산대를 마치 삼신산처럼 꾸미고 그 위에 인형 잡상(雜像)을 설치하여 서왕모가 선계에서 내려와서 군왕에게 과일을 바치는 헌선도를 인형극으로 재현하였으며, 산대 주변에서는 북과 징소리에 맞추어 처용가면극을 하고 솟대놀이, 불꽃놀이가 펼쳐졌다는 것을 알 수 있다.

고려시대 이색의 '산대잡극(山臺雜劇)'에는 처용무만 등장할 뿐 덧뵈기 혹은 남사당의 연행이 등장하고 있지 않다. 그러나 타 기록이 존재하지

않으므로 이색의 기록만으로 덧뵈기 혹은 남사당의 연행이 고려시대 이전에 존재하지 않았다고 말할 수는 없다.

조선시대 산대놀이에 대해 기록된 대표적인 기록은 중국 북경민족대학에서 소장하고 있던 「봉사도(奉使圖)」로 영조 1년(1725년) 중국사신이 조선을 다녀오면서 각종 행사 절차 및 풍속, 풍경을 담은 20장짜리 화첩인데 그 가운데 산대잡극을 그린 장면이 나온다.

조선시대에는 국가의 여러 행사에 '채붕'을 설치하고 공연한 가무백희를 산대잡극이라 부르는데, 산대잡극은 산 모양의 높은 채붕을 산대라고 불렀기 때문이다.

산대잡극의 내용은 성현(成俔)의 '관나희(觀儺戲)'에 기록되어 있는데 종목은 '방울받기, 줄타기, 인형극, 솟대타기'가 등장한다.

명나라 사신 동월(董越)이 쓴 '조선부(朝鮮賦)' 기록에는 종목이 '만연어룡지희[11], 무동, 땅재주, 솟대타기, 각종 동물춤'의 연행을 기록하고 있다.

송만재(宋晚載)의 '관우희(觀優戲)'에는 '영산회상, 가곡, 12가사, 어룡만연지희, 불 토해 내기, 포구락[12], 사자무, 처용무, 요요기, 단가, 판소리, 땅재주, 검무, 줄타기, 솟대타기, 홍패고사' 등이 있었다고 추정된다.

이 외 조선시대 산대잡극에는 현재 전해지는 '탈춤, 죽방울 돌리기, 솟대타기, 풍물, 남사당패, 대접돌리기(버나), 땅재주(살판), 줄타기(어름), 탈놀이(덧뵈기), 꼭두각시놀음(덜미)' 등 남사당패의 놀이와 덧뵈기가 등장하고 있다(한국민속대백과사전 산대잡극 편).

> ### 조선시대 전통연희 분류 체계
>
> 한국전통연희사전(민속원)의 한국의 전통연희 분류 체계를 소개하면 다음과 같다.
>
> 1) 곡예와 묘기 : 줄타기, 나무다리걷기, 땅재주, 방울받기, 대접 돌리기, 솟대타기 등
>
> 2) 환술
>
> 3) 각종 동물로 분장한 가면희
>
> 4) 동물 재주 부리기
>
> 5) 골계희(재담소리 포함)
>
> 6) 가무희
>
> 7) 악기 연주
>
> 8) 인형극
>
> 9) 가면극
>
> 10) 판소리와 창극
>
> 11) 종교의례 속의 연희 등

산대(山臺)의 모양과 크기에 대해서 사진실(1998)은 그의 논문에서 "임진왜란 이전에는 주로 경복궁의 광화문 앞에 대형 건축물 규모와 맞먹는 대산대(大山臺)를 세웠는데 길 좌우측에 놓였던 '큰산대'는 높이 25m에 이르는 거대한 산을 본 떠 만든 조형물로 '산대'는 높이 7m, 길이 10m, 폭 3m 정도로 수레바퀴를 달아 사람이 끌고 가게 했다"라고 적고 있다.

이 외에도 이동용 예산대(曳山臺), 헌가산대(軒架山臺), 다정산대(茶亭山臺) 등 규모와 모양도 다양했다고 한다.

단종 3년(1455년)에는 광화문 앞에 채붕을 세울 때 구경꾼이 몰려들어 문제가 되었던 상황을 기록(단종실록 14권 17장)하고 있으며, 대산대는 해당 장소에 직접 세우고 행사가 끝나면 철거해서 재목별로 보관한다는

기록(중종실록. 83권 20장)도 나타난다.

예산대는 이동식 산대로 성종 16년(1485년)에는 산대나 채붕을 활용한 행사가 번성했던 시기로 대산대, 예산대, 헌가산대 등이 골고루 사용되었다고 한다(사진실, 1997).

대산대를 이동식인 예산대로 대체시킨 이유는 산대를 만드는데 쓰이는 목재를 조달하기 어려웠고, 산대를 만드는 인력을 동원하기 어려웠으며, 대산대를 세울 지형적인 어려움 때문이었다고 한다(사진실, 1998).

「광해군 일기」 95권 5장에는 부묘 후 환궁행사 때 사용한 기록이 있으며, 「나례청등록」에는 채붕을 세울 때 드는 인력과 물품을 감당할 수 없으므로 윤거와 잡상으로 대체하자는 내용도 나온다. 임진왜란 이후에는 산대와 마찬가지로 채붕을 세우는 관습도 쇠퇴하였다.

광해군 12년(1620년) 9월 3일, 중국사신을 접대하는 일을 맡은 의금부에서 인력과 물품 조달의 어려움으로 약식으로 거행하자는 건의 내용이 나온다.

'산대(山臺)'의 모습은 1725년 사신으로 다녀 간 아극돈(阿克敦)의 「봉사도(奉使圖)」에는 소형의 산대 앞에서 줄타기, 대접돌리기, 땅재주, 가면을 쓰고 탈춤을 추는 네 사람의 모습이 그려져 있다.

「봉사도」의 잡희 부분에서 산대에 대한 표현은, 줄타기는 '채색 밧줄을 허공에 얽어 세웠네', 바퀴 달린 기암괴석인 '오산(산대)은 땅 위를 움직이고' 등으로 표현하는 것으로 보아 당시에도 끌고 다니는 이동식 무대 세트가 등장했음을 알 수 있다. 「봉사도」에 나타난 산대의 무대에는 기암괴석과 노송, 구멍 난 바위 등으로 산의 모습을 재현하고 있고, 구멍 안쪽에 너럭바위처럼 생긴 평평한 단이 있다. 이 단이 무대 역할을 하며 예인들이 이 단에서 공연을 했을 것으로 추정한다.

「봉사도」의 무대는 4층으로 이루어져 있는데 1층 왼쪽 구멍의 여인은 다홍치마를 입고 얹은머리를 한 채 동작을 취하고 있다. 1층 오른쪽 구멍의 남자는 삿갓을 쓰고 낚싯대를 드리우고 있다. 사진실(1993)은 낚시하는 이를 강태공일 수 있다고 추측했다. 울산대 박경신 교수와 사진실(1993)은 이를 사람크기의 인형을 이용한 산대 잡상놀이(인형놀이)이거나 공연자로 추측했다.

⟨봉사도(奉使圖)⟩

영조 1년인 1725년 봉사도

2층에는 집 혹은 사찰모양의 집과 노송이 있고, 3층 구멍으로는 담장이 보이고 바위에 노송들이 있다. 4층 구멍에는 남성 공연자가 구멍을 통해 밖을 내다보고 있으며 왼쪽에 노송, 오른쪽에 깃발이 꽂혀 있다.

산대의 왼쪽에는 북치는 사람의 박자에 맞춰서 3명의 줄타기 연행, 붉은 깃발을 흔들며 초록색 가면을 쓰고 춤을 추는 2명의 연행자, 3명의 땅재주꾼들의 재주넘기, 분홍색 의상을 입은 2명의 연행자들도 가면을 쓰고 잡으려고 뛰어 가는 모습을 보이는데 그들이 쓴 가면은 검은색 귀면가면인 듯하다.

「봉사도」의 산대놀이 장면에서 2종류의 탈춤이 등장하는 것으로 보아 궁정의식에서 사용된 연행은 분명하다.

산대는 보통 나무로 골격을 만들고 색색의 비단과 각종 천으로 휘감았으며 그 위에 소나무와 사슴, 학, 불로초 모형 등을 설치한다.

손태도는 서울대 한국문화연구소 선임연구원에 의하면[13] "17세기 초 나례청(儺禮廳) 등록에 따르면 큰 산대를 만드는데 장정 1,000명이 2~3개월 간 동원되었고, '산대'에 장식하기 위해서 들짐승은 박제를 했고 까마귀, 부엉이, 올빼미 등 날짐승은 산 것을 사용했는데 한 번에 20~50마리씩 날렸다"고 한다.

◈ 조선시대 궁중 나례 기록으로 살펴 본 덧뵈기

조선시대 궁정 나례는 구나(驅儺), 관나(觀儺), 설나(設儺)의 3종류 나례가 있었다(사진실, 1993).

- 구나(驅儺) : 고려시대부터 전래된 제의의 일종. 구나의식은 영조 때 폐지되기 전까지 일정한 제의의식으로 유지되었다.
- 관나(觀儺) : 왕과 왕족, 관료들이 관람한 공연 및 오락의 일종. 연말연시 궁궐 안에서 벌어진 소규모 행사이므로 산대를 가설하지 않았을 것이며 잡희공연으로 이루어졌다. 서울에 있는 남녀 재인들이 동원되어 각종 연희를 공연하였다. 의금부에서 담당하였으며 기존 지역기반의 사회비판적인 탈춤의 내용보다는 잡희와 오락의 성격이 강했을 것으로 판단되며 임진왜란 이후 더 이상 거행되지 않았던 것으로 보인다.
- 설나(設儺) : 왕이 궁궐 밖으로 행차해서 의식을 치르고 환궁할 때 환궁의식으로 거행되었거나 중국사신이 방문할 때 입궁행사로 운영되었다. 대산대를 세운 대형 산대의식은 궁중이 주최가 되어 의금부 통제 하에 나례도감을 조직하여 전국적으로 물품을 거두고, 전문재인들을 동원해서 치러졌다. 중국 사신이 지방에 행차할 경우에는 지방이 물자와 인력을 담당해야 했다. 우리가 생각하는 산대놀이는 나례의식 중 설나(設儺)를 말한다.

〈조선시대 나례의식의 종류〉

구분	구나(驅儺)	관나(觀儺)	설나(設儺)
행사의 본질	제의	공연 오락 행사	(중국사신) 환영 행사
장소	궁궐 안 각처	궁궐의 편전 또는 후원	궁궐 밖의 연도
담당 기구	관상감	의금부	나례도감 (의금부 + 군기사)

예능인	악공, 무동	경중우인 및 경기 전문재인 추가	경중우인+외방재인
산대 설치 여부	X	X	O
폐지 시기	영조 30년	임진왜란 이후	임금 : 인조 이후 사신 : 정조 8년

사진실(1993), pp. 367

따라서 산대놀이에서 유래된 탈놀이는 조선시대 궁중의 제의의식이었던 구나(驅儺)의식에서 유래된 것이 아니라 왕실의 오락 행사였던 관나(觀儺)의식이나 중국 사신을 위해 마련했던 궁중의 환영행사였던 설나(設儺)의식에서 유래되었다고 보여진다. '나례청등록'에 의하면 산대 앞에서 벌어지는 연희에 참여하는 재인들의 수는 600명에 이르렀다고 기록(사진실, 1993)되어 있으며, 등록되어 있지 않은 팔도 재인들의 수는 이보다 훨씬 많았을 것으로 본다.

궁중 나례의식은 임진왜란을 거치면서 폐지되었는데 궁중에서 나례의식에 참여했던 전문연희단들이 궁중에서의 일자리를 잃으면서 경기, 서울지역의 자치기관이었던 재인촌에서 활동하거나, 전국으로 이동하면서 큰 장시를 중심으로 활동하는 연희패가 되었을 가능성이 있다.

◎ 감로도 속 불교의례 기록으로 살펴 본 덧뵈기

수륙재(水陸齋)는 불교에서 물과 육지를 헤매는 영혼과 아귀를 달래고 위로하기 위해 불법을 강설하고 음식을 베푸는 종교의례이다.

감로도는 수륙재의 의례 장면을 도해한 기록으로 '불교의 여섯 세계

중 아귀의 세계를 묘사한 불화'이다.

죽은 어머니의 영혼을 아귀의 세계로부터 구하는 것을 주제로 한「우란분경(盂蘭盆經)」에 사상적 근거를 두고 있으며, 지옥의 고통에서 벗어나서 극락왕생을 시킨다는 효사상과 관련이 있다. 조선시대 우란분재는 민족행사로 발전하여 음력 7월 15일에 절에서 부모의 혼령을 위해서 부처님께 곡식을 바치는 제사를 지냈다.

수륙재를 지낼 때 사찰에서는 감로도(甘露圖)를 걸어놓고 재를 지냈는데, 감로도의 구조는 상단에는 극락세계의 아미타불 일행과 칠여래, 오여래, 인로보살과 아미타내영도가 그려져 있으며, 중간에는 영혼을 천도하기 위해 우란분재를 올리는 모습이 그려져 있고, 하단에는 아귀도와 지옥도에서 일어나는 갖가지 고통이 묘사되어 있는데 어떤 감로도의 그림에는 하단에 백중날 수륙재를 지내는 축제 같은 풍속화적인 요소가 가미되어 있기도 하다.

현존하는 감로도 중 가장 오래된 것은 16세기 작품으로 선왕과 선후들의 명복을 빌기 위해 왕실의 권위가 강조되고 비중 있게 다루므로 왕실의 후원을 보여주는 감로도가 주류를 이루고 있었으나 17세기 이후에는 숭유억불정책으로 시주 층이 서민층으로 확대됨에 따라 감로도도 서민들의 기복(祈福)과 영가천도를 위한 내용이나 서민들의 현실적인 생활상, 수륙재의 모습 등 조선시대 풍속화처럼 변화되었다.

17세기 이후 감로도 하단에 가장 많이 등장하는 부분은 '연희장면'으로 남사당패나 솟대쟁이패 등의 연행이 여기에 해당한다.

한국의 감로탱화에서 연희패와 남녀 재인들의 모습이 처음 등장하는 것은 1589년 약선사 감로도의 사당춤이 등장하면서부터(곽성영. 2013)이

〈남장사 감로도〉

국립중앙박물관 소장 감로도 세부

〈봉은사 소고 · 상모돌리기 감로도〉

문화재청 국가문화유산포털

〈개운사 줄타기 감로도〉

문화재청 국가문화유산포털

며, 1591년에는 조전사에서 쌍줄타기, 땅재주, 탈놀이가 등장하기 시작
한다(곽성영, 2013).

탈놀이가 등장하는 감로도는 조전사(1591) 외에 남장사(1701), 선암사
(1741), 자수박물관(1755), 봉서암(1759), 통도사(1786), 용주사(1790), 호암미
술관 감로탱화(1792) 감로도가 있는데 남장사 감로도에는 한 손에 부채를
들고 여러 종류의 가면을 쓴 탈놀이 그림이 등장한다(김웅기, 2004; 차수정,
2007; 박화진, 2010; 곽성영, 2013).

청룡사(1692) 감로도에는 세 승려들 옆으로 일곱 명의 사람들이 두 줄
로 질서정연하게 재단 위쪽을 향하고 있는데 첫 번째 줄의 맨 앞의 사람
은 염주를 양손에 들고 무언가를 외치고 있고, 그 뒤로 소금(小金)과 소고

〈청룡사(1692) 감로도에 나오는 남사당패 악기와 의상〉

곽성영(2013) 논문. p14

(小鼓)를 치는 사람들이 서로 마주 보며 따라 가고 있다. 이런 모습은 사찰을 거점에 두고 활동했던 남사당패라고 볼 수 있다(강영철, 2005; 곽성영, 2013). 청룡사 감로도에 나오는 남사당패의 의상과 모자는 현재와 같은 모습이 아니다. 긴 비단 옷을 입고 유건 혹은 탕건과 유사한 모자를 쓰거나 챙이 없는 패랭이를 쓴 모습이다.

봉은사(1892) 감로도에는 남사당 풍물 소고춤과 상모돌리기가 등장한다.

남사당 풍물의 소고춤과 줄타기와 솟대타기는 남장사(1701), 구룡사(1727), 쌍계사(1728), 운흥사(1730), 자수박물관(1755), 신흥사(1768), 용주사(1790), 동국대(1791), 만월산 수국사(1832), 남양주 수락산 흥국사(1868), 개운사(1883), 경국사(1887), 불암사(1890), 삼각산 청룡사(1898), 백련사(1899) 등 다수의 감로도에 등장하고 있다(한국민속대백과사전; 문화재청 국가문화유산포털; 차수정, 2007)

18~19세기 감로도에 등장하는 줄타기에서 줄꾼은 고깔을 쓰고 긴 소매를 펄럭이며, 한 손에는 부채를 든 상태로 줄을 타고 있다. 그 밑에 있

는 어릿광대는 홍색 도포에 청색 쾌자, 머리에 패랭이 또는 갓을 쓰고 오른손에 부채를 들고 있다. 어릿광대는 줄꾼의 재담을 받아주는 상대역을 하고 있다. 악사는 장구, 북, 단소, 피리, 대금, 해금(3현6각)으로 되어 있다. 19세기 말까지 줄타기는 외줄타기보다는 쌍줄타기가 일반화되었음을 알 수 있다. 줄타기는 크게 광대줄타기와 어름줄타기가 있었는데 광대줄타기는 관아나 양반집에 초청을 받아 일정한 보수를 받는 것으로 재담보다는 줄타기 기예가 중심이다. 어름줄타기는 조선줄타기라고 하고 마을의 너른 마당에서 판을 벌이는 것으로 민간의 어름산이(줄꾼)와 매호씨(어릿광대)가 서로 재담을 주고받으며 기예와 재담이 반반 섞인 연극적 성격의 서민층이 즐긴 놀이이다. 현재 어름줄타기는 무형문화재로 지정되어 있다(한국민속대백과사전).

당시 기득권에서 대중적 축제의 장이 되어버린 수륙재를 금지하기 위해 위험성과 해괴함을 강조하며 불화를 불태우고 집기를 처분하고 불화를 그린 사람을 잡아오도록 조치했으나, 오히려 강나루가 막히고 도성이 텅텅 빌 정도로 많은 사람이 모여 정치적 탄압에도 불구하고 대중이 선호하는 대형 축제의 장이 되었다.

따라서 당시 통치 계급인 유학자들의 관점에서 보면 이들은 혁파의 대상이었다(심우성, 2012. 장휘주, 2004).

02

본산대·별산대놀이
기록으로 본 덧뵈기

◎ 남성관희자 기록으로 살펴 본 덧뵈기

다수의 기록을 보더라도 덧뵈기를 할 수 있는 전문재인들을 동원하는
국가 나례의식은 현재 제의나 왕의 환궁행사에 동원되었다는 내용은 발
견되지 않고 중국 사신을 위한 환영행사에 동원되었다는 기록만 발견될
뿐이다(사진실, 1993).

　「동래야류」의 대사에서는 말뚝이의 할아버지가 무학관(舞鶴館) 마당에
서 땅재주를 했다는 내용이 나오는데 이는 동래야류의 탈춤꾼의 조상이
설나(設儺)의식에 참여했던 사실을 말하는 것이다.

　양주별산대놀이는 1929년 9월 경복궁 조선박람회 공연을 계기로 세
상에 알려지기 시작했다. 당시 경성제대 조선어문학과 교수였던 다카하

시 도오루는 놀이패의 우두머리인 조종순을 초청하여 극의 유래, 전수, 조직 등에 대해 3일간 조사하고 「산대도감극각본」이라는 이름으로 양주별산대놀이 대본을 채록했다. 경기지역의 사투리를 잘 반영하고 있고 양주별산대놀이의 옛 모습을 전해주고 있어 별산대놀이 사료로 가치가 높다. 채록한 「산대도감극각본」에 "중국사신 역관들아~"라는 각본 내용이 나오므로 산대도감극의 유래가 중국 사신들을 접대하기 위해서라는 것을 표현하고 있다(조동일, 1976).

「남성관희자(南城觀戲子)」는 강이천(1769~1801)이 열 살 때인 1778년 남대문 밖에서 연행된 인형극과 가면극을 보고, 11년 후인 1789년에 지은 연희 시이다. 뒷부분에는 가면극에 대한 내용을 구체적으로 묘사하고 있다.

사람 형상 가는 손가락만큼 人像如纖指

나무로 새겨 채색을 했구나. 五彩木以塑

얼굴을 바꾸어 번갈아 나오니 換面以迭出

어리둥절 셀 수가 없더라. 炫煌不可數

문득 튀어나오는데 낯짝이 안반 같은 놈 突出面如盤

고함 소리 사람을 겁주는데 大聲令人怖

머리를 흔들며 눈을 굴려 搖頭且轉目

왼쪽을 바라보고 다시 오른쪽으로 돌리다 右視復左顧

부채로 얼굴을 가리고 홀연 사라지니 忽去遮面扇

노기를 띠어 흉악한 놈 猙獰假餙怒

휘장이 휙 걷히더니 巾帷倏披靡

춤추는 소맷자락 어지럽게 돌아가누나. 舞袖紛回互

홀연 사라져 자취도 없는데 忽然去無蹤

더벅머리 귀신의 낯바닥 나타나 鬐髮鬼面露

두 놈이 방망이 들고 치고받고 短椎兩相擊

폴짝폴짝 잠시도 서 있지 못하더니 跳梁未暫駐

홀연 사라져 자취도 없는데 忽然去無蹤

야차 놈 불쑥, 저건 무언가? 夜叉驚更遷

얼굴은 구리쇠, 눈에 도금을 한 놈이 蹲蹲舞且躍

너풀너풀 춤추고 뛰더니 面銅眼金鍍

홀연 사라져 자취도 없는데 忽然去無蹤

달자가 또 달려 나와 㺚子又奔赴

칼을 뽑아 스스로 머리를 베어 長劍自斬首

땅바닥에 던지고 자빠지니 擲地仍偃仆

홀연 사라져 자취도 없는데 忽然去無蹤

귀신이 새끼 안고 젖을 먹이며 有鬼兒乳哺

어르다가 이내 찢어 발겨 撫弄仍破裂

까마귀 솔개 밥이 되게 던져 버리네. 遠投烏鳶付

위 "사람 형상 가는 손가락만큼 나무로 새겨 채색을 했구나"라는 부분으로 미루어 남사당의 인형극임을 알 수 있다. 인형의 얼굴이 안반 같은 놈, 노기를 띠어 흉악한 놈, 더벅머리에 귀신 가면을 쓴 두 놈, 얼굴은 구리쇠에 눈에 도금을 한 놈, 북방 유목민인 달자(달단), 귀신과 그 새끼 등 당시에도 다양한 여러 유형의 인형들을 사용하고 있음을 알 수 있다.

「남성관희자(南城觀戲子)」의 인형극의 내용은 현재 남사당의 꼭두각시놀음과 전혀 다르다. 현재 남사당의 꼭두각시놀음은 「남성관희자(南城觀戲子)」의 인형극의 내용과 다를뿐더러 박승임의 「괴뢰붕」, 나식의 「괴뢰부」에서 묘사한 인형극과도 다르다. 남사당의 꼭두각시놀음의 마지막 과장인 '절 짓고 허는 거리'는 「남성관희자(南城觀戲子)」에도 없고 「괴뢰부」에도 없다. 「남성관희자(南城觀戲子)」의 가면극이 현재 본산대놀이 계통의 가면극과 일치하는 것에 비해서 매우 이상한 현상이다. 따라서 현재 남사당의 꼭두각시놀음은 본산대놀이 혹은 별산대놀이에서 전승된 것이 아닌 것이 된다.

특히 「남성관희자(南城觀戲子)」에는 1770년 당시 서울에서 연행된 산대놀이 내용을 자세히 기술하고 있는데 현재의 양주별산대놀이와 송파산대놀이 등 별산대놀이류의 연행들과 동일하며 봉산탈춤, 강령탈춤, 은율탈춤 등과도 동일함을 확인할 수 있다(한국민속대백과사전).

〈남성관희자(南城觀戲子)에 채록된 산대놀이 대사 내용〉

① 평평한 언덕에 새로 자리를 펼쳐 平阪更展席

　　상좌 아이 깨끼춤 추는데 僧雛舞緇素

　　선녀 하늘로부터 내려왔나. 仙娥自天降

　　당의唐衣에 수고繡袴를 입었으니 唐衣復繡袴

　　한수漢水의 선녀 구슬을 가지고 노는 듯 漢女弄珠游

　　낙수洛水의 여신 푸른 물결에 걸어 나오듯 洛妃淸波步

② 노장스님 어디서 오셨는지? 老釋自何來

석장을 짚고 장삼을 걸치고 拄杖衣袂裕

구부정 몸을 가누지 못하고 龍鍾不能立

수염도 눈썹도 도통 하얀데 鬚眉皓如鷺

사미승 뒤를 따라오며 沙彌隨其後

연방 합장하고 배례하고 合掌拜跪屢

이 노장 힘이 쇠약해 力微任從風

넘어지기 몇 번이던고? 顚躓凡幾度

한 젊은 계집이 등장하니 又出一少妹

이 만남에 깜짝 반기며 驚喜此相遇

흥을 스스로 억제치 못해 老興不自禁

파계하고 청혼을 하더라. 破戒要婚娶

광풍이 문득 크게 일어나 狂風忽大作

당황하여 어쩔 줄 모르는 즈음 張皇而失措

또 웬 중이 대취해서 有僧又大醉

고래고래 외치고 주정을 부린다. 呼號亦恣酗

③ 추레한 늙은 유생 潦倒老儒生

이 판에 끼어들다니 잘못이지. 闌入無乃誤

입술은 언청이 눈썹이 기다란데 缺脣狌其眉

고개를 길게 뽑아 새 먹이를 쪼듯 延頸如鳥嗉

부채를 부치며 거드름을 피우는데 揮扇擧止高

아우성치고 꾸짖는 건 무슨 연고인고? 叫罵是何故

헌걸차다 웬 사나이 起起一武夫

장사로 뽑힘직하구나. 可應壯士募

짧은 창옷에 호신수 短衣好身手

호매하니 누가 감히 거역하랴! 豪邁誰敢忤

유생이고 노장이고 꾸짖어 물리치는데 叱退儒與釋

마치 어린애 다루듯 視之如嬰孺

젊고 어여쁜 계집을 獨自嬰靑娥

홀로 차지하여 손목 잡고 끌어안고 抱持偏愛護

칼춤은 어이 그리 기이한고! 舞劍一何奇

몸도 가뿐히 도망치는 토끼처럼 身輕似脫兎

④ 거사와 사당이 나오는데 居士與社堂

몹시 늙고 병든 몸 老甚病癃瘤

거사는 떨어진 패랭이 쓰고 破落戴敝陽

사당은 남루한 치마 걸치고. 纏縷裙短布

선승禪僧이 웬 물건인고! 禪律是何物

소리와 여색을 본디 좋아하여 聲色素所慕

등장하자 젊은 계집 희롱하더니 登場弄嬌姿

소매 벌리고 춤을 춘다. 張袖趁樂句

⑤ 할미 성깔도 대단하구나. 婆老尙盛氣

머리 부서져라 질투하여 碎首恣猜妬

티격태격 싸움질 잠깐 새 鬪鬩未移時

숨이 막혀 영영 죽고 말았네. 氣窒永不瘳

무당이 방울을 흔들며 神巫擺叢鈴

우는 듯 하소하듯 如泣復如訴

너울너울 철괴선 춤추며 翩然鐵拐仙

두 다리 비스듬히 서더니 偃蹇植雙胯

눈썹을 찡긋 두 손을 모으고 竦眉仍攢手

동쪽으로 달리다가 서쪽으로 내닫네. 東馳又西騖

다음은 전경욱(2004), 윤주필(1995)의 해설이다.

①은 '상좌춤'과 '팔선녀춤'이다. 현재 상좌춤 과장은 별산대놀이와 해서탈춤에서 전승되고 있다.

②는 '노장 과장'이다. 노장이 젊은 여자에게 반해서 청혼을 하고 파계하는 내용이다. 노장의 탈은 수염과 눈썹이 온통 하얀 노중임을 알리고 있다. 뒷부분에 나오는 '술 취한 중'은 취발이로 술주정을 하고 있는 모습이다. 현재도 양주별산대놀이와 봉산탈춤 등 노장 과장에서 노장이 소매를 차지한 후 취발이가 나와서 소매를 뺏기 위해 노장과 싸우는 내용이 있다.

③은 '샌님'과 '포도부장춤'이다. 이번에는 샌님이 소매를 차지하자, 칼을 찬 젊은 포도부장이 등장해서 샌님에게서 소매를 빼앗고 칼춤을 추는 내용이다. 현재 양주별산대놀이, 송파산대놀이, 봉산탈춤 등에서 '샌님·포도부장 과장'과 동일한 내용이다. 다만 양주별산대놀이에서 포도부장이 검무를 추는 과장이 있었으나 연희자가 전수를 하지 못해서 검무내용이 단절되었다고 한다. 샌님의 탈은 긴 눈썹에 언청이 모습이라고 하는데 이는 양주별산대놀이, 송파산대놀이, 봉산탈춤, 강령탈춤

의 샌님가면의 긴 눈썹에 쌍언청이인 모습과 샌님이 부채를 부치며 거드름을 부리는 모습도 유사하다.

④는 '거사'와 '사당춤'이다. 현재는 봉산탈춤에만 있다. '거사 · 사당춤'은 현재 양주 · 송파산대놀이에는 전승되지 않고 있고, 퇴계원산대놀이에서는 '애사당이 먹중들과 선소리 새타령을 부르며 노는 것이 타 별산대놀이와 다르다. 따라서 본산대놀이 계통 가면극은 애초에는 '거사 · 사당춤'이 있었을 것으로 예측하고 있다.

⑤는 '할미 과장'이다. 할미가 첩을 질투해서 싸우다가 죽자 무당이 등장해서 방울을 흔들며 굿을 하는 내용이다. 현재도 양주 · 송파산대놀이, 해서탈춤에 그대로 전승되어 오고 있다. 야류와 오광대에서는 이 장면이 '할미가 죽은 후에 상두꾼이 상엿소리를 부르는 내용'으로 변이되어 전승되어 왔다. 가산오광대에서는 '영감과 할미의 싸움으로 영감이 죽고, 무당이 등장해서 굿을 거행하는 내용'으로 변이되었다.

◎ 산대도감극각본 기록으로 살펴 본 덧뵈기

「산대도감극각본」은 1930년 3월 17일 경성제국대학 조선문학연구실의 주관으로 연희자 조종순이 구술한 것을 김지연이 필사한 양주별산대놀이의 대본이다. 이외에 양주별산대놀이 대본은 여러 차례 채록되었는데 연희자 조종순 구술 외에 경성제국대학을 수료하고 졸업논문을 준비 중이던 임석준이 다시 연희자 조종순 구술을 채록한 임석준 채록본[14]도 있다. 양주별산대놀이 연희자들이 자신들이 사용하던 대본을 조동일 교수에게 전달한 대본[15]은 가장 충실한 연희본으로 평가받고 있다. 양주별산대놀이 후원자이자 연희자이던 김성대가 구술·채록[16]한 것도 있다.

양주별산대놀이의 유래에 대해서 위 채록 및 연구자들의 견해가 다르지만 대체로 19세기 초·중엽에 본산대놀이 계통의 탈놀이로부터 유래되었다는 견해는 일치하고 있다. 양주별산대놀이의 등장인물은 32명이나 하나의 틀을 다른 배역에 겸용하는 경우가 있기 때문에 사용되는 탈은 총 22점이다. 양주별산대놀이의 1929년 9월 박람회 이후 판매한 가면 22점은 현재 서울대학교 박물관에 소장되어 있다.

「산대도감극각본」에는 산대도감극의 유래에 대해서 두 가지로 설명하고 있다.

- 첫째, 중국 고대 은나라 최후의 왕인 주(紂)가 달기(妲己)라는 미인에게 빠져서 충신들을 죽이게 되었는데 원통하게 죽은 충신들의 원혼들이 요귀가 되어 많은 전쟁이 일어났다고 믿었다. 그래서 강태공이 이를 막고자 천살성과 지살성이라는 가면을 만들어서 놀이로써 요귀들을 물리쳤다고 한다. 「산대도감극각본」채록본에서 "연잎과 눈끔적이가 중요한 자이기 때문에 가운데 둔다"라는 설명과 "연잎은 천살성(天殺星), 눈끔적이는 지살성(地殺星)"이라는 설명은 바로 이런 배경에서 나온 것이다.[17]

- 둘째, 고려 말 승려 신돈이 도승이 되려 할 때, 호사자들이 여색으로 시험하여 파계하려고 하였다. 그래서 미색의 소무당(小巫党)에게 신돈을 유혹하게 하였고 신돈은 결국 파계를 하게 되었다. 미색의 소무는 달기(妲己)를 흉내 내었고, 도승은 은나라 왕인 주(紂)로 행세했다고 한다.

「산대도감극각본」은 덧뵈 〈봉사도의 여색과 강태공 그림〉
기 유래에 대한 특별한 통찰
력을 제공한다.

「봉사도」그림 우측에 나오
는 산대그림에 등장하는 '미
색의 여인과 강태공'에 대한
해석이 가능해 진다.

봉사도 그림 일부

- 첫째, 우리나라 산대의례
중 가장 중요한 산대무대
1층에 미색의 아름다운 여
인과 강태공이 등장하는
것은 그것이 인형이건 실

제 사람이 연기하는 것이 문제가 아니라 중국사신을 영접하는 중요
한 의례에 아름다운 여인과 강태공이 등장하는 이유이다. 설나(設儺)
의례에서 미색의 여인과 강태공이 등장하는 자체로 이미 중국사신과
모인 관객들 모두가 알고 있는 이야기라는 것이다. 그렇다면 「산대도
감극각본」에서 언급한 산대도감극의 유래에 나오는 주(紂)왕과 달기
(妲己), 그리고 강태공의 이야기이자 바로 산대도감극의 유래에 대해
서 공연하는 것이라고 유추할 수 있다. 즉, 은나라 주(紂)왕과 달기(妲
己), 그리고 강태공의 이야기가 가면극의 기원일 수 있으며 가면극의
기원은 은나라 시대로 유추할 수 있겠다.
- 둘째, 가면극 혹은 탈놀이의 동기이다. 강태공은 억울하게 죽은 요귀

(역병 등)들을 퇴치시키기 위해서 천살성(天殺星)과 지살성(地殺星)이라는 가면을 만들어서 놀이로써 요귀들을 물리쳤다고 한다. 이는 신라시대 처용무도 천연두를 옮기는 역신을 쫓는 나례의식으로 가면을 만들어 놀이를 하면서 요귀들을 물리치는 내용이다. 즉 「산대도감극각본」에 의하면 탈놀이의 동기는 나례(儺禮)에서 복을 구하며 추는 춤과 놀이로부터 시작되었다고 유추할 수 있다.

- 셋째, 강태공은 2개의 가면을 만드는데 천살성(天殺星)과 지살성(地殺星)이다. 양주별산대놀이에서는 하늘에서 요귀를 물리치는 기운은 연잎이라는 여성역할이고, 땅에서 요귀를 물리치는 기운은 눈끔적이이다. 연잎이라는 이름과 가면의 형태는 여성적이라 '여성신화'와 연관되었을 것으로 유추할 수 있으나 현재는 연잎이 여성인지 남성인지 분명하지 않다. 연잎에 비해 눈끔적이는 연잎을 모시는 역할로 연잎에 비해 낮은 계급의 남성역이다. 양주별산대놀이 제4과장 연잎과 눈끔적이 과장의 내용은 '연잎은 도가 고승으로 생명체가 눈에 비치면 모두 죽기 때문에 부채로 얼굴을 가리고 나와 이 땅의 평화를 위해 춤춘다. 눈끔적이는 연잎을 보필하는 사람으로서 춤을 출 때 잡귀가 범치 못하도록 한다'고 되어 있는데 이 과장에서 연잎은 존귀한 존재로 요귀를 쫓는 나례의식을 행하고 춤을 추면서 평화를 구하는 역할이다.

- 넷째, 우리나라 탈놀이에서는 주(紂)왕과 달기(妲己), 강태공의 이야기가 아니라 고려 말 신돈이 소무당(小巫党)에게 유혹당해서 도승이 되지 못한 억울한 이야기로 구성되어 있으며, 일부 탈놀이에서는 연잎과 눈끔적이 과장이 등장하지만 다른 탈놀이에서는 옴중이 요귀나

〈연잎 탈〉

〈눈끔적이 탈〉

출처: 문화유산신문

역병으로 대치되어 있고, 이를 상좌 혹은 꺽쇠가 물리치는 내용으로 되어 있다. 남사당의 덧뵈기 역시 꺽쇠가 옴중을 물리치는 것으로 구성되어 있다—남사당은 1과장에 마당씻이를 해서 부정막이를 하고 나례의식을 할 준비를 갖추었으나 요귀를 물리치는 천살성(天殺星)과 지살성(地殺星)이 생략되고 꺽쇠가 옴중을 물리치는 구성으로 되어 있다. 이와 같은 결과는 중간에 천살성(天殺星)과 지살성(地殺星)이 요귀를 물리치는 과장이 생략되었거나 당시 포도대장이나 하급관리의 감독을 받으면서 그 비중을 높이기 위해서 상쇠인 꺽쇠에게 요귀를 물리치는 역할을 부여한 것일 수도 있다고 추측한다. 따라서 우리나라 산대놀이류 덧뵈기의 기원은 고려 말이라고 유추할 수 있겠다.

◉ 본산대 탈놀이 기록으로 살펴 본 덧뵈기

원시시대부터 전승되어 온 탈놀이는 고구려의 무악(舞樂), 백제의 기악(伎樂), 신라의 처용무(處容舞), 오기(五伎) 등의 지배계급 무용과 삼국시대 이래로 전해 온 중국의 산악백희의 영향, 그리고 민중의 통속적인 탈춤이 혼합되어 고려시대 때 산대잡극(山臺雜劇)으로 형성되었다.

조선시대에서는 중국의 사신을 영접하기 위해 산대도감(山臺都監)이라는 임시기관을 설치하여 국가적인 차원에서 산대놀이를 관장했다. 그러나 조선 인조 때 도감이 폐지되면서 산대도감극은 자연히 사라졌는데 이후 생계를 유지하기 위한 도감 종사자들은 지방으로 흩어져서 산대도감극 계통의 탈춤극을 다시 구성하므로 산대도감극은 대중연희로 다시 태어나게 되었다. '본산대놀이'는 조선 후기에 서울에 있는 반인들이 하던 산대놀이로, 삼국시대 이래 전승되어 온 산악(散樂), 백희(百戲) 계통의 연희와 기존의 가면희를 재창조해서 만들어 낸 가면극이다(한국민속예술사전).

본산대놀이는 서울의 애오개(아현), 녹번, 사직동 딱딱이패, 홍제동, 구파발, 노량진 산대가 중심이었다. 이 지역은 전문예인들이 많았고 덧뵈기 외에 줄타기, 풍물, 무동 타기, 땅재주 등을 하였다. 그중에서도 덧뵈기가 가장 인기가 있었는데 이것이 본산대패의 핵심 종목이 되었다. 그러나 본산대놀이는 20세기 초에 모두 소멸되었으며 이 영향을 받아 형성된 양주, 송파, 퇴계원의 산대놀이가 전승되어 오고 있다(한국민속대백과사전).

혹자는 궁궐 연희인 본산대놀이가 애오개, 녹번, 사직, 홍제동, 구파발, 노량진 산대놀이로 퍼져 나갈 수 있었던 이유는 "홍제원(弘濟院)이 산대극의 연출 장소였으므로 녹번리에 재인들이 모여 살았으므로[18]" 홍제원에서 연출된 본산대놀이가 표준이 되어 서울·경기 별산대놀이로 전파되었고, 그러던 것이 점차 일반 대중에게 친근해지면서 수요가 급증

하자 한 곳에 모여 살았던 재인들도 수요가 있는 곳으로 이주하게 되었으며 지방순회를 다니게 되었다고 주장한다(한국민속대백과사전 본산대편).

특히 본산대 탈놀이가 인기가 좋아지면서 본산대 탈놀이패인 사직골 딱딱이패가 약속을 어기게 되자, 양산의 양민들이 사직골 딱딱이패의 본산대 탈놀이를 흉내 내어 논 것에서 시작되었다고 한다(한국민속대백과사전 본산대편).

양주별산대놀이는 약 200여 년 전에 서울의 본산대놀이 중에 애오개·녹번·구파발 산대놀이로부터 영향을 받았으며, 전승 주체는 양주목에 속한 하급 관속들이 중심이 되었다. 여기에 상인층이 관여하고, 일부 무계 집안도 전승을 주도하였다. 특히 관속과 상인들이 중심이 되어 도중(都中)이라는 조합을 설립해서 산대놀이를 주도했다. 따라서 놀이판의 판주가 자릿세를 받고 놀이판 주변에서 상인들이 영업하는 것을 허가하는 형식으로 운영되었다. 단오날이 중심 연행일이었고 사월초파일, 삼진날, 중양절, 기타 경사일, 기우제, 초청공연 등에 초대되었다(한국민속대백과사전).

송파산대놀이의 전승 배경은 15대 장시 중 하나인 송파장으로 18세기 이후에 시장 경제의 발달로 서울의 대형 상권이 형성되었으며, 대형 장시에 산대놀이 판이 벌어졌다. 송파장시가 크게 열리는 칠월백중에 가장 큰 연행을 행하였고 한 번 열리면 7일에서 10일 정도 놀이가 계속되었다. 송파의 백중장은 매우 성황을 이루어서 각지에서 이름난 연희자들이 초청되어 일주일씩 덧뵈기 연행을 했다고 한다. 특히 장이 약화되면 상인들이 돈을 추렴하여 줄타기, 씨름, 민요, 산대놀이로 활성화 방안을 모색했다고 한다. 그러나 1925년 을축년 대홍수로 송파장이 폐

허가 되면서 산대놀이도 중단되었다(한국민속대백과사전).

퇴계원은 각종 육로와 수로 교통의 중심지로 경기도 동쪽에서 한양으로 들어가는 길목이다. 당시에는 왕숙천 인근에 100여 호에 달하는 객주가 있었고, 장터에는 연초 가공업자, 장작상, 우시장이 활성화된 대형 향시였다. 퇴계원산대놀이는 주로 정월대보름, 사월초파일, 단오, 백중, 추석, 봄 농한기에 벌어졌다. 봄 농한기와 초파일에는 상인들이 돈을 내서 박춘재, 송만갑, 이동백 같은 소리꾼들을 초청하기도 했다. 백중 때나 추석 때에는 송아지를 걸고 씨름대회가 열렸고, 남사당놀이 등을 즐기며 밤새도록 놀았다. 그러나 1920년 정부에서 연초장을 금지한 이후 퇴계원 경제가 급격히 쇠퇴하였고 재정적 지원이 어려워져서 1920년 말 이후 중단되었다(한국민속대백과사전).

현재 남사당의 덧뵈기는 양주별산대놀이의 영향을 받았다고 하나, 양주별산대놀이에 대해서 송석하와 아키바 다카시는 양주별산대놀이가 애오개본산대놀이의 영향을 받았다고 하고, 조동일 소장의 양주별산대놀이대본(1957년)에서는 양주별산대놀이가 사직골 딱딱이패의 영향을 받았다고 하며 조종순은 구파발본산대놀이의 영향을 받았다고 한다.

여러 견해가 있으나 남사당 덧뵈기는 조선시대 서울지역 본산대놀이 계통의 탈놀이를 계승한 점에 대해서는 이견이 없을 것이다.

즉 오늘날 산대희 계통의 탈놀이, 양주별산대놀이·송파산대놀이·퇴계원산대놀이는 1784년 이후 중국 사신맞이 산대희가 금지되자 서울 인근의 대형 장시를 배경으로 시장 활성화와 상인들이 연행비를 마련해서 후원하는 형태의 장시(場市)가면극으로 전환되었고, 민간에서는 평민의 오락 가운데 하나로 향유되기 시작되면서 민간에서 본격적으로 본산대탈놀이 공연이 활발하게 이루어지게 되었다.

손태도(2002)는 영조 12년 2월 22일 「건륭병진승전」의 기록을 통해 다음과 같이 주장했다.

첫째, 성균관 내에서 반인들이 산붕을 세우고 잡희를 한 것은 반인들이 성균관의 노비로서가 아니라 조선시대의 경우 산붕잡희가 국가적 행사뿐만이 아니라 민간에서도 과거급제자를 축하하는 경사가 있는 경우 성균관 안에서 산대잡희가 이루어졌다.

둘째, 민간에서 경사가 있을 경우 산대를 설치한다고 해서 반드시 탈놀이를 하는 것은 아니었다. 본산대 탈놀이가 수반되는 것은 궁중의 나례희나 산대희일 경우이고, 과거 급제와 같은 민간 차원의 산대잡희에서는 줄타기나 땅재주와 같은 잡희수준이었을 것이다.

셋째, 따라서 성균관 안에서 산대잡희를 준비하던 '반인'들은 성균관의 노비인 반인이 아닐 수 있으므로 그동안 전경욱(1998), 심우성 등이 주장하는 '산대희의 연희자는 성균관 노비인 반인'이라는 주장은 사실이 아닐 수 있다(위의 논문 p139). 반인들이 과거 급제자를 위해 산대잡희를 했다는 기록[19]은 한 번밖에 없었으며, 조선왕조실록 어디에도 궁중의 산대희나 나례희와 같은 산대잡희에서 반인이 언급된 경우는 없었다. 따라서 산대희의 연희자는 성균관 노비가 아니었으며, '반인'이라고 불리지 않았을 수 있다(손태도, 2002).

넷째, 손태도(2002)는 1930년대 백정을 연구했던 점구방지진(鮎具房之進)[20]의 주장을 인용해서 '반인' 또는 '관인'은 소를 도살했던 백정을 말하는 것으로 외국인이었으며, 산대희 연희자는 육고기의 판매나 부산물을 다루었으나 소를 도살하는 직종이 아니었으며, 호칭도 '재인(宰人)'으로 불렀다. 소를 도축하던 백정은 북방 유목민 계통의 외국인들로 이들은 농사를 짓지 못해 일반 백성과 어울려 살지 못했고, 오로지 사냥과 도축을 일삼고 강도와 도적의 무리가 되는 집단이었다. 그래서 조선 전기에는 문제가 되었던 집단이며, 이런 강퍅한 집단에게 궁중의례를 맡긴다는 것은 여러모로 불가능한 일이다. 따라서 산대희 탈놀이패는 배우 놀음을 업으로 하는 전문가들로 궁궐 주변에 있었던 집단이었다. 재인은 반인보다 다소 대우하는 호칭이었다. 추엽륭(1948)과 송석하(1935)의 기록에 의하면 산대희 탈놀이패는 나례희나 사신맞이 산대희 행사에 동원되는 외방 재인들과 달리 평소에는 궁중의 천역에 종사하지만 궁궐에 속해 있던 궁중우인으로 불리었으며, 백정들과 재인들은 신분제가 공고했던 조선시대에 완전히 다른 집단이었다. 그러므로 산대희의 연희자이자 탈놀이 재인들은 '반인'이 아니라 '재인 혹은 편인'이었다고 주장하고 부르는 것이 적합할 것이다.

다섯째, 한양 사직골 딱딱이패들이 '백정, 상두꾼, 건달로 구성'되었다는 이두현(1979)의 논문이 있으나 딱딱이패＝백정, 상두꾼, 건달이 아니라 「탈춤의 역사와 원리」에 의하면 "산대놀이는 고려 말엽, 즉 불교 전성시대 천인(賤人)들에 의해서 이루어진 것이며, 이조시대에는 한양 사직골에 근거를 둔 일명 딱딱이패들이 공연을 함으로써 딱딱이극이라고 불리어 왔던 것"이지만 조선시대 후기 양주읍에서는 약 백이삼십 년 전부터 4월 8일, 5월 단오를 기하여 딱딱이극을 초청하여 왔으나 인기가 많은 딱딱이패들이 타지 공연이 많아서 양주에서 신명 있는 주민들이 가면을 만들어서 한양의 딱딱이패를 모방한 것이 양주별산대놀이[21]가 되었다는 기록을 바탕으로 재인들이 '백정, 상두꾼, 건달'로만 이루어진 것이 아니라 일반 양민들도 탈놀이의 주체가 되었다는 것을 제시하고 있다.

1942년 최상수[22]도 역시 양주별산대가 아현산대놀이를 모방했다고 주장한다. 그러나 당시 양주에는 아현, 노량진, 구파발, 사직동 본산대패 등 거의 모든 본산대패 계통의 탈놀이패들이 연행을 벌였으므로 원조 논쟁은 별 의미가 없다고 하겠다.

여섯째, 「1957년의 양주 별산대본」에는 딱딱이패들이 천인들로 이루어졌다고 되어 있으나 1960년의 양주 별산대 조사에서는 천인들을 '백정, 상두군, 건달'로 고쳐서 적고 있다. 물론 백정, 상두군, 건달이 딱딱이패에 들어 올 수 있었겠지만 딱딱이패가 백정, 상두군, 건달로 구성된 것은 아니다. 딱딱이패들이 천인으로 이루어졌다 정도의 설명으로 그치는 것이 타당할 것이다.

일곱째, 원래 궁중에서 종사하던 본산대패가 조선 후기에서 근대에 이르는 동안 일반인들이 모방하거나 배워서 탈놀이를 할 수 있게 되었는데, 오늘날 양주별산대, 송파산대, 퇴계원산대 등 모든 탈춤이 이런 것들이다(1957년 양주 별산대본, p148). 양주별산대는 이속(吏屬)이 중심이 되었고, 송파산대놀이는 상인들이, 퇴계원산대는 일반 농민들이 중심이 되었다.

여덟째, 안동탈춤 등은 굿에서 유래했고, 산대희는 나례의식에서 유래했다고 구분할 수 있다.

따라서 본산대 탈놀이패를 백정과 같은 수척 집단으로 설정하고, 한양 사직골 딱딱이패를 백정, 상두군, 건달로 상정한 전경욱(1998)의 주장과 이를 그대로 사용하여 남사당의 덧뵈기에 대한 잘못된 논거를 사용하는 주장들은 어느 것 하나도 사실이 아니다(손태도, 2002).

◉ 본산대패 기록으로 살펴 본 덧뵈기

서울에는 조선 전기부터 나례(儺禮)에 동원되었던 연행자들이 살고 있었는데 이들은 나례가 있을 때마다 지방에서 차출되던 재인들과는 다른 전문연행자들이었다. 조선 전기의 여러 기록에는 이들을 '경중우인(京中優人)', '경중남녀재인(京中男女才人)'으로 불린 것으로 보아도 이들이 서울에 사는 전문재인들임을 알 수 있다.

본산대탈놀이를 한 사람들은 서울에 사는 '경중우인(京中優人)'들이었다. 조선 전기에는 주로 서울에 사는 경중우인들이 연행에 동원됐지만 궁중 나례희 등 큰 연행이 있을 때는 경기지역 광대들까지 동원되었다. 그러므로 경중우인이 본산대 탈놀이를 한 것으로 보아야 한다(한국민속예술사전).

이 중에서 남사당패는 사당패, 굿중패 등과 더불어 불교와 관련 있는 연희자들이 많았다. 「고려사」 1056년 (문종 10) 9월조의 기록에 의하면, 고려시대에는 불교에 속한 무리이면서도 장사치들과 결탁하여 물건을 매매하고, 잡인들과 어울려서 술주정하고 기생들과 뒤섞여 놀고, 절을 짓는다는 명목으로 악기를 연주하며 공연을 하고 다니는 재승(才僧)들이 있었다. 재승들은 유교 국가인 조선시대에는 사원에서 쫓겨나고 유랑민이 되었다고 기록되어 있다.

「문종실록」 1451년(문종 원년) 6월 10일조에 의하면, 중국 사신을 영접할 때도 재승 계통의 연희자들이 동원되었음을 알 수 있다. 재승들은 연희에서 웃기는 역할로 연희의 우희(優戱)를 담당했다(한국민속대백과사전).

1935년 10월 3일 동아일보 기사에서 본산대 탈놀이패 하규일노(河圭

一老) 증언에 의하면 당시 예인이라 함은 광대를 말하며 그들 사이에서는 가인을 창부(唱夫)라 하고 땅재주, 줄타기, 장고잡이, 인형놀이, 가면극 연기자를 광대로 불렀다고 한다. 특히 가면극 연기자는 따로 편놈이라고 불렀다고 하는데 무동이나 땅재주꾼보다는 한층 고위계급이었다고 한다. 그리고 무동, 땅재주꾼이 창부보다 계급이 아래였으며 육갑잡이, 백정 등은 광대보다 한층 낮은 계급이었다고 한다.

산대희의 연희자들은 궁중에서 일하던 하층민들로 산대도감 또는 나례도감에 예속되어 있어서 궁중으로부터 쌀이나 콩 등을 지급받아 왔으나, 인조 12년 산대의례가 폐지됨에 따라 서울인근의 대형 장시(場市) 중심의 남사당패가 되었으며 커다란 산대무대를 만드는 일도 없어지게 되었다. 서울 인근의 장시 중에서는 특히 서쪽 교외의 애오개(아현)산대가 유명했었다(한국민속대백과사전).

산대희에 동원된 재인들은 조선 전기에는 의금부와 군기시가 좌우 산대를 맡았고, 궁궐 나례희 때에는 의금부 단독으로 산대희를 맡았다. 그런데 인조 이후 대규모 산대희가 금지되자 의금부는 산대희 담당에서 빠지고 1643년 군기시만 산대희를 담당하게 되었다. 그러다가 1784년 이후 포도청에서 맡아서 좌우 포도청의 포도대장들이 산대희의 좌우 당상이 되었다. 이들은 모두 포도청에 예속되어 있어서 지위를 얼마간 보장한 상태(한국민속예술사전)였으며, 장교와 군졸 같은 하급 군사들도 실제 산대희에 참가했었다.

당시 산대희 전문재인들 역시 포도청에 속해 있었는데 당시 포도청에서 감옥을 지키던 사람들은 무부(巫夫 : 무당 집안 남자)들이었기 때문에 참여했을 수 있었다.

대부분 본산대 탈놀이패를 오로지 천민만 참여했다고 기억하고 있겠으나 "나례도감 변인 등은 많은 장교와 군졸들로 정했습니다(『어영청등록』 갑자 11월 14일)"라는 기록 등 장교와 군졸과 같은 군사들이 참여했던 기록도 있고, 무부계통의 악사들, 조선 후기에는 평민들도 탈놀이에 참여하는 등 신분계급이 철저했던 조선 전기와 달리 조선 말기에는 탈놀이 등에 평민들이 참여하던 사회 분위기가 반영되기도 했다(한국민속예술사전 본산대패). 따라서 본산대패를 제대로 규명하기 위해서는 천민이었던 광대 이외에 서울에 살았던 궁중 계통의 천민, 오군영 계통의 악사들, 포도청의 무부들, 하급 군사 등 평민들도 참여했다는 것이 고려되어야 한다(한국민속예술사전 본산대편).

03
조직으로 살펴 본
덧뵈기의 유래

🏵 재인청 기록으로 살펴 본 덧뵈기

인조 12년 이후 산대희가 폐지되자 이들은 봄가을로 선착장이나 시장 등의 상가를 돌며 상업 활동을 하게 되었다. 이 중 서울에 좌우 나례청이 있어서 전국의 광대들을 관리하고 있었다. 이들은 봄에는 매미 모양의 도장을, 가을에는 호랑이 모양의 도장을 찍은 조합의 증명서를 들고 다녔다. 본산대 탈놀이패는 조선 말기까지도 공식적으로는 나례청에 소속되어 있으며, 서울지역 광대 역할을 하고 있었다(한국민속예술사전 본산대패).

임진왜란 이후 나례가 폐지되면서 남아있던 궁중 연희자들이 해산되는 상황을 맞았다. 대신 대동법의 시행과 화폐경제의 발달로 연희에 대한 민간 수요는 증가했다(김라희, 2016). 18세기 말에 이르면 전국적으로

1천여 개에 달하는 장시(場市)가 설치되었으며, 여러 마을이 큰 시장권을 형성하기도 했다.

19세기 연희집단으로는 딱딱이패, 솟대패, 각설이패, 취승패, 풍각쟁이패, 초라니패, 대광대패, 선소리패, 남사당패 등이 있었다. 이 중 잘 알려진 집단 딱딱이패, 창우집단, 사당패 등이 있었다.

손태도(2002)는 탈놀이 집단연구에서 통영 오광대는 무속인 계통의 악공들에 의해 시작되었으며, 관청의 관노들에 의해 이루어진 강릉관노가면극, 관청의 하급관리인 이속(吏屬)들이 중심이 된 봉산탈춤, 양주별산대, 상인들이 중심이 된 송파산대놀이, 놀이에 관심이 있는 일반 평민들에 의해 이루어지는 고성오광대, 동래야류, 토착 평민들에 의해 이뤄지는 하회별신굿탈놀이가 있다고 분류했다. 그러나 궁중에서 본산대 탈놀

〈남사당패〉

출처 : 한국민속대백과사전

이를 담당했던 탈놀이패에 대해서는 궁중의 천역에 종사했다는 연구 외에 집단에 대한 연구는 아직 부족한 편이다.

"재인청(才人廳)은 재인(才人), 무부(巫夫), 광대(廣大) 등 전문적인 예인들을 양성하고 연희활동을 행정적으로 관장하고 한국의 민속문화를 수행했던 예능인을 양성하는 자체조직이자 전문기관(한국민족문화대백과사전 : 이건미, 2016)"이라고 할 수 있다.

재인청 예인들은 민속의 무속의례와 연희를 담당하다가 국가에 행사가 있을 때 국가기관의 제사와 의식, 연행 등 전 계층의 문화예술 행사를 주도한 이들이다(김라희, 2016). 재인청은 신청, 악사청, 광대청, 화랑청(한국전통연희사전)이라고도 불렸는데 1920년쯤 일본에 의해 강제해산이 있기까지 130여 년 동안 한국의 전통예인들의 교육과 활동을 책임지던 기관이었다(김라희, 2016).

1784년에서 1824년 사이에 설립되었다고 추측하는데, 1824년 기록 「완문등장팔도재인(完文等狀八道才人)」에 의하면 청나라 사신에게 산대희를 거행하려고 하면 각도의 재인들이 무질서하게 서울로 올라오는 것을 통제하기 위해서 1824년 각 도의 소임(所任)들이 서울에 모여서 행방회(行房會)를 열고 전국적인 규모로 재인청을 조직했다고 한다. 1824년 재인청 조직을 재정비한 후 경기도, 충청도, 전라도 삼도의 도청이 주축이 되어 전국 팔도의 재인들을 전부 관리했다. 재인청은 1920년까지 존속되었으나 이후 하나 둘 해체되다가 광복 후 모두 해산되었다.

재인청과 교방, 사당패로 활동하던 예술가들로 인해 전승되었던 우리 민속춤과 가락이 경기도당굿을 기반으로 극장무대에 올려 지면서 차츰 무대 양식화되었다. 한국 근대전통춤을 양식화한 한성준도 선대가 무속을 업으로 하였던 재인 출신이었으며, 이동안은 김인호의 제자로 화성재인청의 마지막 도대방이었다(김라희, 2016).

재인청 중에서 경기도에 있었던 화성재인청이 가장 큰 규모였다고 한다. 경기도 화성재인청은 수원군 성호면 부신리에 있었는데 수원지방의 재인은 물론 안성, 용인, 파주, 안산 등지에 사는 재인들까지 재인청에 의무적으로 가입해야 하므로 인원이 방대하였다(정성숙, 2011). 화성재인청에는 내노라하는 재인들이 모였는데 "계원은 세습무당 당골이고, 악기연주는 물론 땅재주, 줄타기, 물구나무서기 등의 곡예, 재인, 가무, 예능을 하는 광대, 판소리 등도 포함"되어 있었다. 이동백, 김정렬, 송만갑, 김창환 같은 판소리 명창들도 재인청을 거친 인물이었음을 볼 때, 재인청은 요즘의 종합예술교육기관 같은 것이었다(김명수, 2015). 교육기간 동안에는 통제 하에 교육을 받다가 일정한 실력에 이르면 현장에서 활동할 수 있는 기회를 주는 등 엄격하고 철저한 교육과정으로 운영되었다(이건미, 2016).

경기 재인청의 도산주였던 이종만의 1908년 증언에 의하면 재인청 제도에서 대방(大房)은 각도의 대방, 즉 우두머리를 지칭하는 말이다. 대방 밑으로는 좌도 도산주, 우도 도산주가 있고, 그 아래로 집강 네 명, 공원 네 명, 장무 두 명이 있었다고 한다. 대방 선거는 후보자 세 명을 두고 그 이름을 종이쪽지에 써서 계원들로 하여금 그 아래 점을 찍도록 하여 점의 수가 많은 이를 뽑는 방식으로 이루어졌는데 이를 권점이라고 했다. 이는 실력뿐만 아니라 통솔력이 있는 사람을 뽑으려는 직접 민주주의 방식에 다름없다. 한편 자체적으로 엄격한 규율이 있어서 그 규율을 위반하는 자에 대해서는 대방이 제재를 가할 수 있었으며, 죄가 가벼

운 경우에는 각 군 재인청의 청수(廳首)23가 직접 처분할 수 있었다. 예능이 뛰어난 자에 대해서는 '좌산목상재인(左山木上才人), 우산목상재인(右山木上才人)'과 같은 영예로운 칭호를 하사하기도 했다(한국민속대백과사전).

일제 강점기의 명창 이동백과 명무 한성준은 화성재인청 소속 예인 중 가장 대표적인 예인이 용인 태생 김인호였다고 한다. 그는 재인청 출신이면서 협률사 단원으로 전국을 유랑하면서 각종 연희에 참가한 재인이었다.

◉ 조선시대 조직변화로 살펴 본 덧뵈기

산대놀이는 신라 진흥왕 이래 팔관회와 고려시대 연등회와 수륙재, 조선시대 나례희·산대희까지 시대별로 행사의 목적과 종교에 따라 조금씩 차이가 있기는 했지만 '산대'를 중심으로 벌어지는 가무백희가 있었고, 산대희는 우리나라 전통문화예술의 총체라고 할 수 있다.

기록에 의하면 탈놀이는 나례의식을 목적으로 시작되었을 것이라고 추측하며 신라시대에서 고려시대까지의 탈놀이는 처용무가 대표적이었다. 물론 궁중이 아닌 민가에서는 삼국시대 이전부터 서역에서 중국으로 들어온 가면극, 줄타기, 덜미 등의 놀이들이 존재했으나 기록에는 고려 의종 때 궁궐에서 연행이 시작되었다고 기록되어 있다(한겨레음악대사전, 한국민족문화대백과, 이두현, 1979). 고려 의종 때 왕실과 귀족들만의 행사에서, 일반대중들을 위해서 국선대사 대신 전문재인들을 시켜서 가무백희를 열었다고 한다. 당시에 했던 놀이가 죽방울 돌리기, 장대타기, 탈놀이, 버나, 살판, 어름, 덜미 등 현재 전승되고 있는 남사당의 종목들이 연행되었으니 덧뵈기의 공식적인 시작을 '고려 의종' 때로 주장해도 무방할 듯하다.

탈놀이는 신라시대와 고려시대에서는 귀신을 쫓는 나례의식에 사용되어졌으나 조선시대에 이르러서는 나례의식보다는 중국 사신을 환영하는 산대희(山大戲)라는 공연예술에서 '산대(山臺)'라는 가설무대를 세워서 가설무대에서는 '헌선도(獻仙桃)'라는 산대잡극과 인형극을 공연했고, 산대 근처마당에서는 현재 남사당에서 연행되는 대부분의 놀이들이 공연되었다(한국민속대백과사전 산대잡극 편). 당시에는 남사당놀이와 함께 처용무도 함께 공연되었다.

산대(山臺)는 25m에 달하고, 산대희(山大戲) 행사는 동대문에서부터 궁궐까지 이동하면서 공연하는 대규모 행사였으므로 국가에서 운영할 수밖에 없었고, 민가에서는 장원급제 시 산대(山臺)는 설치하지 않고 잡상놀이만 할 수 있었을 것이다.

매년 산대(山臺)를 세우고 대형 국가행사인 산대희(山大戲)를 열기 위해서 조선 초기에는 나례청이라는 기관이 별도로 있었으며, 산대희에 출연하는 전문재인들은 나례청에 소속되어 있었다. 그런데도 불구하고 산대희(山大戲)에는 재인들이 부족해서 매번 산대희 기간 중에는 산대도감 혹은 나례도감이라는 임시조직을 조직해야 했다.

조선시대 나례의식에는 제례의식인 구나(驅儺), 왕과 왕족, 관료들의 오락행사인 관나(觀儺), 왕이 궁궐 밖으로 행차했다가 환궁할 때 혹은 중국사신이 방문할 때 환영의식인 설나(設儺)가 있었는데 산대를 세우는 산대희는 설나에 해당된다. 조선 전기에 이미 제례·나례의식보다는 공연·오락인 설나(設儺)의식이 성대하게 치러졌음을 알 수 있다. 관나(觀

儺)의식은 임진왜란 이후 폐지되었고, 설나(設儺)의식은 정조 이후 폐지되었다. 산대희가 궁중에서 공식적으로 폐지되었음에도 불구하고, 일반 국민들은 불교행사인 수륙재에서 산대(山臺)도 세우고, 설나(設儺)의식에서 했던 다양한 가무백희를 열고 즐겼다.

아래 표는 국가행사인 산대희를 관장하는 국가기관의 변화를 알아보기 위해서 정리한 표이다.

〈조선시대 산대희 조직 및 재인들의 소속처〉

구분	조선시대 산대희 관할기관			조선시대 산대희 재인들의 소속처		
시기별	조선 전기	1643년	1784년	조선 전기	1784년	1824년
소속 기관	산대희 담당 : 의금부 · 군기시 나례희 담당 : 의금부	군기시	포도청	궁중 나례청 소속		해산
				(임시) 산대 도감 혹은 나례도감 소속	포도청 소속	재인청 소속
대상자	궁중 나례청 소속 천민들	궁궐의 천민집단, 하급 장교와 군졸, 무부계통의 악사들	포도청 대장 및 군졸들, 무부계통의 악사들, 평민	궁궐의 천민집단	궁궐의 천민집단, 하급 장교와 군졸들, 무부계통 악사들, 일반 평민들	경기도, 충청도, 전라도 재인청 소속 재인들

조선시대 산대희를 관할하는 기관은 시대 상황에 따라 여러 곳으로 변화했다. 조선 전기에는 왕과 왕족이 참여하므로 나례희는 의금부에서, 산대희는 의금부와 군기시에서 관장하였다. 당시 재인들은 궁중 나

레청 소속 천민들이었다. 나례청은 조선 말기까지 유지되었다가 1824
년 재인청이 생긴 후 해산된 것으로 추측된다.

조선 전기의 산대희는 규모가 커서 궁중 나례청에 소속된 전문재인
들 외에 산대희가 열릴 때 임시적으로 조직되는 산대도감·나례도감에
서 운영하기도 하는데 출연자들 역시 부족하여 국가에서는 산대희 기간
동안 의금부에서 전국의 관찰사에게 공문을 보내서 지방의 재인들을 뽑
아 오기도 했다. 따라서 조선 전기에는 궁중에 소속된 전문재인들은 산
대도감·나례도감 소속이고, 지방에서 차출된 지역 재인들은 산대희 기
간 동안 임시조직 된 나례청 소속이 되었을 것이다.

따라서 국가행사인 산대희에서 연행을 담당하는 전문재인들은 국가
기관인 산대도감·나례도감 소속으로 민간에서 소를 잡던 백정이었거
나 전경욱(1998), 심우성 등이 주장하는 '산대희의 연희자는 성균관 노비
인 반인'이 아니었으며, 산대희 기간 중 지방에서 차출되는 재인들과도
신분이 달랐다. 철저한 신분사회였던 조선시대에서 궁중 산대희 재인들
은 국가에서 관리하는 전문가 신분이었고, 나례의식에 참여한 기록은
발견되지 않았으며, 중국 사신들의 환영행사였던 설나(設儺)의식에 연희
를 하는 조선시대 대표 예인들이었다.

조선 중기 임진왜란 이후에는 물자의 부족으로 인해 국가에서 주최
하던 대규모의 산대희는 금지되었으며 산대희를 관장하던 의금부·군
기시 중 의금부는 폐지되고 군기시에서 조선 말기까지 소규모의 산대희
를 관장하고 있었던 것으로 파악되고 있다. 당시 국가 산대희에서 연희
를 하던 전문재인들 역시 신분의 변화가 기록된 것이 없는 것으로 보아
기존 나례청 소속으로 신분이 유지되었던 것으로 보인다.

또한 당시 중기 이후에는 경제력이 있는 민간이 후원하여 불교 수륙재를 거행했는데 수륙재 기간 동안 불교계에서는 산대희를 설치하고 마치 궁중에서 했던 가무백희를 연행하였다. 이때 대형 절에 고용된 산대희 연행 전문재인들이 수륙재 행사에서 산대희 연행을 펼쳐 보였다.

　민간 행사가 많아지자 전문재인들은 불교행사 및 민간행사에 참가하는 기회가 많아졌고, 대동법 등으로 인해 시장 경제가 발달하자 물류가 이동하는 강의 나루터를 중심으로 대형 상시가 형성되었다. 퇴계원, 양주, 송파 나루터이자 장시(場市)에서는 시장 활성화를 위해 연행이 필요하였고, 상인들의 후원으로 산대희를 본 딴 본산대놀이가 전승되었다. 산대희를 연행하던 딱딱이패 등 전문재인들이 너무 바빠서 약속을 지키지 못하자 양주 등에서는 지역의 주민들이 딱딱이패를 흉내 낸 놀이패를 만들었고 이를 계기로 궁중에서 전문가들이 하던 산대희 연행들이 민간에게 퍼지는 계기가 되었다. 궁중에서 했던 본래의 산대희의 연행을 '본산대놀이'라고 하고, 이를 본 따서 만든 연행을 '별산대놀이'라고 불렀다.

　군기시에서 주관하던 산대희가 1784년 포도청으로 이관되었다.

　당시 서울에는 좌우 나례청이 있었고, 좌우 나례청에서 전국의 광대들을 관리하고 있었다. 나례청은 조선 말기까지 존속되었다.

　당시에도 대규모는 아니었겠으나 국가행사인 산대희가 열렸고, 포도청의 하급 장교와 군졸들이 참여했다는 기록(어영청등록)으로 보아 조선 전기와 달리 포도청에 소속되었던 전문재인들과 함께 평민이었던 군사, 오군영 계통의 악사, 무부(巫夫) 등 다양한 신분계급의 사람들이 참여했던 것으로 파악된다.

전국 곳곳에 1천여 개에 달하는 대규모 시장이 열리고 민간 수요가 높아지자 전문재인들 뿐만 아니라 전국 각 도의 연행들이 무질서하게 일어나자 전문재인들에 의해 '재인청'이 설립되었다고 하나 설립 시기는 1784년~1824년 사이로 분명하지 않다.

　　1824년 각 도의 재인 대표들이 서울에 모여서 '재인청'을 재정비하였다. '재인청'은 예인들을 양성하고 연희활동을 행정적으로 관장하는 재인들의 자체조직이자 전문기관이며 예술종합학교의 기능을 하였다. 재인청은 1920년 해산되기까지 약 100년 이상 한국전통 문화예술을 보급하고 교육하는 기관으로 기능했다.

제 **2** 장

덧뵈기의
구조와 내용

01

산대놀이 계열 탈놀이
연행구조의 특징

남사당의 덧뵈기는 신라 말에서 조선시대 말까지 유지되었던 '산대희' 연행의 일종으로 별산대놀이와 구분해서 부르는 본산대놀이 계통의 탈춤이다. 본산대놀이 계통의 탈놀이는 지역 발생적 탈놀이와 달리 전문적인 놀이꾼들에 의해 전승되어 온 연행으로 사회비판적 내용은 비교적 적고, 춤과 노래보다는 재담이 중심인 탈놀이이다.

◉ 본산대놀이의 놀이꾼

궁중에서 산대희를 연행하던 재인들은 다섯 부류로 나타난다.

첫째, 궁중에 예속되어 있던 교방 기녀와 악공 및 잡희를 연행하던 나례청에 예속된 재인들이다.

둘째, 산대희가 열릴 때 서울에서 살고 있는 경중우인들과 임시로 각 지방에서 차출되어 온 재인들로 산대도감·나래도감에 임시로 소속된 재인들이다.

셋째, 재인청이 설립된 후 전국 3곳의 재인청에서 훈련을 받다가 산대희가 열리면 참여하는 재인들이다.

넷째, 오군영(훈련도감, 금위영, 어영청, 총융청, 수어청)과 용호영에는 악사들을 무부(巫夫)들로 선발했으며, 이들이 악기를 다룰 수 있으므로 산대희가 열릴 때 악사로 선발되었다.

다섯째, 포도청의 하급 장교와 군졸들이다.

첫 번째 재인들인 궁중 나례청에 예속되었던 전문재인들과 임진왜란 이후 재인청에서 훈련받았던 재인들이 본산대놀이 계통의 전문재인들이라고 말할 수 있을 것이다.

첫 번째 궁중 재인들이 「악학궤범」 학연화대처용무합설(鶴蓮花臺處容舞合設) 조에 의하면, 궁중행사에서 악공들은 음악을 연주하고 기녀들은 노래를 하며 처용무와 학무, 연화대무를 추면서 나례의식에 참여(전경욱, 1997)했다고 한다.

셋째 재인청 소속의 재인들은, 「경기도창재도청안」에 의하면 재인청에 소속되어 있으면서 산대희 시기뿐만 아니라 지방 관아의 행사나 나례 등에도 참여하였다고 한다. 공연 종목으로는 가곡, 음률, 별곡, 판소리, 줄타기, 땅재주, 사자무, 처용무, 검무, 고사소리, 괴뢰희 등이 있으나 탈놀이는 제외되어 있다(전경욱, 1997).

그렇다면 현재 남사당 덧뵈기의 전승계통은 궁중에서 중국 사신들의 환영행사인 설나에서 연행을 보여주었던 궁중 나례청 소속의 전문재인들과 둘째 부류인 산대희가 벌어질 때 참여했던 경중우인 및 각 지역에서 차출되어 온 재인들이 전승한 것으로 추론할 수 있다.

임진왜란 이후 산대희가 폐지되자 이들이 대동법 등으로 여유가 있던 민간 연행에 참여하게 되었을 것이다. 대형 절에서 주관하는 수륙재와 대형 장시 등에서 궁중 연희를 선보였을 것이며, 궁중음악을 연주하는 것이 어려운 분위기에서 춤과 노래보다는 재담 위주의 흥행을 위한 탈놀이로 변이가 되었을 것으로 추측한다.

◉ 본산대놀이 계통의 탈놀이 구성의 특징

본산대놀이꾼들이 바빠지자 서울 근교의 애오개(아현), 사직골, 녹번 등에서 배운 별산대놀이꾼들이 생겨났고, 이들에 의해 퇴계원별산대놀이, 양주별산대놀이, 송파별산대놀이로 확산되었다. 조선 후기에는 지역에서 활동하는 민간 탈춤꾼들 외에 남사당패, 대광대패 등 각 지방으로 다니며 연행을 하거나 유랑하는 재인들도 등장하게 되었다.

전경욱은 논문 '탈놀이의 역사적 연구(1997)'에서 본산대놀이 계통의 탈놀이와 마을굿에서 생성된 마을굿 계통의 탈놀이 구성은 매우 다르다고 주장한다.

◉ 본산대놀이의 종류와 과장구성

본산대놀이 계통의 탈놀이의 종류는 산대놀이, 해서탈춤, 야류, 오광대 등으로 같은 구성으로 되어 있으며 약간씩 다른 내용은 추가되거나 변이된 형태로 나타난 것이다.

마을굿 계통의 탈놀이는 하회별신굿탈놀이, 강릉관노가면극 등 동제 등 마을굿에서 비롯된 것으로 1) 무속식 마을굿 2) 유교식 마을굿 3) 무속+유교 혼합형 마을굿 4) 농악대 위주의 마을굿 등으로 구분할 수 있다.

본산대놀이 계통의 탈놀이는 신라시대부터 전승되어 온 궁중 나례의식과 조선시대 중국 사신 영접을 위한 산대희 연행이 목적이므로 벽사진경과 재담 위주의 오락적인 내용이 강조되어 있다. 그러므로 본산대놀이 계통의 탈놀이는 전문재인들이 연행을 주도하였다.

마을굿 계통의 탈놀이는 기본적으로 마을의 안녕과 풍농·풍어를 기원하는 내용으로 무속적이고 음양이 합일하는 토착신앙적인 기원이 강조되어 왔다. 마을굿은 1) 제관이 주관 2) 무당이 주관 3) 무당+농악대가 주관하는 형식으로 운영되었다.

그러므로 본산대놀이 계통의 탈놀이와 마을굿 계통의 탈놀이는 내용과 형식에서 차이가 있다.

아래 표는 전경욱의 논문 '탈놀이의 역사적 연구(1997)'를 기본으로 연구자들이 두 계통의 탈놀이 과장의 차이를 비교한 것이다.

〈본산대놀이와 마을굿 계통의 탈놀이 종류와 과장 구성 비교〉

구분	본산대놀이 계통의 탈놀이	마을굿 계통의 탈놀이
종류	• 산대놀이, 해서탈춤, 야류, 오광대	• 하회별신굿탈놀이, 강릉관노가면극
과장 구성	• 할미과장, 양반과장, 파계승과장으로 구성되어 있다. • 탈놀이에 사악한 것을 쫓고 경사로운 일을 맞이하기 위한 벽사진경 내용이 들어 있다. • 남사당패 덧뵈기에는 벽사진경 내용이 일부가 아니라 1과장 전체가 마당 씻이와 비나리로 되어 있다.	• 주지춤과장, 백정과장, 할미과장, 파계승과장, 양반 선비과장, 장자마리춤과장, 양반광대 소매각시춤과장, 시시딱딱이춤과장, 소매각시 자살과 소생 과장이 있다. • 하회별신굿탈놀이에는 서낭당 신인 각시가 등장한다. 각시는 탈을 쓰지 않고 무동을 하고 뒤따르면서 탈놀이에 참여한다. • 하회별신굿탈놀이에는 서낭대, 산주, 각시, 탈놀이광대, 풍물패 순서로 국시당과 삼신당을 돌아 등장한다. • 하회별신굿탈놀이에는 첫과장인 주지춤을 시작하기 전에 각시가 탈을 쓰고 무동을 하여 관중들 앞을 돌면서 걸립을 한다. • 하회별신굿탈놀이는 주지춤과장, 백정놀이과장, 할미놀이과장, 파계승놀이과장, 양반·선비놀이과장으로 구성되었는데 이는 다른 지방의 탈놀이 구성과 전혀 다른데, 이는 안동지역 마을굿에서 자생적으로 형성되었음을 입증해 주는 것이다.

전경욱, 1997 재구성

• 본산대놀이 계통의 탈놀이는 기본적으로 궁중 나례의식을 기반으로 하였으므로 사악한 것을 쫓고 경사로운 일을 맞이하기 위한 벽사진경의 내용이 들어 있다. 특히 남사당패 덧뵈기의 경우 탈놀이 중에 벽사진경의 내용 이외에도 1과장 전체가 마당씻이로 시작되며, 다른 탈놀이에서는 볼 수 없는 불교적인 비나리가 들어 있어서 나례의식

은 물론 불교적인 영향을 받았다는 것을 증명하고 있다.

• 남사당패 덧뵈기는 1과장 마당씻이과장 외에 2과장인 옴탈과장 역시 벽사진경의 내용으로 타 탈놀이에 비해 나례의식이 강조되어 있다.

• 본산대놀이 계통의 탈놀이는 할미과장 – 양반과장 – 파계승과장 순으로 구성되어 있다(전경욱, 1997).

• 남사당패 덧뵈기도 특별한 1과장 마당씻이과장 외에 옴탈과장 – 샌님과장 – 먹중과장 순으로 타 본산대놀이 계통의 탈놀이 구성과 유사하다.

• 이에 비해 마을굿 계통의 탈놀이인 하회별신굿탈놀이의 경우 마을의 수호와 안녕, 풍농을 기원하는 내용이 들어 있다. 수호신인 서낭당신 각시가 등장한다. 각시는 탈을 쓰지 않고 무동을 하고 등장하므로 신이 마을굿에 모셔지는 형식으로 시작한다. 서낭대, 산주, 각시, 탈놀이광대, 풍물패 순으로 국시당과 삼신당을 돌아 등장한다.

• 마을굿 계통의 탈놀이는 주지춤과장 – 백정놀이과장 – 할미놀이과장 – 파계승놀이과장 – 양반 · 선비놀이과장 순으로 구성되어 있다.

• 마을굿 계통의 탈놀이 중에는 이외에 각시춤과장, 시시딱딱이춤과장, 소매각시 자살과 소생과장 등 첨가와 변이가 일어난 탈놀이도 많다(전경욱, 1997).

◉ 본산대놀이 계통의 탈놀이의 등장인물

본산대놀이 계통의 탈놀이의 등장인물들은 개인의 이름을 쓰지 않고 신분과 행동의 특징으로 지칭한다. 예를 들어 남사당 덧뵈기의 경우 양반,

샌님, 영감, 할미, 노장, 먹중 등으로 부른다(전경욱, 1997).

- 본산대놀이 계통의 경우 하인은 모두 말뚝이 혹은 쇠뚝이로 부른다. 술에 취한 중은 모두 취발이라고 부른다. 노장을 유혹하는 젊은 여자는 모두 소매 혹은 소무라고 부른다.
- 이에 비해 마을굿 계통의 탈놀이에서는 하인의 이름이 존재하며, 초랭이, 이매 등 개인적인 이름이 있다. 젊은 여자는 부네로 부른다.
- 강릉관노가면극의 경우에는 장자마리와 시시딱딱이 등 특이한 이름으로 부른다(전경욱, 1997).

〈본산대놀이와 마을굿 계통의 탈놀이 등장인물 비교〉

구분	본산대놀이 계통의 탈놀이	마을굿 계통의 탈놀이
등장 인물	• 본산대놀이 계통에는 개인의 이름을 쓰지 않는다. 공통적으로 양반, 샌님, 영감, 할미, 상좌, 노장, 먹중 등 신분을 사용한다. • 양반의 하인은 모두 말뚝이 혹은 쇠뚝이 라고 부른다. • 술에 취한 중은 모두 취발이라고 부른다. • 노장을 유혹하는 젊은 여자는 모두 소매 (소무)로 부른다.	• 마을굿 계통에는 하인의 이름을 부른다. 하회별신굿탈놀이의 경우에는 하인의 이름이 초랭이, 이매 등으로 개인 이름이 있다. • 젊은 여자는 부네로 부른다. • 강릉관노가면극에서는 장자마리와 시시딱딱이 등으로 부른다.

전경욱, 1997 재구성

◎ 본산대놀이 계통의 탈놀이의 극적구성

본산대놀이 계통의 탈놀이에서는 양반과장에서 양반과 말뚝이가 티격태격하는 내용으로 구성되어 있다. 또한 양반과 말뚝이 모두 서로를 찾으려고 전국을 돌아다니고 여행했다는 내용이 들어 있다.

- 남사당 덧뵈기에는 없으나 강령탈춤과 고성오광대, 동래야류에서는 말뚝이가 양반을 노새 등에 비유하고 야유하는 내용이 나오는데 이는 마을굿 탈놀이의 영향을 받아서 변이된 것으로 추측한다(위의 논문, 1997).

- 해서탈춤에서는 할미의 죽음 후에 무당이 나와서 굿을 거행하며, 야류와 오광대에서는 할미가 죽은 후 상두군의 상여소리가 나오는데 이는 변이된 것으로 판단한다(위의 논문, 1997).

〈본산대놀이 탈놀이의 극적 구성〉

구분	본산대놀이 계통의 탈놀이
극적 구성	• 본산대놀이 계통에는 말뚝이와 양반이 여러 곳을 여행하는 내용이 대사에 들어 있다. • 양반이 말뚝이를 찾으러 팔도를 다니고 있다는 과정을 알린다. • 말뚝이는 양반을 찾기 위해 여러 곳을 두루 다녔다고 변명한다. • 양반과장에서 양반과 말뚝이가 티격태격하는 극적 구성이 모두 유사하다. • 강령탈춤과 고성오광대의 양반과장에서는 말뚝이가 '나귀치레'를 하면서 노생원님을 노새로 비유하고 야유한다. • 동래야류에서는 노생원을 청노새에 비유하고 야유한다. • 본산대계통의 탈놀이 할미과장에서 할미는 모두 무당으로 설정되어 있다. 그래서 손에 방울을 들고 있거나, 여러 무속신이 그려진 무당 부채를 들고 있다. • 할미과장에서 영감, 할미, 첩과의 싸움에서 대부분 할미가 죽는다. • 산대놀이와 해서탈춤에서는 할미의 죽음 후에 무당이 나와서 굿을 거행한다. • 야류와 오광대에서는 할미가 죽은 후 상두군의 상여소리가 나오는데 이는 변이된 것으로 판단한다.

전경욱, 1997 재구성

◉ 본산대놀이 계통 탈놀이의 탈 형태

본산대놀이 계통의 탈 형태는 대부분 유사하다. 등장인물의 배역에 따라 탈에 일정한 유형이 있다. 노장탈, 영감탈, 할미탈, 샌님탈, 소매탈, 첩탈, 도령탈, 상좌탈이 역할에 따라 유사한 형태로 제작되어 있다.

- 예를 들어 취발이 탈은 모두 붉은 얼굴에 이마에 여러 개의 강한 주름이 있으며, 탈의 이마 윗부분에 긴 머리카락이 한 가닥 늘어져 있다. 노장탈의 경우에는 검은 얼굴에 파리똥이 많이 찍혀져 있다. 할미탈은 검은 얼굴에 주근깨가 많다. 샌님탈은 흰색 얼굴에 쌍언청이거나 코가 비뚤어진 모습이다(위의 논문, 1997).
- 통영오광대와 고성오광대의 탈 중에 얼굴 반쪽은 붉은색, 나머지는 흰색인 탈이 있는데 이는 양반 어머니가 부정한 짓을 해서 아버지가 둘인 양반을 풍자한 것이다. 남사당패의 꼭두각시에도 이부지자 인형(홍백가)이 등장하는데 이 역시 같은 의미이다(위의 논문, 1997).

〈본산대놀이 계통의 탈놀이 탈 형태〉

구분	본산대놀이 계통의 탈놀이
극적 구성	• 본산대놀이 계통 탈은 등장인물에 따라 탈에 일정한 유형이 있다. 노장탈, 영감탈, 할미탈, 샌님탈, 소매탈, 첩탈, 도령탈, 상좌탈 등 모두 유사하다. • 남사당패, 송파, 양주별산대놀이, 봉산탈춤, 강령탈춤의 취발이 탈은 모두 붉은 얼굴에 이마에는 여러 개의 주름이 강하게 잡혀 있으며, 탈의 이마 윗부분에 긴 머리카락이 한 가닥 늘어져 있는 모습 등이 유사하다. • 노장탈의 얼굴은 검은 바탕에 파리똥이 많이 묻어 있다. • 할미탈은 검은 바탕의 얼굴에 주근깨가 많이 찍혀 있는 모습이 공통적이다.

극적 구성	• 샌님탈은 흰색바탕의 얼굴에 쌍언청이 모습이다. • 언청이 양반탈도 언청이에 눈썹이 긴 모습이었으나 흰색바탕의 얼굴에 코가 비뚤어진 모습 등 변이가 나타난 것도 있다. • 통영오광대와 고성오광대의 양반탈 중에는 얼굴이 반쪽은 붉은색 나머지는 흰색인 탈은 아버지가 둘인 이부지자임을 뜻한다. 즉 양반의 어머니가 부정한 짓을 하여 낳은 양반임을 풍자한 것이다. 남사당패의 꼭두각시놀이에도 홍백가가 나오는데 이 역시 같은 의미이다.

전경욱, 1997 재구성

덧뵈기의
연행구조

◉ 4개의 과정으로 이루어진 옴니버스 형식

덧뵈기는 풍물, 버나(대접돌리기), 살판(땅재주), 어름(줄타기), 덧뵈기(탈놀이), 덜미(전통인형극)로 구성되어 있으며, 덧뵈기는 남사당놀이의 다섯 번째로 연희되는 종목이다.

덧뵈기의 연행은 전체 4과장(4마당)으로 구성되어 있는데, 1과장은 마당씻이, 2과장은 옴탈잡이, 3과장은 샌님잡이, 4과장은 먹중잡이로 이루어져 있다.

덧뵈기 과장의 특징은 1과장에서 4과장까지 하나로 이어져 구성된 것이 아니라, 서로 다른 몇 개의 독립된 짧은 이야기들을 모아 한편의 작품으로 만든 옴니버스(omnibus) 형식으로 이루어져 있다.

각 과장이 별개의 내용으로 이루어져 있다고는 하나 전체적으로 보면 '마당씻이로 정화하고 – 옴탈잡고(요귀 · 역병 · 외세 등을 물리치고) – 샌님잡고(양반의 권위에 대항하여 신분 차별에 저항하고)—먹중잡고(종교의 타락과 성 의식을 비판하는 민중들의 바람)—합동무(화합 및 뒤풀이)'라는 종합적인 작품이 완성되는 형태이다.

〈덧뵈기의 연희구성도〉

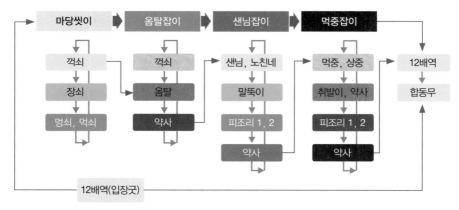

출처 : 문진수(2013)

혹은 1과장과 2과장이 한 세트이고, 3과장과 4과장이 한 세트로 덧뵈기는 크게 2개의 에피소드로 이루어져 있다고 주장할 수도 있다.

그 이유는 네 가지로 구분할 수 있다.

• 첫째, 1과장과 2과장 전체를 이끌고 가는 역할은 꺽쇠(꽹과리)로 1과장과 2과장 전체를 주도하면서 유기적으로 1과장과 2과장을 연결시

키는 역할을 한다.

- 둘째, 1과장과 2과장의 인물들은 서로 연결되어 있다. 그러나 1과장과 2과장의 인물들이 3과장과 4과장에서는 전혀 등장하지 않는다.
- 셋째, 1과장과 2과장의 내용과 스토리라인은 서로 연결되어 있다. 그러나 1과장과 2과장의 내용과 3과장과 4과장의 내용은 전혀 다른 스토리라인이다. 즉 1과장과 2과장의 내용은 '꺽쇠가 옴이라는 요귀·역병·외세 등의 침입을 막기 위해서 동료인 장쇠, 멍쇠, 먹쇠를 불러 모으고 취군가락 등 군사적인 준비를 하고 액막이를 하지만 그럼에도 불구하고 옴이 나타난다. 옴은 천연두 역병이 나타나서 대장인 꺽쇠에게 옮게 하거나 혹은 침략을 하지만 결국 꺽쇠는 옴을 물리친다'는 내용이다.
- 넷째, 3과장과 4과장의 내용과 스토리라인도 서로 연결되어 있다.

따라서 남사당의 덧뵈기는 1-2과장과 3-4과장 두 개의 내용으로 이루어진 악극이며, 더 나아가서 1-2과장은 본산대놀이 계통의 연행구조를 띠고 있으므로 본산대놀이로부터 전승되어 온 형식이나, 3-4과장은 본산대놀이에서 계승되어 온 형식이 아니라 전국을 유랑하는 과정에서 임진왜란 이후 대중들이 선호하는 지역발생 탈놀이 중 일부 탈놀이를 결합시킨 것이 아닌가 추측해 볼 수 있다.

남사당의 덧뵈기의 원형에 대한 고증과 연구가 미흡한 상태라 덧뵈기의 연행구조가 4과장이 각각 별도의 옴니버스 형식인 것인지, 혹은 4과장 전체가 하나의 통합적인 스토리라인으로 구성되어 있는지, 아니면 1-2과장, 3-4과장의 두 스토리라인이 결합한 형태의 구성인지에 대해 분명한 결론을 내릴 수는 없다. 그러나 선행연구로 미루어보아 남사당 덧뵈기는 17세기경 시작된 산대놀이 계통의 연행으로 고대로부터 내려온 지역 발생적 탈놀이와 구분되며 원형복원이 시급히 필요해 보인다.

03

덧뵈기
1과장

〈덧뵈기 1과장〉

웹툰 아티스트 임영성

◉ 1) 1과장 마당씻이

1과장 연행구조

〈1과장 마당씻이 연행구조〉

- 덧뵈기 1과장 마당씻이는 전체 출연자가 길놀이 겸 퍼레이드를 펼치면서 한바탕 흥겹게 춤추고 놀다가 퇴장하면, 꺽쇠 홀로 놀이판에 남아서 장단을 맺으면서 극이 시작된다.
- 꺽쇠(꽹과리를 의미)는 혼자 놀기 심심하다면서 예전에 놀던 장쇠(장구를 의미함)를 불러들인다.
- 오랜만에 만난 동료 장쇠와 안부를 주고받으며 서로 자신의 악기를 배우며 힘들고 어려웠던 시절을 회상하며 예전에 놀던 가락을 쳐보며 동질감을 회복하지만 무언가 부족함을 느끼게 된다.
- 이때 장쇠가 둘이 노니까 격(형식)이 안 맞는다며 예전에 같이 놀던 친구들을 불러보자고 제안하고, 꺽쇠가 바로 멍쇠(징을 의미)와 먹쇠(북을 의미함)를 부른다.
- 오랜만에 만났음에도 불구하고 장쇠와 먹쇠는 서로의 얼굴이 못생겼다고 얼굴타령을 하며 분열을 조장한다.

- 이를 지켜보던 멍쇠는 장쇠와 먹쇠를 화해시키고 먹뱅이 남사당패를 춤으로 한 번 눌러보자고 제안한다. 다들 이에 동조하며 덩덕궁이 장단에 맞추어 신명난 놀이판이 펼쳐진다.
- 놀이판을 마친 꺽쇠는 "바늘허리에 실을 맺다"라며 무엇인가 제대로 이루어지지 않았음을 암시하는 대사를 하고 사람들을 불러 모으기 위해서 취군가락[24]으로 장단을 빠르게 몰아가며 흥을 돋운다.
- 꺽쇠는 취군가락을 치고 나서야 비로소 한판 제대로 놀았다는 듯 이제 쉬엄쉬엄 쉬어가자는 의미로 뜬금없이 배가 고프다고 말한다.
- 이에 먹쇠가 밥을 먹자고 제안하자, 그런 의미가 아니라 다른 무엇인가를 찾기 위해서 마치 스무고개처럼 묻고 답하는 형식으로 차츰 원하는 답을 유추해낸다. 결국 멍쇠가 밥그릇 옆에 있는 국그릇까지 거들먹거리자 굿거리장단을 찾기 위해서 여태껏 추리한 것임을 알게 된다. 그러자 꺽쇠는 기다렸다는 듯 바로 굿거리장단을 연주하며 신명난 춤을 추고, 덩덕궁이 장단과 자진가락 등으로 하나의 장단구조를 완성하게 되고, "먹뱅이 남사당패 똥구멍에 불이 붙었겠구나"라고 으스대며 서로 의기투합하고 화합한다.
- 손님들을 위해 소원성취하시라고 축원고사 덕담을 해준다. 축원고사 덕담(비나리)은 선(先)고사와 후(後)고사로 나뉘는데, 선고사는 터를 잡고 사람이 성장하는 과정을 나타내는 '살이', 액이나 살을 풀이하는 '액살풀이', 역병이나 외세를 물리치는 '호구역(疫)살풀이', 인간의 수명과 복을 풀어내는 '삼신풀이', 1년 12달 액과 재앙을 풀어내는 '일년도액(一年度厄)풀이(달거리)' 등으로 구성되어 있다.
- 후고사는 축원과 덕담이 주를 이루는 사설로 집안의 평화와 인간의

수명 등을 기원하는 내용으로 이루어져 있으며, 윗사람을 잘 섬기는 것은 아주 경사스럽고 복된 것을 나타내는 '상봉길경(上峰吉慶)', 대자대비 부처님의 그지없이 넓고 큰 자비를 뜻하는 '불심포교(佛心布敎)', 집안의 행운과 축원을 비는 '축원덕담 1', '축원덕담 2', 모든 액운과 액살을 풀이하는 '액살풀이' 등으로 구성되어 있다.

• 축원고사 덕담을 마치고 나면 한바탕 신명나게 놀고, 꺽쇠만 마당에 남아서 놀이를 하고 장쇠, 멍쇠, 먹쇠는 퇴장한다.

◎ 1과장 마당씻이 연행구조의 특징

1과장 마당씻이는 '판을 깨끗하게 씻김하는 의식'을 거행하는 과장이다. 남사당의 덧뵈기 4과장 중 1과장이 가장 중요하고, 남사당을 타 탈놀이와 차별화시키는 가장 독특한 형식과 구성으로 이루어져 있다.

1과장의 특성은 다음과 같다.

• 첫째, 탈을 쓰고 탈위에 상모를 쓰고, 가면무극을 추면서 상모를 돌린다.

연행자가 탈을 쓰고 연기와 노래를 하는 것도 가면을 벗고 연기하는 것에 비해 매우 어려운 일인데, 덧뵈기 1과장에 나오는 꺽쇠(꽹과리), 장쇠(장구), 멍쇠(징), 먹쇠(북) 4인의 악기 치배들은 탈을 쓰고, 그 위에 다시 상모를 써야 한다. 특히 꺽쇠(꽹과리)의 경우 꽹과리를 치며 극을 이끌어야 하며 대사를 하고 상모를 돌려서 춤을 춰야 하는 매우 어려운 역할이다. 아무나 할 수 없고 고도로 훈련된 전문가라야 할 수 있을 것이다.

남사당의 덧뵈기가 타 탈놀이들과 달리 독보적으로 탈놀이에 상모연기를 결합한 것에 대해 문진수는 "타 탈놀이에서 볼 수 없는 고도의 연기를 해야 하는 전문예인집단으로서 흥행에 성공하기 위해서는 남들이 할 수 없는 기능적 차별성이나 전문성을 보여주기 위한 자구책이었을 수 있다"고 추론한다.

- 둘째, 군사대열과 군사대열(판)을 이끄는 꺽쇠의 리더십 그리고 취군가락

덧뵈기도 일반 풍물과 같이 진풀이를 한다. 극의 특성상 다양한 진풀이보다는 원진을 주로 사용하고 있으나, 극의 진행에서는 군악인 취군가락[25]을 이끌어 내거나 먹쇠가 밥을 먹자고 하자 밥을 먹는 대신에 스무고개처럼 질문을 통해 동료들에게 자신이 원하는 굿거리장단의 합주를 이끌어 낸다.

이 모든 연행을 기획하고 주도하는 인물이 꺽쇠다. 꺽쇠는 관객들에게 극의 시작을 알리면서 전체 배역들을 이끌어 무대에 입장시킨다. 일종의 지휘자나 기획자의 역할을 한다. 꺽쇠는 쇠를 상징하는 밝음, 광명, 빛, 태양(해)[26]처럼, 꽹과리로 판을 이끌어 가고 다른 배역들을 불러들여서 마치 군대의 지휘자로 소집령을 내려서 군대를 일으키는 것처럼 타악 합주에 필요한 놀이판을 구성해 나가고, 전체 음악 연주를 주도하며 신명을 이끌어 낸다. 또한 꺽쇠는 탈을 쓰고 상모를 돌리고, 축원고사덕담(비나리)의 선고사·후고사를 진행하므로 제사장[27]의 역할을 담당한다. 축원고사덕담(비나리)를 마치면 다른 배역들은 퇴장하고 꺽쇠는 홀로 남아서 옴탈이 등장할 때까지 쇠놀음(꽹과리)을 펼친다. 옴탈잡이 후미

에서는 꽹과리를 내려놓고 옴탈과 춤을 추며 퇴장한다.

꺽쇠[28]의 리더십은 이름에서도 나타난다.

'꺽'은 '꼭'과 같은 의미로 사용되는 말로, '꺽쇠'는 '꼭쇠'를 뜻하고, '꺽' 또는 '꼭'은 '크다', '높다', '거칠다'[29] 등의 뜻으로 우두머리를 지칭하는 말이며, '쇠'는 '치배', '연주자', '잽이' 등을 뜻하는 말이다. 그러므로 '꺽쇠' 또는 '꼭쇠'는 풍물 연희 치배로 구성된 우두머리, 즉 꽹과리(상쇠)를 지칭하는 말이다.

이러한 부분은 남사당패의 조직을 구성하는 명칭에도 자주 등장하고 있다. 가령 남사당패의 우두머리를 '꼭두쇠', 남사당패의 기획 및 연출을 담당하는 '곰뱅이쇠'[30], 남사당놀이의 분야별 우두머리를 뜻하는 '뜬쇠'[31], 놀이 종목에 따라 살판쇠[32], 버나쇠[33], 덧뵈기쇠[34], 덜미쇠[35], 나귀쇠[36] 등이 있으며, 이들 단어들의 조어 형식상 특징은 〈~하는, ~인: 행위 또는 행위의 주체나 위상〉+〈사람: 쇠〉의 형식으로 구성되어 있다. 명사의 뒤에 붙어 접미어로 사용되는 '쇠'라는 말은 그 접두어인 명사의 성격에 따라서 '치배', '연주자', '잽이' 또는 남사당패(男社黨牌)의 분야별 우두머리를 뜻하는 것으로, 그 의미가 약간씩 다르게 해석되는 특징을 보인다.

- 셋째, 유희와 재담을 곁들여 쌓아가는 음악

바보같이 어수룩하나 매력이 넘치는 사람을 백치미가 있다고 한다. 삐에로나 코미디언처럼 관객들을 웃기기 위해서 관객들보다 바보같이 어수룩하게 행동하면서 점차 음악이나 연기를 쌓아가는 형태이다.

서양음악이 기승전(클라이맥스)결 구조라면 덧뵈기의 음악은 한층 한층 쌓아가면서 완성을 하는 구조라고 할 수 있다. 예를 들어 꺽쇠가 나와서 꽹과리를 친다 – 꺽쇠가 장쇠를 불러들이면 꽹과리와 장구가 협연을 하게 된다. 이후 장쇠와 꺽쇠가 멍쇠와 먹쇠를 부르면 꽹과리 – 장구 – 징–북의 협주가 완성된다.

음악 역시 처음에 꺽쇠가 장단을 치다가 – 덩덕궁이 장단을 친다 – 이후 취군가락으로 빠르게 몰아간다 – 마침내 굿거리장단, 덩덕궁이 장단, 자진가락 등으로 장단구조를 완성하게 된다.

- 넷째, 타 탈놀이에 없는 축원고사덕담(비나리)이라는 불교음악 사용

마당씻이에는 악기 치배들 뿐만 아니라 관객들의 참여를 이끌어내고자 관객을 불러내어 비나리(고사소리)에 참여시킨다. "놀이마당을 정화시킬 뿐만 아니라, 마당에 모인 관중들의 마음, 놀이꾼 자신의 마음을 모두 씻어 깨끗하게 하고 아울러 액운이나 불행을 풀어 없앤다는 취지에서 생긴 개념으로 몸속에 맺힌 한이나 긴장, 피로를 제거하고 신명지게 논다는 의미도 포함된다(서연호, 1997)."

비나리(고사소리)의 내용은 "사람이 태어나고 성장하는 과정 – 살을 풀어주는 살풀이 – 손님마마와 부처님의 도래 과정 – 열두달 액풀이 등으로 구성되어 있다(문진수, 2013)." 이는 모든 만물이 지니는 생로병사의 과정 속에서 종교적인 기원과 제의식을 통하여 부정한 것을 물리치고 무사태평을 빌었던 민중의식을 자연스럽게 놀이로 승화시킨 남사당패의 의지라고 할 수 있다.

유일하게 남사당 덧뵈기의 1과장에는 비나리(고사소리)라는 굿의 주술적 형식이 전승되어 내려오고 있다. 덧뵈기에는 1과장 마당씻이에 비나

리(고사소리)가 있어서 다른 가면극에 존재하는 벽사의식무(辟邪儀式舞)를 대신하고 있음을 알 수 있다.

이러한 배경에 대해서 장희주(2006)는 "사당패의 어원이 거사패 – 가리내패 – 사당패 – 남사당패 등으로 변화한 과정은 불교와 밀접한 관계 속에 사찰과의 결속이나 의존성을 통하여 변모하였을 것으로 추정되며, 공연 레퍼토리가 불경, 회심곡, 비나리(고사소리) 등 불교음악을 차용한 것은 당시 사찰의 지원을 통해 형성된 연희 집단들의 당연한 공연 구성물이 되었다"고 주장한다.

이에 대해 문진수(2013)도 불교음악인 비나리(고사소리)가 벽사의식무를 대신할 수 있었거니와 겹쳐서 사용하는 것 보다는 비나리(고사소리)를 적극적으로 벽사의식무 대신에 사용되었을 것으로 판단하고 있다.

• 다섯째, 극을 부르는 장단

마당씻이는 다른 과장과 달리 풍물굿의 장단을 풀어가면서 극을 진행하는 독특한 연희구조다. 흔히 풍물굿의 음악구조를 '내고–달고–맺고–풀고'의 형태로 표현된다. 하지만 리듬의 얼개는 음악구조의 형태를 취할 뿐 구조적으로는 진행방식에 따라 자연스럽게 변화하면서 각각의 층위 구조를 오르내리며 흐름을 이어간다. 마당씻이는 극의 진행에 따라 장단을 부르는 특성을 지닌다. 꺽쇠가 장쇠를 불러 예전에 놀던 가락을 치자며 덩덕궁이 장단을 연주하고, 다시 꺽쇠, 장쇠, 멍쇠, 먹쇠가 만나서 덩덕궁이 장단을 연주하며 취군가락(자진가락)을 찾게 된다. 장단의 음악구조는 처음에 내다가 달아가는 과정으로 진행되는 것이다. 여기에서 그치지 않고 덩덕궁이에서 취군가락으로 진행할 때는 반삼채로 맺고 취군가락을 연주하며, 취군가락에서는 엎어빼기와 쉼가락[37]으로 풀어주다 다시 취군가락을 달아서 맺는다. 그러고는 다시 굿거리장단을 찾아 차례대로 장단을 엮어 속도감에 따라 '굿거리-덩덕궁이-마당삼채-취군가락(엎어빼기, 쉼가락)'으로 하나의 얼개를 형성하게 된다. 굿거리, 덩덕궁이, 자진가락(취군가락)은 한국의 대표 장단이라고 할 수 있을 만큼, 이 장단만 알아도 대한민국 어디에서나 악기를 연주하면서 즐길 수 있다. 그만큼 어디에서나 통용되고 일반적인 장단인 것이다. 이러한 장단구조는 연주방식과 빠르기 등으로 나눠지는 특성을 보이는데, 덧뵈기에서는 극을 부르는 진행방식으로 악(樂)을 부르며 하나의 틀을 완성하게 된다. 이들의 음악구조는 악을 쌓아가는 만큼, 결속력도 굳어지고 극의 완성도도 높아가는 특징을 보인다. 또한 장단 구성을 맞춰가며 극을 진행하고, 이해시키며 쌓아가는 과정 속에 자연스럽게 녹여낸다. 결국 마당씻이는 극을 통해 악을 구성하는 형식을 취하며 완성된 구조를 찾게 되는 얼개구조로, 장단을 풀어 놓고 쌓아가며 긴장과 이완 속에 전개되는 과장이다.

덧뵈기
2과장

〈덧뵈기 2과장〉

웹툰 아티스트 임영성

◎ 1) 2과장 옴탈잡이

2과장 연행구조

〈2과장 옴탈잡이 연행구조〉

- 1과장 마당씻이의 축원고사덕담을 마치고 나면, 다른 배역들은 퇴장하고 꺽쇠만 홀로 남아 상모를 돌리며 쇠놀음을 한다. 쇠놀음의 형식은 풍물놀이의 개인놀이 형식으로 진행된다.
- 쇠놀음에 맞춰 옴탈이 춤을 추며 등장하고 쇠놀음을 멈춰 세우면 극이 진행된다.
- 옴탈은 꺽쇠가 못마땅하다는 듯 시비를 걸지만, 꺽쇠는 옴탈의 모습을 보며 바로 반격한다. 옴탈의 얼굴이 크고 머리에 쓰고 나온 벙거지가 의관인줄 알았는데 남의 집 떡 시루 밑을 쓰고 나온 것을 보며 한심하다는 듯이 머리채를 잡아 돌린다. 옴탈은 자신의 의관이 부서진다고 아우성치며, 의관이 상상할 수 없을 만큼 비싼 가격에 맞춘 것임을 자신한다.
- 꺽쇠는 더 이상 대응을 자제하며 옴탈의 얼굴 생김이 이상하다고 화제를 전환한다. 얼굴빛은 황토빛인데 문둥병 걸린 사람처럼 얼굴에 부스럼이 나있다고 말하자, 옴탈은 으스대며 자신의 얼굴이 우툴두

툴한 내력을 알려준다. 옴탈은 우리나라 조선 땅을 떠나 중원(중국) 땅에 갔다가 나올 때 호구별상마마님(천연두)을 뫼시고 나왔다가 자신의 얼굴이 요 모양 요 꼴이 되었다고 하소연한다.

- 이때 꺽쇠가 옴탈의 얼굴을 요리조리 살피다 신체검사를 해야겠다며 옴탈에게 다가간다. 옴탈은 자신의 얼굴을 더러운 손으로 체검 한다며 투덜대며 못마땅하다는 듯 피하지만, 끝내 꺽쇠는 옴탈의 신체검사를 마친다.
- 하지만 갑자기 자신의 온몸을 여기저기 긁으며 옴탈이 중국(중원)에서 모시고 온 것이 천연두(옴)임을 알아채고 춤으로 옴탈을 물리치고 먼저 퇴장한다. 옴탈은 꺽쇠가 퇴장한 방향을 따라 어서 쫓아가서 혼내주겠다며 성급히 따라 나선다.

2) 2과장 연행구조의 특징

첫째, 2과장은 '옴'이라는 '요귀·역병·외세 등' 해로운 외부세력들을 꺽쇠가 춤으로 물리치는 내용으로 본산대의례의 전통을 계승한 나례(儺禮)의식의 일부라고 할 수 있다. 그러나 덧뵈기 2과장에서 꺽쇠가 옴을 춤으로 물리친다는 내용은 산대놀이의 기원인 고대 은나라 주(紂)왕이 달기(妲己)라는 미인에게 빠져서 충신들을 죽이게 되었는데 원통하게 죽은 충신들의 원혼들을 달래기 위해서 강태공이 천살성(天殺星)과 지살성(地殺星)으로 원혼들을 물리친다는 중국 나례(儺禮)의례 변용인 듯하며, 고려 말 도승이 되려다가 호사자들에 의해 미색의 소무당(小巫党)의 미인계에 의해 파계된 승려 신돈의 이야기를 전승하는 구조는 아니다.

2과장부터 4과장까지 옴탈잡이, 샌님잡이, 먹중잡이 등 명칭이 '잡이'로 끝나는데 "잡이"는 잘못된 것을 물리친다는 의미로 민중의식을 함축적으로 담고 있고, 합동무와 뒤풀이로 관객을 판으로 끌어들여 공감대를 형성하고 민중들의 에너지를 창출하고 집약한다고 볼 수 있다.

덧뵈기
3과장

〈덧뵈기 3과장〉

웹툰 아티스트 임영성

◎ 1) 3과장 샌님잡이

3과장 연행구조

〈3과장 샌님잡이 연행구조〉

- 옴탈잡이가 끝나면 샌님과 노친네가 굿거리장단에 맞추어 춤으로 입장한다. 샌님은 장죽에 부채, 지팡이를 들고 양반 특유의 거드름춤으로 입장하고, 노친네(할미)는 샌님 뒤를 쫓아가며 눈치를 보면서도 우스꽝스러운 춤과 동작으로 샌님과 관객들 사이를 오가며 샌님 뒤를 따른다.

- 샌님은 졸졸 쫓아다니는 노친네를 못마땅하게 바라보며 춤판을 정리한다. 샌님은 노친네의 춤과 행동을 못마땅하게 여기며 왜, 자기 뒤만 졸졸 쫓아다니느냐고 혼을 낸다. 노친네는 "바늘 가는데 실이 없어서야 되나요?"라며 마누라가 영감 쫓아다니는 것이 무슨 흠이냐고 따진다. 하지만 샌님은 말도 안 된다는 표정으로 더 크게 소리치며 노친네가 쫓아다니는 것을 창피해하며 혼을 낸다. 이에 노친네는 바닥에 주저앉아 하소연하며 젊은 시절 자신을 졸졸 쫓아다니던 샌님을 떠올리며 울먹이고 신세타령을 한다.

- 이때 잽이[38]가 남의 놀음판에 와서 시끄럽게 떠든다고 소리치자, 샌

님은 자신은 경상도에서 잘 나가는 양반이라고 허세를 부리며, 팔도 유람 중인데 주책바가지 마누라가 졸졸 쫓아다니며 억지를 부려서 그런다고 말한다. 그러나 잽이가 어이없게 반응하자, 샌님은 자신을 구박하지 말라고 말하며, 갑자기 화제를 전환시켜 자신이 부리던 하인을 찾으러 나왔다고 말한다. 잽이가 하인 이름을 물어보자 샌님은 기억이 나지 않는다고 하며, 하인 이름을 노친네에게 물어보지만 노친네도 모른다고 하자, 샌님이 짚고 있던 지팡이를 땅에 꽂는 시늉을 하며 하인의 이름을 유추해낸다. 결국 자신이 찾는 하인의 이름이 '말뚝이'임을 알아내고 하인 말뚝이를 불러낸다.

- 말뚝이가 등장하면 샌님과 노친네를 바라보며 허튼타령에 맞춰 말뚝이 채를 좌우로 흔들어 대며 샌님타령을 부르며 조롱한다.

- 샌님은 말뚝이를 혼내듯 다가서며 말뚝이가 분명한지 다시 확인하고, 주인 양반을 만났으면 절을 하는 것이 예의라고 가르친다. 하지만 말뚝이는 불교의 절(사찰)을 지명과 함께 거창하게 읊어대며 말장난으로 양반을 농락한다. 샌님은 화를 참으며 그런 절(사찰) 말고 제대로 된 절을 가르쳐 주겠다며, 자신이 시키는 대로 그대로 따라서 하면 절을 다 배울 수 있다고 타이르고, 말뚝이도 절을 배우겠다고 의기양양하게 대꾸한다. 하지만 말뚝이는 샌님의 행동을 따라 하지 않고, 하는 말만 그대로 따라 하며 샌님을 또다시 농락하며 샌님을 놀리고 비아냥거린다. 이에 화가 머리끝까지 치민 샌님은 말뚝이와 뒤엉켜 씨름을 하고, 말뚝이가 샌님을 들어서 땅에다 내동댕이친다.

- 이 모습을 지켜본 노친네는 샌님을 일으켜 세우며 당연하다는 듯이 샌님에게 시키는 대로 똑같이 따라 하라고 했으니 이런 망신을 당한

거라고 조언하고 샌님도 노친네의 말에 공감하며 다시 절을 배우자고 제의한다. 이번에는 말을 하지 말고 행동만 그대로 따라 하라고 하며 허리를 굽혀 절을 한다. 이때 말뚝이는 샌님과 노친네의 절을 받으며 또다시 농락한다. 깜짝 놀란 샌님 내외가 의관을 고치며 말뚝이를 혼내자, 말뚝이는 양반의 절을 받으면 명도 길고 오래 산다고 해서 절을 받았다고 하고, 이에 샌님과 노친네는 황당하다는 표정을 지으며 퇴장하려 한다.

- 말뚝이는 퇴장하려는 샌님과 노친네를 급히 불러 세우고는, 지금까지 배운 절을 공손히 올리겠다며 샌님과 노친네를 향해 나란히 서 있으라고 하지만, 채찍을 머리 위로 번쩍 들어서 샌님 내외에게 마구 달려든다. 샌님과 노친네는 여러 차례 피해 다니다 말뚝이가 달려드는 것을 가로막으며, 절을 다 배웠으니 그만 됐다고 말하고 황급히 퇴장하려고 한다.

- 말뚝이는 오랜만에 만났으니 그냥 들어갈 것이 아니라, 예전 좋은 시절에 즐겁게 춤췄던 것을 떠올리며 춤 한상 멋지게 추고 들어갈 것을 제의하고 샌님도 이에 동의하며 타령장단에 맞추어 흥겹게 춤을 춘다.

- 춤이 진행되는 동안 말뚝이는 노친네를 꾀어 달아나고 샌님은 홀로 춤을 추고 있으면 피조리 1, 피조리 2가 등장하고 자리에 서면 샌님이 피조리(조카)들에게 난잡하게 놀지 말고 일찍 들어오라고 타이르고 퇴장한다.

덧뵈기
4과장

〈덧뵈기 4과장〉

웹툰 아티스트 임영성

◉ 1) 4과장 먹중잡이

4과장 연행구조

〈4과장 먹중잡이 연행구조〉

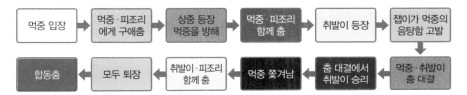

- 염불 장단에 맞추어 먹중이 왼손에는 주장자(拄杖子)[39]를 짚고 다른 한손에는 부채로 얼굴을 가리며 춤을 추며 등장한다.
- 먹중은 피조리들에게 호감을 보이기 위하여 다양한 구애춤(求愛舞)을 선보이고, 그 뒤를 상좌(상중)가 쫓아다니며 절을 하거나, 먹중의 행태를 못마땅하게 여기며 살피듯 다닌다.
- 먹중이 피조리 둘을 데리고 한동안 춤으로 무르익어 갈 무렵 취발이가 입장한다.
- 취발이는 무대에 나와 못마땅하다는 듯 자신의 얼굴이 붉은 이유를 멋들어지게 설명하고, 신명나게 춤판을 벌리면 피조리는 장단에 맞춰 춤을 춘다.
- 먹중은 피조리들 사이에서 눈치를 보며 주변을 살피거나 취발이로부터 피조리들을 지키려는 동작을 취한다.
- 취발이는 한참 춤을 추다가 멈춰 서서는 먹중과 피조리가 뜨겁게 사랑 나누는 표현[40]을 은유적으로 풀어 설명하고는 잽이에게 물어보

고, 잽이는 뒷절 중놈이 계집 하나도 아니고 둘씩 데리고 음탕(淫湯)하고 난잡하게 놀고 있다고 말한다.

- 취발이는 먹중이 자신의 살아온 근본을 모른다며 거창하게 자신을 소개하고, 자신이 중놈 급살탕국 멕이는 '취발이'라 소개하며 먹중을 어르지만, 먹중은 취발이의 행동에 반발하며 반항하고 대든다. 이에 취발이는 먹중을 춤으로 물리치겠다고 말하며 먹중과 한판 춤 대결을 펼친다.
- 하지만 먹중의 춤 실력이 자신보다 10배 이상 잘 춘다며 제대로 하지 않으면 당해내지 못함을 인정하고, 다시 한 번 장단을 바짝 몰아 놓고서 재대결을 펼친다.
- 결국 먹중은 취발이의 춤 실력에 못 이겨 쫓겨나고, 먹중이 놀던 계집(피조리)들을 취발이에게 빼앗기고 만다.
- 취발이는 먹중이 놀던 계집들을 차례로 요리조리 살피며 자신이 데리고 놀겠다며 춤판을 벌이고 퇴장한다.

◎ 과장과 과장을 연계하기 위한 복선과 필연구조

덧뵈기의 각 과장들은 독립적인 주제들이 모여 옴니버스 형식의 구성을 이루고 있지만 전체적으로는 하나의 종합적인 작품을 완성하기 위해서 복선과 필연구조들을 장치해 놓고 있다.

첫째, 전 과장은 다음 과장을 위한 복선이며, 각 과장들은 필연적 구조로 연결되어 있다. 예를 들어 1과장인 마당씻이와 2과장인 옴탈잡이의 내용이 전혀 별개인 것처럼 보이나 1과장에서 마당씻이를 해서 판을 깨끗하게 정화시킨 다음에 천연두에 걸린 옴탈을 물리친다는 내용은 나례의식에서 역귀를 쫓아내는 벽사의식과 같은 내용이다.

둘째, 3과장 샌님잡이와 4과장 먹중잡이 사이에서도 나타난다. 3과장에서 말뚝이와 샌님이 퇴장하는 장면에서 피조리가 등장한다. 극의 진행상 피조리의 등장은 전개상 생뚱맞을 정도로 의미가 없어 보인다. 그러나 실제 4과장에 들어서면 취발이와 먹중이 다투는 결정적인 요인으로 작용한다. 이렇듯 각기 다른 드라마들이 연결되기 위해서 다음 과장에 중요한 내용을 촉발시킬 인물을 전 과장에 등장시킨다.

◉ 과장과 과장의 연결고리 존재

첫째, 덧뵈기의 각 과장에서 다음 과장으로 넘어갈 때 마지막 역할의 배우가 남아서 다음 과장을 진행하면서 다음 과장의 내용을 복선으로 깔아 주는 연결고리가 된다. 예를 들어 마당씻이에서 비나리(고사소리)를 마친 후 풍물을 치며 배우들이 퇴장할 즈음 꺽쇠는 판에 남아서 개인놀이를 선보이면서 옴탈(천연두 걸린 중)과 2과장을 진행하므로 1과장과 2과장을 연결하는 역할을 한다. 그러므로 옴탈잡이에서 일어날 사건에 필연성을 부여하고 관객으로 하여금 다가올 사건을 필연적으로 받아들일 준비를 하게 하는 것이다.

둘째, 2과장~3과장 사이, 3과장~4과장 사이에는 악사들이 연결고리가 된다. 2과장에서 옴탈이 퇴장할 때 자연스럽게 퇴장하기 위해서 옴탈은 악사와 재담을 주고받는다. 2과장에서 악사는 연주자일 뿐만 아니라 배우로서 역할을 하는 것이다. 2과장에서 악사는 연주를 끊지 않고 지속하면서 옴탈과 재담을 나누게 되고 옴탈의 퇴장을 도우면서 3과장의 시작에서 배우들이 자연스럽게 입장하도록 장단을 계속한다.

예를 들어 1과장 마당씻이를 통해 판을 깨끗하게 정화했으므로 2과장 천연두에 걸린 중을 쫓아내는데 이는 역귀를 쫓아내는 벽사의식과 같은 의미가 된다.

◉ 산대놀이와 마을굿 계통의 탈놀이 결합 요인

1930년 「산대도감극각본」에 있는 산대도감극 유래에 의하면 첫째, 중국 은나라 '주'왕이 '달기'에게 빠져 충신들을 죽이자 그 원혼들이 요괴가 되어 전쟁이 일어났고, 강태공이 이를 막고자 가면놀이를 만들어서 물리쳤다는 '달기' 설화이고 둘째는 신돈이 소무에게 빠져 도승이 되지 못하고 파계했다는 내용이다.

남사당 덧뵈기의 1~2과장은 '달기' 설화를, 3~4 과장은 '신돈' 설화를 닮아 있다. 그러나 3~4과장은 '신돈' 설화에 승려가 소무와 성적 행위를 하는 내용으로 마을굿 계통 탈놀이의 목적인 풍년ㆍ풍어를 기원하는 내용이 함께 포함되어 있다.

이는 남사당의 덧뵈기가 산대놀이 계통 탈놀이로 전승되다가 임진왜란 이후 민가를 돌다가 필요에 의해 마을굿 계통 탈놀이의 요소가 포함되거나 변용이 일어난 것으로 추측하게 되는 부분이다.

제 **3** 장

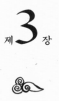

전승자의

계보

남사당의 덧뵈기
전승계보

◉ 덧뵈기의 전승계보

덧뵈기는 지역적 특성에서 벗어나 서민의 염원과 바램을 극적으로 구성하고 민중의지를 전달하는 사회극(社會劇)으로 특정 계보를 파악하기 힘들다.

　단지 구술과 문헌에 의하면 이운선(李雲仙)은 진위패(振威牌) 남사당의 곰뱅이쇠였던 바 그에게서 사사한 이경화(振威牌, 덧뵈기쇠)가 경기도 안성군 서운면 청룡리 청룡사를 거점으로 당시 조정까지 출입하던 사당 바우덕이(본명 金岩德)의 힘을 입어 안성 개다리패의 가열(初入者)들에게 덧뵈기를 가르쳤다고[41] 한다.

　민속학자 심우성[42]에 의하면 이경화에게 사사한 사람으로는 정성보,

이일룡(이상 경기도 이천출생), 이재근, 이복만(이상 경기도 안성 출생), 이성근(함경도 안변 출생), 최경선(경기도 진위 출생) 등으로 후에 남사당패 중에서도 뛰어난 탈꾼이었으나 지금은 고인이 되었거나 행방을 알 수 없고 그 후대인 김복만(안성 복만이패 꼭두쇠)에게 사사한 전근배(충남 당진 출생), 양도일(충남 대덕 출생), 남형우(충북 괴산 출생), 최성구(경기도 이하 미상), 송순갑(충남 부여 출생) 등이 그들과 함께 1930년대 중엽까지 순연한 바 있다고 하고 이후 이경화의 후예 안성 복만이에게 사사한 전근배, 최성구, 양도일, 남형우, 정일파, 송순갑 등에게 배운 최은창(경기도 평택 출생), 지수문(충남 천안 출생), 송창선(경기도 평택 출생), 송철수(경남 진주 출생) 등에 의해 명맥을 이어갔고 현재는 보유자 박용태(경남 진양 출생)의 꾸준한 전승체계로 1994년부터 문진수(대전 출생)가 덧뵈기의 명맥을 이어가고 있으며, 남사당 대전지회[43]가 2001년 이후 현재까지 꾸준히 전승을 잇고 있다.

〈남사당 덧뵈기 전승계보〉

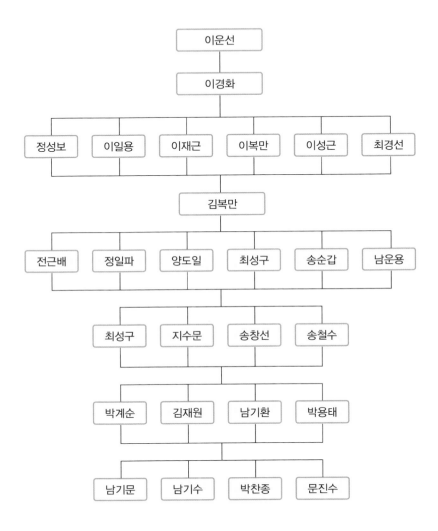

◉ 남사당 덧뵈기의 전승계보 명단

구분	전승자	출생	사망	출생지	기타
1대	이운선				원각사에서 공연하는 이름난 탈꾼 진위패 곰뱅이쇠
2대	이경화	1914			이운선 덧뵈기사사, 바우덕이의 거사 1925년 청룡사를 떠남
3대	정성보			경기 이천	이경화 덧뵈기 사사
	이일용			경기 이천	이경화 덧뵈기 사사
3대	이재근			경기 안성	이경화 덧뵈기 사사
	이복만			경기 안성	이경화 덧뵈기 사사
	이성근		1968 이전 사망	함경도 안변	이경화 덧뵈기 사사, 남운용 시대의 유명한 탈꾼
	최경선			경기 진위	이경화 덧뵈기 사사
4대	김복만			경기 안성	안성 개다리패의 후대 꼭두쇠, 김복만패
5대	전근배		1959	충남 당진	김복만 덧뵈기 사사
	정일파			충남 당진	김복만 덧뵈기 사사
	양도일	1907	1980	충남 대덕	김복만 덧뵈기 사사
	최성구	1907	1969	경기 이천	김복만 덧뵈기 사사
	송순갑	1912	2001	충남 부여	김복만 덧뵈기 사사
	남운용	1906	1978	충북 괴산	김복만 덧뵈기 사사
6대	최성구	1907	1969	경기 이천	남운용 덧뵈기 사사
	지수문	1908		충남 천안	남운용 덧뵈기 사사
	송창선	1912	1986	경기 평택	남운용 덧뵈기 사사
	송철수			경남 진주	남운용 덧뵈기 사사

7대	박계순	1923	2006	충북 괴산	남운용 덧뵈기 사사
	김재원	1924	1993	충남 부강	남운용 덧뵈기 사사
	남기환	1941	2013	충북 괴산	남운용 덧뵈기 사사
	박용태	1944	현존	경남 진양	남운용 덧뵈기 사사
8대	남기문	1958	현존	충북 괴산	남운용 덧뵈기 사사
	남기수	1959	현존	충북 괴산	남운용 덧뵈기 사사
	문진수	1973	현존	대전 동구	박용태, 심명전, 남기문, 남기수 덧뵈기 사사
	박찬종	1967	현존	충남 천안	이수영 덧뵈기 사사

남사당
덧뵈기 전승자
확인서 사례
(문진수 이수자)

덧 뵈 기

(박용태류)

구술증언 : 박용태
채록정리 : 문진수

국가무형문화제 제3호
남사당놀이보존회

덧뵈기 전승확인서

남사당놀이 덧뵈기의 전과장, 전배역 (13배역) 및 탈 제작 과정, 춤, 소품제 작 등 덧뵈기의 전 과정(1996년~2018 년 현재)을 문진수 및 대전지회(지부) 에게 전수하였음을 증명합니다.

전승자 박용태 (인)
이수자 문진수 (인)

02

남사당 덧뵈기의
연행 변화양상

◎ 서론

남사당의 덧뵈기는 남사당놀이의 6종목 중에 한 종목으로 전문예인들이
연행하는 가면무극(假面舞劇, 탈놀음)이다. 가면무극은 가면(탈)을 쓰고서
춤을 추고 극을 진행하는 전문 연희로 나례가무희(儺礼仮面戯)가 민중 오
락화 되고 지역단위로 토착화되어 간 당시의 탈놀음의 명칭으로[44] 궁중
연회나 불교 행사 등에서 공연되었고 조선 후기에 민간에게 보급되면서
민중문화로 발전된 전통 연희다. 덧뵈기는 내용과 형식이 산대계열과
비슷하지만 전국 각지를 떠돌며 연희를 생계 수단으로 활동한 남사당패
의 특성상 오광대나 야류 등 각지의 다양한 내용들이 연희에 포함되어
예술적 완성도를 높이는 방향으로 변화되고 수용되었다. 남사당은 1964

년 국가무형문화재로 지정받았고, 역사적으로 오랜 시간 연희성을 지속적으로 추구하며 명맥을 유지하고 있는 단체로, 무형문화재 지정 이후에도 반세기를 넘어 전승활동을 꾸준히 이어오고 있다. 무형문화재 지정 종목의 목적은 전승되어 오는 무형문화재의 원형보존이 본래 목적이므로 시대에 따라 혹은 보유자나 단체, 연행자에 따라 조금씩 변화하기 마련인 무형문화재에 관해 통시적·공시적으로 점검할 필요성이 있다. 따라서 1965년, 2003년, 2018년 영상기록을 기반으로 전체 공연장소와 시간, 입장 구성 비교, 마당씻이·옴탈잡이·샌님잡이·먹중잡이의 4개 배역의 시간, 입장, 배역, 의상 및 소품, 탈의 모양, 탈의 크기 비교, 장단, 반주, 춤사위 등을 비교하였다. 또한 합동무와 탈의 형태, 출연진 등의 변화를 비교해 보았다.

그동안 남사당의 덧뵈기 연구는 남사당 덧뵈기의 극적 내용 위주의 개괄적인 연구45이거나, 역사적 맥락에서 유래와 특징, 형성배경, 극적 요소 등 기술적 연구이거나 복식 및 춤사위의 미적 특성46에 관한 연구가 대부분이었다. 본 연구는 1960년대, 2000년대 초반, 2010년대 말 등 시대적 특성이 살아 있는 3개의 남사당의 덧뵈기 영상기록물을 토대로 덧뵈기의 변화 양상을 시대별로 입체적인 실증적 연구를 할 수 있었다는 것에 의의가 있다고 하겠다.

남사당놀이는 타 종목과 달리 6개 종목으로 구성되어 있으므로 전체 공연하는데 최소 4~5시간의 소요시간이 필요하므로 전체 6개 종목을 시연하거나 기록으로 남기는데 어려움이 많았다. 그럼에도 불구하고 남사당 덧뵈기의 전승자들이 직접 출연하고, 기록으로 남긴 3개의 영상기록 자료를 통해 시대에 따라 연행 시간·구조가 변화함을 보여주고 있으며 심지어 탈의 모양·크기도 조금씩 변화되고 있음을 보여주고 있다. 본 연구는 남사당 덧뵈기뿐만 아니라 다수의 무형문화재가 지정 당시 원형을 기준으로 기록하고 보존하기 위해 노력하지 않는다면 원형의 보존과 전승이 왜곡될 수 있음을 보여주는 실증적 연구이자 동시에 무형문화재의 원형보존과 전승을 위한 전문적인 교육과 기록의 중요성을 웅변하는 자료가 될 것이다. 우선 영상매체와 문헌 등의 기록물을 통하여 덧뵈기의 변화 양상을 살피기 위해서 연구 범위를 1965년 국립영화제작소에서 제작한 영상과 1968년 심우성에 의해 조사된 문화재관리국의 무형문화재조사보고서를 교차하여 탐색하고, 2003년 건국대 새천년관에서 진행된 6종목 전 마당 재현공연 그리고 최근 2018년에 이루어진 공개행사로 한정하겠으며, 각 과장별 공연내용, 연행시간, 배역, 의상과 소품, 탈의 모양과 크기, 음악, 춤사위 등을 중점적으로 살펴보겠다.

〈표 1〉 남사당 덧뵈기 영상자료 목록

년도	내 용	소장기관	장소	비고
1965	국립영화제작소	문예진흥원	경복궁	
2003	남사당놀이 전 마당 재현 공연	문진수(남사당놀이보존회 및 사)남사당 임시회장)	건국대 (새천년관)	
2018	남사당놀이 공개행사	남사당놀이보존회	서울놀이마당	

본 연구에서는 영상매체와 문헌 등의 기록물을 통하여 덧뵈기의 변화 양상을 살피는 것이다. 이는 문화재 지정 당시 최초 영상 자료와 재현공연, 최근 자료를 살피는 것으로 각 시대별 연행 양상을 분석한 후, 비

교 상관성이라는 측면에서 논의해 보고자 한다. 하지만 앞서 언급했듯이 남사당의 덧뵈기는 공개행사에서도 일부 과장만을 연행하거나 인기 종목에 치여 전체 과장을 제대로 볼 수 없는 만큼 구체적인 연행 양상을 살펴보기가 힘들다. 또한 보존회 내부 갈등으로 인해 기존의 자료나 공연 영상을 분실하는 등 많은 어려움을 겪고 있는 실정이다. 따라서 구체적인 연행 양상을 제대로 살펴보는 데 한계를 지닌다.

◎ 덧뵈기의 내용과 구성

남사당놀이의 덧뵈기는 6종목 중에서 다섯 번째로 연행되는 가면무극이다. 흔히 가면무극을 덧뵈기라고 부르는 것은 다른 종목에 나타난 것처럼, 땅재주를 '살판', 줄타기를 '어름', 꼭두각시놀음을 '덜미' 등으로 부르는 것처럼 종목에 부여된 은어라 할 수 있다. 덧뵈기의 어원을 살펴보면 ①얼굴에 탈을 덧대고 하는 놀이 ②탈을 덧대고 바라본 세상 ③탈의 구멍을 통해 보이는 만큼만 바라보는 세상 ④탈을 쓰고 남들에게 덧보이기 ⑤덧난 것을 베어내는 의식행위 등으로 해석해 볼 수 있다. 따라서 덧뵈기는 탈을 쓰거나 덧붙이고 탈 속에서 바라보는 세상으로 민중적 성격과 공동체적 삶의 공감대를 형성하고, 온갖 사악함을 몰아내고자 하는 민중의 의지이자, 바램[47]을 표출하는 은어임을 짐작할 수 있다.

덧뵈기는 옴니버스(Omnibus)의 형식으로 4개의 독립된 과장(마당씻이-옴탈잡이-샌님잡이-먹중잡이)이 하나의 형식을 취하는 놀이다. 덧뵈기의 서막은 입장굿으로부터 시작된다. 전체 탈꾼들이 퍼레이드 형식으로 판에 나와 난장을 트고 춤과 간단한 율동으로 관객과 호응하며, 신명과 흥을 일으키면서 자연스럽게 퇴장하면, 별도의 구성없이 극이 시작된다. 덧뵈기의 첫째마당은 마당씻이로, 사물 악기를 은유화한 꺽쇠(꽹과리), 장쇠(장구), 먹쇠(북), 멍쇠(징) 등이 나와서 서로 의기투합하고 관객들에게 축원고사덕담(비나리)을 해주며 놀이판을 정화(淨化)하고 함께 모인 이들의 액을 풀어주고 명과 복을 기원하는 과장이고, 둘째마당 옴탈잡이는 '옴탈'이라는 매개를 통하여 서양 문화의 무분별한 수입과 불합리한 요구 등을 당당하게 물리치고자 하는 민중의식이 담겨져 있는 것으로 꺽쇠가 옴탈을 춤으로 물리는 과장이고, 셋째마당 샌님잡이는 계급사회의 권위와 차별, 횡포 등에 맞서 말뚝이가 양반을 혼내주는 놀이이고, 넷째마당 먹중잡이는 종교의 타락과 성의식을 비판하는 내용으로 취발이가 먹중을 물리치는 내용이다. 놀이판이 끝나면 덧뵈기의 기본무가 되는 합동무를 전체 배역들이 어울려 춤추고 관객과 함께 난장을 트며 흥거운 판이 이어진다.

◎ 덧뵈기의 변화 양상

다음 〈표 2〉는 1965년, 2003년, 2018년에 이루어진 남사당 덧뵈기 영상을 비교한 후 변화양상을 비교한 표이다.

〈표 2〉 시대별 남사당 덧뵈기 변화 양상 비교

과장, 내용 / 년도		1965년	2003년	2018년
공연장소		경복궁	건국대 새천년관	서울놀이마당
공연시간		25분 28초	46분 32초	1시간 10분 32초
입장	시간	2분 11초	1분 32초	2분 2초
	입장	탈꾼 전체가 나와서 판을 도는 퍼레이드 형식	1965년과 동일	2003년과 동일
	배역	꺽쇠, 장쇠, 멍쇠, 먹쇠, 태평소, 먹중, 옴탈, 노친네, 피조리 1, 피조리 2	샌님, 노친네, 먹중, 피조리 1, 피조리 2, 상중	꺽쇠, 장쇠, 멍쇠, 먹쇠, 옴탈, 샌님, 노친네, 말뚝이, 취발이, 상중, 피조리
	장단	굿거리, 덩덕궁이	덩덕궁이	덩덕궁이
	반주	태평소, 사물반주	태평소, 사물반주	태평소, 사물반주
	춤사위	어깨춤, 너울질, 깨끼춤, 배역춤 등	어깨춤, 곱뛰기, 까치걸음, 너울질, 깨끼춤 등	어깨춤, 무동춤, 곱뛰기, 좌우새, 너울질, 상모춤(외사, 사사, 나비상 등), 한발걷기, 채발림, 거드름춤, 삐딱걸음, 어깨매기, 보릿대춤, 부채춤 등
마당 씻이	시간	3분 36초	10분 6초	22분 28초
	입장	입장(퍼레이드)을 마치고 꺽쇠는 무대에 남는다.	입장(퍼레이드)을 마치고 탈꾼들이 퇴장한 후에 꺽쇠가 나온다.	1965년과 동일
	배역	꺽쇠, 멍쇠, 먹쇠, 장쇠, 태평소(5명)	꺽쇠, 멍쇠, 먹쇠, 장쇠	꺽쇠, 멍쇠, 먹쇠, 장쇠
	의상 및 소품	• 흰색 도포에 빨간 한삼이 붙어 있는 일체형 의상 착용.	• 1965년과 동일한 의상과 악기를 착용하고 행전은 미착용	• 2003년과 동일하나 꺽쇠는 종이상모, 장쇠, 멍쇠, 먹쇠는 채상모를 착용한다.

	의상 및 소품	• 배역에 따라 꺽쇠는 꽹과리, 장쇠는 장구, 멍쇠는 징, 먹쇠는 북을 착용 • 꺽쇠만 상모(나비상모)를 착모하고 다른 배역은 상모를 쓰지 않음 • 태평소는 기본 복식(바지저고리)에 조끼 착용 • 버선에 짚신 착용	• 꺽쇠만 빼고 장쇠, 먹쇠, 멍쇠는 상모(채상모)를 착용 • 미투리 착용 • 마당씻이에서 고사상(쌀, 실, 촛불, 정화수 등)	
마당 씻이	탈의 모양	• 꺽쇠: 엷은 자색바탕에 눈밑 주름과 입주변이 검고, 수염, 눈썹, 주름살, 붉은 입술과 검정색 탈보 • 장쇠: 살색 바탕에 눈이 가운데 몰려 있으며, 이가 빠져 있고 입술 끝자락에 수염이 나 있다. • 잡탈: 살색 바탕에 눈썹과 검정 주름살, 붉은 입술과 검정색 탈보	• 꺽쇠: 옅은 주황색 바탕에 눈밑 주름과 입모양과 턱수염이 삼각형, 눈의 공막은 연노랑색(장쇠탈착용) • 장쇠: 연한 핑크색 바탕에 눈밑 주름과 깊게 패인 팔자주름, 역삼각형 수염 • 멍쇠: 옅은 주황색 바탕에 이마주름, 처진 눈가주름, 팔자수염, 콧수염이 있고, 턱수염이 삼각형, 눈의 공막은 연노랑색 • 먹쇠: 연한 핑크색 바탕에 도출된 이마와 역삼각형 입술, 이마주름, 미간주름 3개, 팔자주름 2개, 짧은 콧수염과 턱수염이 듬성듬성 나 있고 공막은 흰색	• 꺽쇠: 살구색 바탕에 이마주름과 팔자주름, 처진 눈가주름, 턱수염이 나 있고, 입은 아래로 약간 처져 있으며, 눈의 공막은 흰색 • 장쇠: 장쇠는 살구색 바탕에 이마주름, 처진 눈가주름, 턱수염, 콧수염이 나 있고, 입술이 붉고 입 꼬리가 올라가 웃는 인상이며, 공막은 흰색 • 멍쇠: 연한 핑크색 바탕에 도출된 이마와 역삼각형 입술, 이마주름, 미간주름 3개, 팔자주름 2개, 짧은 콧수염과 턱수염이 듬성듬성 나 있고 공막은 흰색 • 먹쇠: 살구색 바탕에 이마주름, 처진 눈가주름, 팔자주름, 도깨비 눈썹, 갈매기 수염, 붉은색 입술과 흰색 공막

마당 씻이	탈의 크기	• 꺽쇠: 길이 28cm, 너비 21cm • 잡탈: 길이 28cm, 너비 24cm	• 꺽쇠: 길이 31cm, 너비 23cm • 장쇠: 길이 31cm, 너비 23cm • 멍쇠: 길이 27cm, 너비 23cm • 먹쇠: 길이 23cm, 너비 28cm	• 꺽쇠: 길이 25cm, 너비 22cm • 장쇠: 길이 32cm, 너비 29cm • 멍쇠: 길이 23cm, 너비 28cm • 먹쇠: 길이 31cm, 너비 28cm
	장단	덩덕궁이	덩덕궁이-취군가락- 굿거리-고사소리 장단	2003년과 동일하나 연주과정이 더 많다.
	고사 소리	×	선고사 없이 뒷염불 (후고사)로 바로 넘어간다.	채록된 고사소리와 같이 선고사, 뒷염불로 진행된다.
	반주	태평소, 사물반주	태평소, 사물반주	태평소, 사물반주
	춤사위	상모춤, 쇠채놀음, 발바치, 옆치기, 곱뛰기, 연풍대, 진풀이 등	상모춤, 채발림, 옆치 기, 연풍대, 어깨춤, 한발뛰기, 곱뛰기, 진풀이, 굿거리춤 등	상모춤(외사, 사사, 나비상, 찍엄상, 꺽임상, 흔들사위 등), 진풀이, 좌우새, 발바치, 딛고 모듬 뛰기, 한발뛰기, 딛고 짓는 사위, 까치걸음, 채발림, 옆걸음, 곱뛰기, 보릿대 춤, 연풍대, 굿거리춤, 자진걸음, 너울질, 어깨춤 등
옴탈 잡이	시간	3분 43초	3분 40초	5분 56초
	입장	꺽쇠가 상모를 벗고 들어갔다 다시 뛰어나 온다.	마당씻이를 끝내고 꺽쇠는 무대에 남아 쇠춤을 추고 있으면, 바로 옴탈이 등장하고 극이 시작된다.	2003년과 동일하나 꺽쇠가 상모를 착용하고 쇠춤을 춘다.
	배역	꺽쇠, 옴탈	1965년과 동일	1965년과 동일

옴탈 잡이	의상 및 소품	• 옴탈의 도포가 무릎 밑까지 덮을 정도로 길고, 한삼이 짧음 • 말총 벙거지, 버선, 짚신, 흰색 바지저고리 • 꺽쇠는 상모를 벗고 입장	• 벙거지 사이즈가 머리 크기로 작다. • 옴탈의 도포가 짧고, 한삼의 길이가 길다. • 꺽쇠가 상모를 벗고 연희한다.	• 벙거지 사이즈는 2003년과 동일하다. • 옴탈의 복식은 2003년과 동일 • 꺽쇠가 상모를 쓰고 연희한다.
	탈의 모양	• 분홍 바탕에 눈썹과 주름살은 검정, 얼굴 전체에 검정색 점이 있고, 옴은 노란색으로 크게 도출 • 붉은 입술과 검정 탈보	• 빨간색 바탕에 눈썹과 주름은 검정색, 얼굴 전체에 노란색 옴이 도드라져 있다. • 흰색 입술에 검정탈보	• 꽃자주색 바탕에 노란색 옴이 도드라져 있으며, 입술이 하얗다. • 2003년과 외관은 거의 동일함
	탈의 크기	옴탈: 길이 30cm, 너비 26cm	옴탈: 길이 34cm, 너비 29cm	옴탈: 길이 34cm, 너비 29cm
	장단	덩덕궁이, 타령	덩덕궁이, 타령, 난타	2003년과 동일
	반주	태평소, 사물반주	태평소, 사물반주	태평소, 사물반주
	춤사위	내두르기, 휘젓는 사위, 나비춤, 활개치기, 닭이똥사위, 너울질, 제자리돌기 등	막음쇠, 발림, 쇠춤, 휘두르기, 발 디딤새, 나비춤, 닭이똥사위, 방아사위, 한발 뛰기 등	• 꺽쇠: 상모춤(나비상, 퍼넘기는 상, 사사, 외사, 흔들기, 찍엄상 등), 반연풍대, 한발뛰기, 발바꿔뛰기, 옆디딤새, 연풍대 등 • 옴탈: 느그적걸음, 고개사위, 한삼 얹는사위, 나비춤, 외사위, 다리 쳐올리는 사위, 망보는 사위, 도는 사위 등 • 꺽쇠, 옴탈: 양팔너울질, 닭이똥사위, 나비춤, 너울사위, 내두르기, 방아사위, 얼굴막음사위 등

	시간	9분 4초	14분 4초	18분 1초
샌님 잡이	입장	굿거리장단에 어깨춤과 허튼춤으로 단조롭게 입장	굿거리장단에 샌님과 노친네가 춤을 추며 입장	2003년과 동일하나 샌님과 노친네의 춤동작이 다양하고 흥미롭다.
	배역	샌님, 노친네, 말뚝이, 피조리 1, 피조리 2	1965년과 동일	1965년과 동일
	의상 및 소품	• 샌님은 흰색 도포에 정자관, 장죽, 부채, 지팡이 착용 • 노친네는 흰색 치마저고리, 버선, 짚신을 착용 • 말뚝이는 검정색 더거리에 검정색 벙거지와 채찍을 착용하며 벙거지와 채찍에 말총이 장식됨 • 피조리는 노랑저고리, 붉은 치마에 버선과 짚신, 손목에 짧은 한삼을 착용	• 샌님의 수염과 눈썹이 짧고 단정하다. • 샌님은 흰색 바지저고리, 도포를 입고, 정자관에 부채와 지팡이 착용 • 노친네는 흰색저고리에 검정색 치마, 버선에 하얀색 미투리 착용 • 말뚝이는 흰색 바지저고리를 입고, 행전을 착용, 대나무 채찍에 하얀 술로 장식된 패랭이 착용 • 피조리는 붉은 치마에 노랑저고리, 버선과 흰색 미투리 착용	• 샌님은 흰색바지저고리에 도포를 입고, 정자관에 지팡이, 장죽, 부채, 미투리 착용 • 노친네 2003년과 동일 • 말뚝이 2003년과 동일하나 패랭이에는 장식이 없음 • 피조리는 붉은 치마에 노랑저고리, 버선과 미투리, 손목에 짧은 하얀색 한삼 착용
	탈의 모양	• 샌님은 살색바탕에 흰 수염과 눈썹, 옆머리가 길게 늘어트려져 있고 얼굴에는 검버섯이 넓게 퍼져 있다. 언챙이 입이고 비뚤어져 있음	• 샌님은 분홍색 바탕에 흰 수염과 흰 눈썹, 옆머리가 길게 늘어트려져 있고 얼굴에 검버섯이 넓게 퍼져있다. 입술은 비뚤어지고 언챙이 입을 지님	• 샌님은 2003년과 동일하다.

샌님 잡이	탈의 모양	• 노친네는 살색 바탕에 얼굴 전체 주름이 가득하고 특히 입 주변에 주름이 많다. 입이 비뚤어지고 머리는 양 가르마 • 말뚝이는 자색 바탕에 검정 눈썹, 주름살, 붉은 입술과 이마에 혹이 나있고 검정 탈보를 착용 • 피조리는 살색 바탕에 얼굴에 연지곤지를 찍고 댕기머리를 하고 있으며, 눈썹이 짧으며, 눈과 눈썹 사이의 폭이 넓고, 얼굴이 동그랗다.	• 노친네는 핑크색 바탕에 얼굴 전체 주름이 가득하고 특히 입주변(아랫방향)에 주름이 많으며, 양 볼에 연지를 찍었고, 입과 코가 비뚤어지고 머리는 양 가르마를 탔음 • 말뚝이는 자색 바탕에 검정 눈썹, 주름살, 붉은 입술과 이마에 혹이 나 있고 검정 탈보를 착용 • 피조리는 살색 바탕에 얼굴에 연지곤지를 찍고 댕기머리	• 노친네는 살색 바탕에 이마 주름, 처진 눈가 주름, 팔자주름이 2개, 입주변(윗방향)에 주름이 많고, 양 볼에 연지 곤지를 찍었고, 입과 코가 비뚤어지고 머리는 양 가르마 • 말뚝이는 2003과 동일
	탈의 크기	• 샌님: 길이 27cm, 넓이 22cm • 노친네: 길이 25cm, 넓이 20cm • 말뚝이: 길이 28cm, 넓이 23cm • 피조리(1): 길이 25cm, 넓이 23cm • 피조리(2): 길이 27cm, 넓이 20cm	• 샌님: 길이 32cm, 넓이 25cm • 노친네: 길이 31cm, 넓이 27cm • 말뚝이: 길이 34cm, 넓이 31cm • 피조리(1): 길이 31cm, 넓이 23cm • 피조리(2): 길이 29cm, 넓이 23cm	• 샌님: 길이 32cm, 넓이 25cm • 노친네: 길이 31cm, 넓이 25cm • 말뚝이: 길이 34cm, 넓이 27cm • 피조리(1): 길이 31cm, 넓이 23cm • 피조리(2): 길이 29cm, 넓이 23cm
	장단	굿거리, 중모리, 타령	굿거리, 타령	굿거리, 타령
	반주	태평소, 사물반주	피리, 대금, 해금, 사물반주	태평소, 사물반주

먹중잡이	춤사위	거드렁춤, 어깨춤, 부채춤, 허튼춤, 곱뛰기, 양반춤, 사선 비켜 틀기, 어깨매기, 나비춤, 활개치기, 겨누기, 깨끼춤, 손춤, 좌우새 등	자진걸음, 촐랑걸음, 걷기, 돌기, 겨누기, 부채사위, 앉을 사위, 밀치는 사위, 나비춤, 닭이똥사위, 무동춤 등	양반춤, 부채 놀리는 사위, 거드렁춤, 앉을사위, 외사위, 겨누기, 발차기, 궁둥이 밀치는 사위, 퉁기는 사위, 배김새, 가리개, 터는 춤, 무동춤 등
	시간	7분 31초	13분 8초	15분 20초
	입장	염불 장단에 먹중이 춤을 추며 입장한다.	1965년과 동일	1965년과 동일
	배역	먹중, 취발이, 상중, 피조리 1, 피조리 2	1965년과 동일	1965년과 동일
	의상 및 소품	• 취발이는 흰색 바지 저고리에 붉은 한삼이 붙어있는 일체형 도포를 입고, 허리에 빨간 띠를 착용 • 먹중은 먹색 승복에 가사를 두르고, 송낙과 염주, 부채와 지팡이 착용 • 상좌(중)은 먹색 승복에 흰색고깔을 쓰고 염주와 목탁을 착용	• 취발이는 흰색 바지 저고리에 흰색 도포를 입고 빨간 띠를 착용 • 먹중은 부채, 먹색 홍가사에 머리에 송낙을 쓰고, 염주, 지팡이, 버선을 신고 행전을 두름 • 상좌(중)은 먹색 승복에 홍가사를 두르고, 목탁을 착용	• 취발이 흰색 바지저고리에 옥색 탈복을 입고, 빨간 띠를 허리에 착용 • 먹중은 2003년과 동일. • 상좌(중)는 먹색 승복에 도포를 입고, 염주와 목탁을 착용 • 피조리는 붉은 치마에 노랑저고리, 버선과 미투리, 손목에 짧은 하안색 한삼(단삼) 착용
	탈의 모양	• 취발이는 꽃자주 바탕에 실과 말총으로 제작된 앞머리는 짧고, 옆머리는 길게 늘어트려져 있으며 상투가 있고 입술이 하얀 것이 특징이다. • 먹중은 어두운 연두 바탕에 얼굴 전체에 검정 점이 있고 이마와 볼에 혹이 있고, 콧등에 붉은 점이 있음	• 취발이는 붉은 바탕에 말총으로 만든 앞머리가 길게 늘어트려져 있음 • 먹중은 팥죽색 바탕에 얼굴 전체에 검정 점이 있고 이마와 볼에 혹이 있고, 콧등에 붉은 점이 있음	• 취발이는 꽃자주색 바탕에 말총으로 제작된 앞머리가 길게 늘어트려져 있고 광대뼈가 툭 튀어나왔으며, 콧수염과 턱수염, 이마에 주름살이 많다. • 먹중은 2003년과 동일.

먹중잡이	탈의 모양	• 상좌는 살색 바탕에 가늘게 팔자 주름이 있고, 머리가 짧음	• 상좌는 살색바탕에 머리가 짧고 입이 어눌하며 콧수염과 턱수염이 가늘게 나 있다.	• 상좌는 2003년과 동일
	탈의 크기	• 먹중: 길이 31cm, 넓이 30cm • 취발이: 길이 27cm, 넓이 22cm • 상좌: 길이 25cm, 넓이 21cm • 피조리(1): 길이 25cm, 넓이 23cm • 피조리(2): 길이 27cm, 넓이 20cm	• 먹중: 길이 41cm, 넓이 29cm • 취발이: 길이 34cm, 넓이 32cm • 상좌: 길이 26cm, 넓이 22cm • 피조리(1): 길이 31cm, 넓이 23cm • 피조리(2): 길이 29cm, 넓이 23cm	• 먹중: 길이 41cm, 넓이 29cm • 취발이: 길이 34cm, 넓이 32cm • 상좌: 길이 26cm, 넓이 22cm • 피조리(1): 길이 31cm, 넓이 23cm • 피조리(2): 길이 29cm, 넓이 23cm
	장단	염불, 타령장단	염불, 난타, 타령장단	염불, 난타, 타령장단
	반주	태평소, 사물반주	피리, 대금, 해금, 사물반주	태평소, 사물반주
	춤사위	부채사위, 어르기, 걷기, 놀리기, 훔쳐보기, 훑는 사위, 한팔 흔들기, 활개치기, 때릴사위 등	얼굴막음사위, 부채사위, 엿보는 사위, 흔들사위, 황소걸음, 염주걸기, 나비춤, 때릴 사위, 팔 벌림 사위, 걷는 사위, 절 사위, 목탁 치는 사위, 텅텅걸음, 어르기, 양팔 흔들기, 나비춤, 도는 사위, 무동춤 등	자진걸음, 얼굴막음사위, 부채흔들사위, 엿보는 사위, 흔들 사위, 황소걸음, 지팡이 들기, 돌기, 겨누기, 염주걸기, 거드름춤, 대립춤, 걷는 사위, 절 사위, 목탁 치는 사위, 텅텅걸음, 배김새, 앉을 사위, 너울질, 닭이똥사위, 어르기, 무동춤, 나비춤 등

유, 무	내용 없음	있음	있음
시간	0초	4분 2초	5분 45초

		유, 무	내용 없음	있음	있음
합동무	진행		× (영상 자료 없음)	• 텅텅걸음 입장시 양팔을 크게 벌리고 입장 • 어르기, 좌우새(2번) 방향이 정면 • 닭이똥사위의 한삼을 말아 붙이는 방향이 오른손부터 시작 • 방아사위를 오른쪽부터 시작 • 나비춤에서 한삼을 어깨에 매지 않고 바로 활개치기한다. • 어르기 방향이 일정한 순서 없이 진행된다. • 제자리돌기를 마친 후, 두줄백이, 팔걸이, 진풀이가 없이 앉을 사위로 바로 이어진다. • 퇴장은 자진덩덕궁이 장단에 맞추어 곱뛰기를 하며 양팔을 좌, 우로 흔들며 진풀이를 하고 퇴장한다.	• 텅텅걸음 입장시 양팔을 좌, 우로 흔들며 입장 • 좌우새(3번)가 앞, 뒤로 휘젓는다. • 닭이똥사위의 한삼을 말아 붙이는 방향이 왼손부터 시작 • 방아사위를 왼쪽 방향부터 시작 • 나비춤에서 한삼을 어깨에 메고 활개치기한다. • 어르기를 밀고, 당기는 순서로 손바닥과 손등 방향으로 움직인다. • 제자리돌기 이후에 두줄백이와 팔걸이, 진풀이로 춤을 춘다. • 탈꾼의 퇴장은 2003년과 동일하다.
	춤사위		×	텅텅걸음, 나비춤, 방아사위, 어르기, 너울사위, 앉을사위, 제자리돌기, 활개치기 등	나비춤, 닭이똥사위, 팔걸이, 배김새, 너울사위, 앉을 사위, 방아사위, 너름새, 어르기, 두줄백이, 팔걸이, 제자리돌기, 활개치기, 텅텅걸음 등
	복식		×	탈, 탈복(흰색), 빨간 띠	2003년과 동일

합동무	장단	×	난타(일채), 타령, 덩덕궁이	2003년과 동일
	음악	×	삼현육각	태평소, 타악반주
탈	탈의 형태	• 전체적으로 얼굴, 눈, 코, 입이 크고 윤곽이 두드러진다. 머리받이와 턱받이가 길게 늘어트려져 있다. • 탈이 색채가 진하고 얼굴을 부각시킨다.	• 탈의 크기가 전체적으로 작아지고 머리받이와 턱받이가 짧다. • 탈의 색채가 대체로 엷으며 단조롭다.	• 2003년과 대부분 동일하나, 새로 제작된 배역탈(꺽쇠, 장쇠, 잡탈 등)의 색깔이 대체로 밝고 탈의 크기가 작아졌다.
출연진		남형우(취발이, 말뚝이), 양도일(샌님, 잡탈), 박용태(옴탈, 피조리), 최성구(먹중, 노친네), 최은창, 조송자, 박계순(상좌), 남기환(피조리), 송순갑(잡탈), 송복산(태평소), 지수문(악사)	박용태(취발이), 진명환(악사), 남기문(꺽쇠), 심명전(말뚝이), 장정혜(노친네), 이봉교(장쇠), 지운하(옴탈), 문진수(먹중), 김진무(샌님) 등	박용태(악사), 문진수(취발이, 말뚝이), 박찬종(악사, 잡탈), 한유진(꺽쇠, 피조리), 서희연(멍쇠, 옴탈), 서경아(노친네, 먹쇠), 허정현(샌님, 잡탈), 이유빈(장쇠, 잡탈), 이지원(잡탈, 피조리), 김종우(잡탈), 윤혜성(잡탈), 강민우(상좌, 잡탈) 등

※ 출처 : 3개의 영상을 비교한 후 저자가 재구성

◎ (1) 1965년 덧뵈기 양상

1965년 국립영화제작소에서 제작한 덧뵈기 영상은 경복궁 야외에서 촬영된 것으로, 전승보존의 목적으로 덧뵈기를 포함한 남사당놀이 6종목을 촬영한 것이다. 기록영상의 덧뵈기 전체 촬영 시간은 27분 17초이며, 영상 전반에 덧뵈기 내용에 대한 소개를 제외하면 공연 소요시간은 25분 30초 정도로 매우 짧다. 이것은 1968년 심우성에 의해 조사된 문화재관리국의 무형문화재조사보고서에 덧뵈기 연행시간을 1시간 30분[48] 내외로 기록하고 있는 것과 큰 차이를 보이고 있는 것으로, 영상제작과 정에서 일부가 편집되거나 삭제된 것으로 보인다. 여기에 대한 자세한 내용은 각 과장의 연행 양상을 살펴보면서 논의하기로 하겠다.

공연 내용을 살펴보면 덧뵈기의 시작을 알리는 입장은 퍼레이드 형식으로 덩덕궁이 장단에 탈꾼들이 열을 지어 입장하며, 각각 배역에 따른 배역춤, 자유춤, 허튼춤 등의 춤사위를 선보이며 퇴장하면 바로 제1과장 마당씻이로 이어진다. 이때 꺽쇠는 마당에 남아 상모를 돌리며 쨍과리를 연주하고 멍쇠를 불러 한판 놀고, 심심하다며 다시 장쇠를 불러 놀고, 또다시 먹쇠와 태평소를 불러 치배 구성을 마친 후, 먹뱅이 남사당패를 눌러 보자고 연주하고 퇴장한다. 여기에서는 1968년 무형문화재 보고서에 있는 대본과 비교해 보면 극의 진행이 짧고, 굿거리를 연주하는 장면과 축원고사덕담이 빠져 있다.

제2과장 옴탈과장은 마당씻이가 끝나고 꺽쇠가 홀로 남아 쨍과리를 연주하며 한바탕 놀고 있으면, 옴탈이 춤을 추며 등장하고 얼굴이 우둘투둘한 내력을 들려준다. 하지만 꺽쇠가 옴탈이 중국에서 옴을 모시고 나왔다가 전염병을 모시고 왔음을 밝혀내고 춤으로 물리치는 과장이며, 제3과장 샌님과장은 굿거리장단에 샌님과 노친네가 춤을 추며 입장하고 팔도 유람하는 장면에서는 단가 '죽장망혜'를 부르며 몇 해 전에 집을 나간 하인 말뚝이를 찾아 절 배우기로 실랑이를 벌이며 다투다 노친네를 꾀어 달아난다. 그리고 영상의 중간이 사라지고 갑자기 절을 배우다가 노친네와 달아나는 장면으로 전환되고 피조리가 등장하면 샌님은 퇴장

한다. 제4과장 먹중과장은 먹중이 피조리 둘을 데리고 농탕치는 것을 취발이가 2번의 대무(對舞)를 통하여 물리치는 내용으로 구성되어 있다.

가) 입장

덧뵈기의 시작을 알리는 입장의 연행시간은 총 2분 11초이며, 전체 탈꾼들이 줄을 지어 마당을 돌고 퇴장하는 퍼레이드 형식으로 진행되는데, 전체 13배역 중에서 영상에 나타난 배역으로는 꺽쇠, 장쇠, 멍쇠, 먹쇠, 태평소, 먹중, 옴탈, 노친네, 피조리 1, 피조리 2로 10명의 배역들로 구성되었다. 이는 덧뵈기의 시작을 알리는 입장이 탈꾼 전체와 잡탈 등 많은 인원이 나와 퍼레이드를 펼치는 것과 차이를 보이는 것으로 공연에 편성되는 연희자의 규모나 상황에 따라 유동적인 것으로 볼 수 있다. 영상에 등장하지 않는 배역으로는 샌님, 말뚝이, 취발이, 상중 등으로 연희자의 상황에 따라 중복 출연하고 있음을 알 수 있다.

입장에 사용되는 장단은 굿거리, 덩덕궁이 장단을 연주하며, 반주에 사용되는 악기는 사물 타악기와 태평소이고 춤은 허튼춤, 배역춤, 자유춤 등으로 주된 춤동작으로는 어깨춤, 너울질, 깨끼춤 등이 사용되었다.

나) 제1과장(마당씻이)

마당씻이의 총 연행시간은 3분 36초로 탈꾼들이 퍼레이드를 마치고 꺽쇠만 홀로 남아 극을 진행하며 각각의 배역을 부른다. 이때 등장하는 배역으로는 태평소를 비롯한 5명의 탈꾼들로 구성되어 있으며, 극을 진행하는 동안 배역 간에 서로의 호칭에 대해서는 꽹매기, 장구 등으로 배역을 맡은 악기의 이름을 대신으로 사용하고 있다.[49] 하지만 1968년 심우성에 의해 조사된 문화재관리국의 무형문화재조사보고서를 찾아보면 배역 모두가 잡탈로 기록되어 있으며, 배역은 3명의 잡탈로 갑(甲), 을(乙), 병(丙) 등으로 구성되어 있어 배역의 추가 및 공연양상의 변화가 있음을 알 수 있다.

배역별 의상과 소품을 살펴보면, 태평소는 흰색 바지저고리에 조끼를 입고 버선과 짚신을 신고, 탈꾼들은 기본 복50에 빨간 띠를 두르며 행전은 착용하지 않고 꺽쇠는 꽹과리, 멍쇠는 징, 장쇠는 장구, 먹쇠는 북을 들고 연주한다. 기본복의 경우 장쇠는 빨간 띠를 두르지 않고 긴 도포를 입었다. 그리고 꺽쇠는 상모(나비상모)를 착모하고 연행하는 반면에 다른 배역(멍쇠, 먹쇠, 장쇠, 태평소)들은 상모를 착모하지 않고 연행하며, 극의 진행에 태평소가 직접 연주자로 참여하고 있다. 배역에 따른 탈의 모양과 크기는 대체적으로 크고 눈, 코, 입, 눈썹 등 선이 굵고 명확하게 표현되어 있다. 꺽쇠는 엷은 자주색 얼굴 바탕에 입 주위와 눈밑 주름이 검고 넓게 그려져 있고 역삼각형 모양의 턱수염이 있으며, 장쇠는 살색 바탕에 두 눈이 가운데 몰려 있으며, 이가 빠져 있고 입술 끝자락에 수염이 나 있다. 다른 잡탈은 살색 바탕에 눈썹과 검정 주름살, 붉은 입술과 검정색 탈보를 쓰고 먹쇠의 경우 취발이탈을 쓰고 연행하였으며, 태평소는 마당씻이에 참여하지만 탈은 쓰지 않고 연행하는 특징을 지녔다. 그리고 탈의 크기는 꺽쇠는 길이 28cm, 너비 21cm이었으며, 잡탈은 길이 28cm, 너비 24cm 정도로 대체로 비슷한 크기로 제작되었다.

극의 진행에 따라 꺽쇠(꽹과리), 멍쇠(징), 장쇠(장구), 먹쇠(북)와 태평소 순으로 입장하고, 연주 장단은 덩덕궁이 장단이며 반주악기로는 사물악기와 태평소가 사용되었고, 주된 춤사위로는 상모를 돌리며 연행하는 상모춤, 쇠채놀음, 발바치, 옆치기, 곱뛰기, 연풍대, 풍물춤에 나오는 진풀이 등이 사용되었다.

또한 마당씻이 과장에서 연행되는 축원고사덕담 영상이 빠져 있어 연행 양상을 파악하는데 한계를 지닌다.

다) 제2과장(옴탈과장)

옴탈과장의 연행시간은 3분 43초로 꺽쇠가 상모를 벗고 들어갔다 다시 등장하면서 시작하며, 등장배역으로는 꺽쇠와 옴탈 2명으로 입장과 함께 서로 대무(對舞)를 하며 극을 진행한다.

배역별 의상과 소품을 살펴보면, 꺽쇠는 마당씻이와 동일하나 극이 진행되는 순간 상모를 탈모(脫帽)하여 상모는 쓰지 않고, 옴탈의 의상 및 소품은 흰색 바지저고리에 검은색 도포가 무릎 밑까지 덮을 정도로 긴 의상과 팔에는 한삼 길이만큼의 소매가 이어져 있으며, 머리 전체를 덮을 만큼 큰 말총 벙거지를 쓰고 버선과 짚신을 착용했다.

배역별 탈의 모양은 꺽쇠는 마당씻이와 동일하며, 옴탈은 전체적으로 분홍바탕에 얼굴 전체에 검은색 점이 나 있고, 옴(천연두)은 노란색으로 크게 도드라지게 솟았으며, 눈썹은 하늘로 솟은 반달눈썹 모양으로 붉은 입술과 검정 탈보로 제작되었으며, 옴탈의 크기는 길이 30cm, 너비 26cm 정도로 나타났다.

옴탈과장의 사용되는 장단은 덩덕궁이와 타령장단이고, 반주로는 태평소와 사물반주로 구성되어 있다. 그리고 춤은 꺽쇠와 옴탈이 입장과 퇴장에서 2번의 대무(對舞)를 추며, 여기에 사용된 춤사위로는 내두르기, 휘젓는 사위, 나비춤, 활개치기, 닭이똥사위, 너울질, 제자리돌기 등이 사용되었다.

라) 제3과장(샌님과장)

샌님과장의 연행시간은 총 9분 4초이며, 영상 편집과정에서 뒷부분이 삭제되었다. 등장배역으로는 샌님, 노친네, 말뚝이, 피조리 1, 피조리 2 5명으로 피조리는 극의 후반부에 등장하여 4과장까지 극을 진행한다. 극의 진행 중간에 팔도 유람하는 과장을 샌님이 단가 죽장망혜[51]를 부르며 소리와 춤으로 극을 진행하는 특징을 지닌다.

배역별 의상과 소품을 살펴보면, 샌님은 정자관을 머리에 쓰고 흰색 바지저고리에 흰색 도포, 부채, 지팡이, 장죽을 들고 있다. 도포에 술띠는 착용하지 않고 노친네는 흰색 치마저고리에 속바지, 버선, 짚신을 착용하고 말뚝이는 흰색 바지저고리에 검정색 더거리를 입고 말총으로 장식된 검정색 벙거지와 채찍을 착용하며, 피조리는 노랑저고리, 붉은 치마에 버선과 짚신, 손목에 짧은 한삼을 착용하였다.

배역별 탈의 모양은 샌님은 살색바탕에 흰 콧수염과 턱수염이 길고, 흰 눈썹에 옆머리가 길며 지저분하게 늘어트려져 있고 눈가와 볼 주변에 검버섯이 넓게 퍼져 있다. 이마와 얼굴 전체에 잔주름이 많고, 이가 빠진 언챙이 입에 입술은 비뚤어져 있다. 노친네는 살색 바탕에 얼굴 전체에 주름이 가득하다. 특히 입 주변에 주름이 많으며 눈밑과 미간 사이, 콧등에도 주름이 있고 두 눈은 가운데로 몰려 있다. 입이 비뚤어지고 머리는 양 가르마를 탔으며 광대뼈가 돌출되고 눈 꼬리가 치켜 올라가 인상이 강한 것이 전체적으로 남성적인 탈 느낌이 난다. 말뚝이는 이마에 혹이 있고 코끝이 깊게 눌려져 있으며 광대뼈가 도드라져 있다. 피조리는 살색 바탕에 얼굴에 연지곤지를 찍고 댕기머리를 하고 있으며, 눈썹이 짧으며 눈과 눈썹 사이의 폭이 넓고 얼굴이 동그라며 눈동자가 가운데 몰려 있는 것으로 나타났다.

탈의 크기로는 샌님은 길이 27cm, 넓이 22cm, 노친네는 길이 25cm, 넓이 20cm, 말뚝이는 길이 28cm, 넓이 23cm, 피조리 1은 길이 25cm, 넓이 23cm, 피조리 2는 길이 27cm, 넓이 20cm로 나타났다.

장단으로는 굿거리, 중모리, 타령장단 등이 사용되었고 반주로는 태평소와 사물반주로 구성되어 있다. 그리고 배역별 춤사위를 살펴보면 샌님이 입장하며 추는 거드름춤, 어깨춤, 부채 사위를 놀리며 추는 양반춤, 어깨매기, 도약하며 추는 활개춤, 곱뛰기, 전환을 위해 추는 뒤로 쫓는사위, 겨누기 등이 있으며 노친네는 샌님과 대무하며 추는 손춤, 좌우새, 너울질 등이 있다. 극의 진행에 맞게 자유롭게 추는 외사위, 어깨춤, 허튼춤, 엉덩이 밀치기 등이 있고, 말뚝이는 주로 채를 부리며 추는 채발림, 황소걸음사위 등의 춤사위가 있다. 피조리는 무동춤과 같이 깨끼춤과 손춤 등이 사용되었다.

마) 제4과장(먹중과장)

먹중과장의 연행시간은 총 7분 31초이고, 배역은 3과장 후미(後尾)에 등장한 피조리 2명과 먹중, 상중, 취발이로 총 5명으로 구성되어 있으며 시작과 함께 염불 장단에 맞추어 먹중과 상중이 입장한다. 극의 진행은 주로 취발이와 악사가 재담을 주고받으며 진행하며, 피조리 2명과 먹중, 상중은 대사가 없고 춤과 마임 등으로 연기한다.

배역별 의상 및 소품을 살펴보면 먹중은 먹색 가사에 부채, 송낙과 염주, 지팡이 착용을 하며 취발이는 흰색 바지저고리에 흰색 도포에 빨간 한삼이 붙여진 일체형 의상에 빨간 띠를 허리에 두르며 상중(좌)은 먹색 가사에 흰색고깔을 쓰고 염주와 목탁을 착용한다.

배역별 탈의 모양은 먹중은 어두운 연두 바탕에 얼굴 전체에 검정 점이 있는데 코에만 점이 없으며 이마에는 붉은 혹, 볼에는 노란 혹이 있으며 취발이는 꽃자주색 바탕에 얼굴 표정이 우락부락하고 전체적으로 크고 명확하며, 말총과 실을 엮어서 만든 머리카락으로 앞머리가 짧고 옆머리가 길게 늘어트려져 있으며 턱수염이 짙고 넓게 펴져 있다. 상좌는 살색 바탕에 입이 작고 머리가 짧으며, 어눌한 표정을 지녔다.

탈의 크기는 먹중은 길이 31㎝, 넓이 30㎝, 취발이는 길이 27㎝, 넓이 22㎝, 상좌는 길이 25㎝, 넓이 21㎝로 나타났다.

먹중과장의 장단으로는 염불, 타령장단이 사용되었으며 반주로는 태평소와 사물 타악기로 구성된 악기들이 사용되었다. 그리고 춤동작은 극이 시작되는 동시에 먹중과 상중이 입장하면서 추는 입장춤과 취발이의 독무와 먹중과 취발이의 대무 등으로 이루어져 있다. 배역별 춤사위를 살펴보면 피조리는 깨끼춤과 손춤을 추고, 상중은 걷는 사위 외에 특별한 춤동작 없이 장단에 맞추어 목탁을 치거나 간단한 마임 동작으로 이루어져 있으며 먹중은 부채사위, 어르기, 걷기, 놀리기, 훔쳐보기, 훑는 사위, 나비춤, 배김새, 활개치기, 때릴 사위 등이 있다. 취발이는 한발뛰기, 나비춤, 어깨춤, 양손 너울질, 돌기, 한팔 흔들기 등의 춤사위로 나타났다.

바) 합동무

합동무(舞) 또는 합동춤이라 부르며, 덧뵈기 4과장을 마치고 전체 탈꾼과 잡탈들이 나와서 추는 것으로 일종의 뒤풀이 형식이다. 합동무의 복식은 흰색바지저고리에 빨간 한삼이 달린 흰색 도포에 빨간 띠를 두르고 춤을 춘다. 주요 춤사위로는 나비춤과 닭이똥사위, 너울질, 앉을사위 등이 주된 춤사위로 구성되어 있으며, 독무와 달리 진법을 구성하며 춤을 진행하는 데 주로 원진과 두줄백이 등을 사용한다.[52]

하지만 1965년 국립영화제작소에서 제작한 영상에는 합동무가 빠져 있어서 자세한 내용을 살펴보는데 한계가 있다.

⊛ (2) 2003년 덧뵈기 양상

2003년 공연한 덧뵈기 영상은 국가무형문화재 정기발표공연으로 건국대학교 새천년관 대공연장에서 촬영된 것으로, 전 마당 재현공연을 목적으로 덧뵈기를 포함한 남사당놀이 6종목을 촬영한 것으로, 전체 촬영시간은 46분 32초다.

공연 내용을 살펴보면 1965년과 같이 탈꾼들이 열을 지어 퍼레이드 형식으로 입장하고, 꺽쇠가 남아 마당씻이로 자연스럽게 극을 이어간다. 극의 진행은 꺽쇠가 장쇠를 부르고, 이후 명쇠와 먹쇠를 불러 사물악기 구성을 마친 후, 한바탕 신명나게 놀고 손님들을 불러놓고 취군가락과 굿거리장단으로 춤과 악을 연주하며 손님들에게 소원성취하시라고 축원고사덕담을 들려준다. 이때 축원고사덕담은 선(先)고사 없이 후(後)고사만 진행한다.

옴탈과장은 꺽쇠가 악을 연주하며 신명나게 춤을 추고 있으면 옴탈이 춤을 추며 등장하고, 옴탈이 옴을 모시고 온 내력을 일러주며 자랑하지만, 꺽쇠가 이를 제지하고 물리친다. 이때 옴탈과 대무(對舞)하고 꺽쇠가 먼저 퇴장하면 옴탈이 따라서 퇴장한다.

샌님과장은 샌님과 노친네가 굿거리장단에 춤을 추고 등장하며, 샌님은 노친네가 졸졸 쫓아다닌다고 서로 다투다가, 집을 나간 말뚝이를 찾아 절하는 법을 가르치려 하지만, 오히려 말뚝이는 샌님에게 절을 받으며 노친네를 꼬여 달아나는 내용으로 구성되어 있는데 춤으로 등장하고 춤으로 퇴장하며 춤이 진행되는 과정에서 노친네를 꼬여 달아난다.

먹중과장은 염불장단에 먹중이 피조리 둘을 농락하며 꼬여내는 춤극으로 시작하며, 취발이가 등장해 대결구도를 형성하고 먹중의 행태를 재담과 춤으로 물리친다. 이때 대결구도는 2번의 춤 대결로 이루어지는데 처음에는 먹중이 이기고, 마지막에는 취발이가 이겨서 먹중이 피조리를 놓고 도망치면, 취발이가 피조리 둘을 데리고 퇴장한다. 덧뵈기 전체 4과장이 끝나면 탈꾼들이 나와 합동무를 연행하고 극을 마치는 것으로 나타났다.

가) 입장

2003년 공연한 덧뵈기 영상의 입장의 연행시간은 1분 32초이고, 탈꾼들이 무대를 따라 열을 지어 원을 그리고 지그재그로 퍼레이드 형식으로 진행하였고, 등장하는 탈꾼으로는 전체 13배역 중에서 샌님, 노친네, 먹중, 피조리 1, 피조리 2, 상중 등 6명의 탈꾼들로만 구성되어 있다. 입장에 사용되는 장단은 덩덕궁이 장단을 연주하며 반주에 사용되는 악기는 쇠(꽹과리), 징, 장구, 북, 태평소가 사용되었다. 춤은 허튼춤, 배역춤, 자유춤 등으로 주된 춤동작으로는 어깨춤, 곱뛰기, 까치걸음, 너울질, 깨끼춤 등이 사용되었다.

나) 제1과장(마당씻이)

마당씻이의 총 연행시간은 10분 6초이며 탈꾼들이 퍼레이드를 마치면 퍼레이드에 맞물려 꺽쇠가 덩덕궁이 장단을 연주하며 등장한다. 극을 진행하는 상호 배역 간에 호칭은 '꽹과리는 꺽쇠, 장구는 장쇠, 징은 멍쇠, 북은 먹쇠'라는 명칭을 사용하고 있다.

배역별 의상과 소품을 살펴보면 흰색 바지저고리에 기본 탈복에 미투리를 신고, 탈꾼의 배역에 따라 각자의 악기를 착용하고 꺽쇠를 제외한 멍쇠, 장쇠, 먹쇠는 채상모를 착모하고 연행하며 극을 진행한다.

배역별 의상과 소품을 살펴보면 꺽쇠, 장쇠, 멍쇠, 먹쇠는 흰색 도포에 빨간 한삼이 붙어 있는 일체형 의상에 빨간 띠를 허리에 두르고 신발은 미투리를 신었고 행전은 착용하지 않았다. 각각 배역에 따라 자신의 악기를 소지하였고 장쇠, 멍쇠, 먹쇠는 탈위에 상모(채상모)를 착용하고 꺽쇠는 상모를 착모하지 않고 탈만 쓰고 극을 진행하였다. 그리고 축원 고사덕담을 할 때 고사(告祀)상을 차리고 여기에 쓰인 제물(祭物)로는 쌀, 실, 촛불, 정화수 등을 사용하였다.

배역별 탈의 모양은 꺽쇠는 엷은 주황색 바탕에 이마와 눈밑에 주름이 있고 입모양과 턱수염이 역삼각형 모양이며, 눈의 공막은 연노랑색이고 장쇠는 연한 핑크색 바탕에 눈밑 주름과 깊게 패인 팔자주름, 역삼각형 수염이 나 있고, 멍쇠는 옅은 주황색 바탕에 이마주름, 처진 눈가주름, 팔자수염, 콧수염이 있다. 턱수염 모양이 역삼각형이며 눈의 공막은 연노랑색으로 되어 있으며, 먹쇠는 연한 핑크색 바탕에 도출된 이마와 역삼각형 입술, 이마주름, 미간주름 3개, 팔자주름 2개, 짧은 콧수염과 턱수염이 듬성듬성 나 있고 공막은 흰색이다. 하지만 꺽쇠탈의 경우에는 실제 장쇠탈로 제작된 것으로 2003년 공연에서는 장쇠탈의 여분을 나누어 꺽쇠와 장쇠가 각각 사용한 것으로 드러났다.

탈의 크기는 꺽쇠는 길이 31cm, 너비 23cm, 장쇠는 길이 32cm, 너비 29cm, 멍쇠는 길이 27cm, 너비 23cm, 먹쇠는 길이 23cm, 너비 28cm로 각각 다양한 크기로 나타났다.

연주 장단은 덩덕궁이, 취군가락(자진가락), 굿거리, 축원고사소리 반주 장단 등이 사용되었고 반주악기로는 사물악기와 태평소가 사용되었다. 축원고사소리에서는 선(先)고사 없이 바로 뒷염불(후고사)로 넘어가 소리를 마치며, 마당씻이에 나타난 주된 춤사위는 상모춤, 채발림, 옆치기, 연풍대, 어깨춤, 한발 뛰기, 곱뛰기, 진풀이, 굿거리춤 등으로 나타났다.

다) 제2과장(옴탈과장)

옴탈과장의 연행시간은 3분 40초이며 등장 배역으로는 꺽쇠와 옴탈이며, 마당씻이를 끝내고 꺽쇠는 무대에 남아 쇠춤을 추고 있으면 바로 옴탈이 등장하고 극이 시작된다.

배역별 의상과 소품을 살펴보면 꺽쇠는 마당씻이 과장과 같이 동일하며, 옴탈은 흰색 바지저고리에 소매가 긴 한삼이 부착된 일체형 검은색 더거리에 미투리를 신었고 머리에는 벙거지를 썼다.

탈의 모양은 꺽쇠는 1과장 마당씻이와 동일하며, 옴탈은 빨간 바탕에 얼굴 전체에 노란색 옴이 도드라져 있으며, 눈썹과 주름은 검정색이고 흰색 입술에 콧수염이 나 있고, 탈의 크기는 길이 34cm, 너비 29cm로 나타났다.

옴탈 과장에 사용되는 장단은 덩덕궁이, 난타(일채), 타령장단이며 반주로는 태평소와 사물반주로 구성되어 있다. 춤사위로는 막음쇠, 발림, 쇠춤, 휘두르기, 발디딤새, 나비춤, 닭이똥사위, 방아사위, 한발 뛰기 등으로 나타났다.

라) 제3과장(샌님과장)

샌님 과장의 총 연행시간은 14분 4초이며 등장인물은 샌님, 노친네, 말뚝이, 피조리 1, 피조리 2의 5명으로 피조리는 극의 후반부에 등장하여 4과장까지 극을 진행한다.

배역별 의상과 소품을 살펴보면 샌님은 흰색 바지저고리, 흰색 도포에 술띠를 매고 부채와 짧은 지팡이를 들고 머리에는 정자관을 썼다. 노친네는 흰색저고리에 검정색 치마를 입고 버선에 하얀색 미투리를 착용했으며, 말뚝이는 흰색 바지저고리에 검정색 더거리에 행전을 차고 하얀색 미투리를 신고 있었다. 패랭이는 대나무를 엮어서 만든 것으로 머리 테에는 하얀 술이 장식되어 있었고, 채찍은 대나무 뿌리에 말꼬리를 엮어서 만들었다. 그리고 피조리는 노랑저고리, 붉은 치마에 버선과 미투리를 착용하였다.

배역별 탈의 모양은 샌님은 살구색 바탕에 흰 수염과 흰 눈썹, 옆머리가 길게 늘어트려져 있고 얼굴에 검버섯이 넓게 퍼져 있으며, 입술은 비뚤어지고 언챙이 입을 지녔다. 노친네는 분홍색 바탕에 얼굴 전체 주름이 가득하고 특히 입(아랫방향) 주변에 주름이 원을 그리며 있고, 양 볼에 연지곤지를 찍었고 입과 코가 비뚤어지고 머리는 양 가르마를 탔다. 말뚝이는 자색 바탕에 검정 눈썹, 주름살, 붉은 입술과 이마에 혹이 나 있고 검정 탈보를 착용했으며 피조리는 살색 바탕에 얼굴에 연지곤지를 양볼과 이마에 찍고 댕기머리를 드렸다.

배역별 탈의 크기로는 샌님은 길이 32㎝, 넓이 25㎝, 노친네는 길이 32㎝, 넓이 27㎝, 말뚝이는 길이 34㎝, 넓이 31㎝, 피조리 1은 길이 31㎝, 넓이 23㎝, 피조리 2는 길이 29㎝, 넓이 23㎝로 나타났다.

샌님과장에 사용된 장단으로는 굿거리, 타령장단 등이 있고 반주로는 피리, 해금, 대금, 장구, 쇠, 징, 북 등 삼현육각으로 구성되어 있다. 그리고 배역별 춤사위를 살펴보면 샌님이 입장하며 추는 부채사위, 부채 펴면서 뛰기, 부채 매고 돌기, 자진걸음, 돋음새, 곱뛰기 등이 있으며 노친네는 상체 좌우새, 밀치는 사위, 돋음새, 잔발걸음, 치마 걷는 사위, 외발 들기, 쫄랑걸음, 망보는 사위 등이 있다. 말뚝이는 텅텅걸음, 채발림, 돌기, 겨누기, 곱뛰기, 거드렁걸음 등이 있으며 극중에 샌님, 말뚝이, 노친네가 함께 추는 춤동작으로는 합동무 제1장으로 나비춤, 너울질, 방아사위, 닭이똥사위 등으로 구성되어 있다.

마) 제4과장(먹중과장)

먹중과장의 연행시간은 총 13분 08초이고 배역은 먹중, 상중, 취발이, 피조리 1, 피조리 2로 총 5명으로 구성되어 있으며, 샌님과장이 끝나면 바로 염불 장단에 맞추어 먹중과 상중이 입장하며 시작된다. 극의 진행은 취발이가 악사와 재담을 주고받으며 진행되며, 먹중과 상좌는 대사 없이 춤과 마임으로 연기한다.

배역별 의상 및 소품을 살펴보면 먹중은 먹색 바지저고리, 먹색 도포에 홍(紅)가사를 두르고 버선에 행전을 차고 머리에는 송낙, 목에는 염주를 걸고 부채와 지팡이를 들고 있었다. 상좌(중)는 먹색 바지저고리에 먹색 도포를 입고 승복에 붉은 가사를 두르고 목탁을 지니고 있었으며, 취발이는 흰색 바지저고리, 흰색 도포에 빨간 한삼이 팔에 붙여진 의상을 입고 빨간 띠를 허리에 두르고 미투리를 신고 있었다.

배역별 탈의 모양은 먹중은 팥죽색 바탕에 얼굴 전체에 검정 점이 있고 이마와 볼에 혹이 있고, 콧등에 붉은 점이 있었다. 상좌는 살색바탕에 머리가 짧고 입이 어눌하며 콧수염과 턱수염이 가늘게 나 있고, 취발이는 붉은 바탕에 말총으로 만든 앞머리가 길게 늘어트려져 있었고 얼굴과 눈, 입술의 경계가 없고 눈썹과 눈가의 테두리도 없는 것으로 나타났다.

탈의 크기는 먹중은 길이 41cm, 넓이 29cm, 취발이는 길이 34cm, 넓이 32cm, 상좌는 길이 26cm, 넓이 22cm로 나타났다.

먹중과장의 장단으로는 염불장단과 난타(일채), 타령장단이 사용되었으며 반주로는 피리, 대금, 해금, 사물반주 등으로 구성된 삼현육각을 사용했다. 배역별 춤사위를 살펴보면 먹중은 얼굴막음사위, 부채사위, 엿보는 사위, 흔들 사위, 황소걸음, 염주걸기, 나비춤, 때릴사위, 팔벌림사위 등 다양한 춤사위를 추는 것으로 나타났다. 상중은 걷는사위, 절사위, 목탁치는 사위 등 간단한 동작들로 구성되었으며 취발이는 텅텅걸음, 어르기, 양팔 흔들기, 나비춤, 도는 사위 등으로 나타났다. 피조리는 손동작을 사용한 무동춤 동작 등을 사용하는 것으로 나타났다.

바) 합동무

덧뵈기의 전 과장을 마치고 합동무를 추게 되는데 본 연구에서는 합동무의 진행순서를 넘기는 신호 장단을 기준으로 각각의 장을 구분하였으며, 2003년 공연에서는 입장을 포함한 10개의 장으로 구성되었고 연행시간은 총 4분 2초이다.

각 구성된 2003년 합동무의 진행순서를 살펴보면 제1장은 입장으로 텅텅 걸음으로 좌우새 없이 양팔을 크게 벌리고 한발 한걸음으로 뛰면서 입장하고, 2장은 오른팔을 왼쪽부터 좌우로 흔들며 불림소리를 하며 양팔을 벌려 어르기를 2번 진행한다. 나비춤을 4번 진행하고 넘기는 신호에 따라 너울질을 하고 닭이똥사위를 하게 되는데 이때 한삼을 말아붙이는 방향은 오른손부터 시작하고, 방아사위도 오른쪽부터 왼쪽 가운데 순으로 진행하는 것으로 나타났다. 합동무 3장은 다시 나비춤으로 시작하며 신호에 따라 반시계방향으로 원을 따라 진행하며, 4장은 신호에 따라 원 중심으로 나비춤을 추게 되는데 4번째 장단에 춤의 맺음 없이 바로 뒤로 훑는 사위로 진행한다. 5장은 너울질, 6장은 닭이똥사위, 7장은 나비춤, 8장은 앉을 사위, 9장은 나비춤, 10장은 장단을 털어주면 제자리에서 돌고 인사를 하며 퇴장하는 순으로 구성되어 있다.

◉ (3) 2018년 덧뵈기 양상

2018년 덧뵈기 영상은 국가무형문화재 정기발표공연으로 서울놀이마당 수변무대에서 촬영된 것으로, 덧뵈기의 전체 촬영시간은 1시간 10분 32초이다.

공연 내용을 살펴보면 덩덕궁이 장단에 탈꾼들이 나와서 원을 그리며 퍼레이드를 벌이고 꺽쇠만 무대에 남아 상모를 돌리며 춤을 추다 장단을 맺으면 바로 마당씻이로 넘어갔다. 마당씻이의 진행은 2003년과 동일하며 축원고사덕담의 경우 선(先)고사는 전체 과정을 진행하였고, 후(後)고사는 다섯 대목, 즉 '상봉길경', '축원덕담 1', '축원덕담 2', '액살풀이' 4대목이 공연되었고, '불심포교' 한 대목은 빠져 있었다.

이후 옴탈과장, 샌님과장, 먹중과장, 합동무의 공연내용은 2003년도와 동일하게 진행되었고 대본의 경우에는 연희자의 극적요소에 따라 차이를 보이고 있었다.

가) 입장

2018년 덧뵈기 공연영상의 입장 연행시간은 총 2분 2초이며 꺽쇠의 연주에 따라 장쇠, 멍쇠, 먹쇠, 옴탈, 샌님, 노친네, 말뚝이, 취발이, 상중, 피조리 등 탈꾼들이 열을 지어 원진을 구성하고 퇴장하였다.

입장에 사용되는 장단은 덩덕궁이 장단을 연주하며 반주에 사용되는 악기는 쇠, 징, 장구, 북, 태평소가 사용되었다. 춤사위로는 어깨춤, 무동춤, 곱뛰기, 좌우새, 너울질, 상모춤(외사, 사사, 나비상), 한발걷기, 채발림, 거드름춤, 삐딱걸음, 어깨매기, 보릿대춤, 부채춤 등 다양한 춤사위가 사용되었다.

나) 제1과장(마당씻이)

마당씻이의 총 연행시간은 22분 28초이며, 탈꾼들이 퍼레이드를 마치고 들어가면 꺽쇠가 무대에 남아 종이상모를 돌리며 덩덕궁이 장단에 춤추고 신명나게 놀다 장쇠를 부르면 극이 시작된다. 극을 진행하는 동안 상호 호칭은 꺽쇠, 장쇠, 멍쇠, 먹쇠 등을 사용하고 있었다. 극을 진행하는 구성이 체계적이고 배역에 따라 명확히 구분되고, 움직임과 동선, 가락구성이 짜임새 있게 나타났다.

배역별 의상과 소품을 살펴보면 탈꾼들은 흰색 바지저고리에 기본 탈복에 미투리를 신었고, 허리에 빨간 띠를 둘렀다. 각자의 배역에 따라 악기와 탈을 착용하였으며, 꺽쇠는 종이상모를 썼고 멍쇠, 장쇠, 먹쇠는 채상모를 쓰고 연행하였다.

배역별 탈의 모양은 꺽쇠는 살구색 바탕에 이마주름과 팔자주름, 처진 눈가주름, 턱수염이 나 있고 입은 아래로 처져 있으며, 눈의 공막은 흰색이다. 장쇠는 살구색 바탕에 이마주름, 처진 눈가주름, 턱수염, 콧수염이 나 있고 입술이 붉고 입 꼬리가 올라가 웃는 인상이며, 눈가의 공막은 흰색이다. 멍쇠는 연한 핑크색 바탕에 도출된 이마와 역삼각형 입술, 이마주름, 미간주름 3개, 팔자주름 2개, 짧은 콧수염과 턱수염이 듬성듬성 나 있고 공막은 흰색이다. 그리고 먹쇠는 살구색 바탕에 이마주름, 처진 눈가주름, 팔자주름, 도깨비 눈썹, 갈매기 수염, 붉은색 입술과 흰색 공막으로 제작되어 있었다.

탈의 크기는 꺽쇠는 길이 25cm, 너비 22cm, 장쇠는 길이 32cm,

너비 29cm, 멍쇠는 길이 23cm, 너비 28cm, 먹쇠는 길이 31cm, 너비 28cm로, 2003년도 공연에 사용된 먹쇠탈이 2018년에는 멍쇠탈로 사용된 것으로 나타났다.

연주 장단은 덩덕궁이, 춰군가락(자진가락), 굿거리, 축원고사소리 반주 장단 등이 사용되었으나 극의 진행에 따라 가락구성이 다양하고 짜임새가 있었으며 반주악기로는 사물악기와 태평소가 사용되었다.

극중에 나타난 축원고사소리는 선(先)고사와 뒷염불(후고사) 전체를 진행하였으며 마당씻이에 나타난 주된 춤사위는 상모춤(외사, 사사, 나비상, 찍엄상, 꺽임상, 흔들 사위 등), 진풀이, 좌우새, 발바치, 딛고 모듬 뛰기, 한발 뛰기, 딛고 짓는 사위, 까치걸음, 채발림, 옆걸음, 곱뛰기, 보릿대춤, 연풍대, 굿거리춤, 자진걸음, 너울질, 어깨춤 등으로 나타났다.

다) 제2과장(옴탈과장)

옴탈과장의 연행시간은 5분 56초이며 등장 배역으로는 마당씻이를 끝내고 남은 꺽쇠와 옴탈이며, 꺽쇠가 쇠 연주와 쇠춤을 추고 있으면 옴탈이 무대에 등장한다.

배역별 의상과 소품을 살펴보면 꺽쇠는 마당씻이 과장과 마찬가지로 기본 복식에 탈을 착용하고 종이상모와 꽹과리, 채를 들고 있으며 옴탈은 2003년과 동일한 의상과 소품, 탈을 착용하였다.

탈의 모양은 꺽쇠는 1과장 마당씻이와 동일하며, 옴탈은 2003년과 동일하게 나타났다. 그리고 옴탈 과장에 사용되는 장단은 덩덕궁이, 난타(일채), 타령장단이며 반주로는 태평소와 사물반주로 구성되어 있었다. 그리고 배역별 춤사위로는 꺽쇠는 상모춤(나비상, 퍼 넘기는 상, 사사, 외사, 흔들기, 찍엄상 등), 반연풍대, 한발뛰기, 발바꿔뛰기, 옆디딤새, 연풍대 등이었고 옴탈은 느그적걸음, 고개사위, 한삼 엊는 사위, 나비춤, 외사위, 다리 쳐올리는 사위, 망보는 사위, 도는 사위 등이었다. 꺽쇠와 옴탈의 대무에서는 같은 춤동작으로 이루어져 있는데, 춤동작을 살펴보면 합동무 1과장과 마찬가지로 양팔너울질, 닭이똥사위, 나비춤, 너울사위, 내두르기, 방아사위, 얼굴막음사위 등이 사용되었다.

라) 제3과장(샌님과장)

샌님 과장의 연행시간은 총 18분 1초이며 등장배역으로는 샌님, 노친네, 말뚝이, 피조리 1, 피조리 2이며 극의 내용은 2003년과 동일하지만 샌님과 노친네의 입장춤이 짜임새가 있고, 말뚝이가 입장해서 샌님과 조우하는 장면에서는 허튼 타령으로 소리를 하는 특징을 지닌다.

배역별 의상과 소품을 살펴보면 샌님은 정자관을 머리에 쓰고 흰색 바지저고리에 흰색 도포에 술띠를 두르고 부채, 지팡이, 장죽에 미투리를 신고 있다. 노친네는 흰색 치마저고리에 속바지, 버선, 짚신을 착용하고 말뚝이는 흰색 바지저고리에 검정색 더거리를 입고, 말총으로 장식된 검정색 벙거지와 채찍을 착용하며 피조리는 노랑저고리, 붉은 치마에 버선과 짚신, 손목에 짧은 한삼을 착용하였다.

배역별 탈의 모양은 샌님은 잿빛 연핑크 바탕에 흰 콧수염과 턱수염이 길고, 흰 눈썹에 옆머리가 길며 지저분하게 늘어트려져 있고 눈가와 볼 주변에 검버섯이 넓게 퍼져 있다. 이마와 얼굴 전체에 잔주름이 많고, 이가 빠진 언챙이 입에 입술은 비뚤어져 있다. 노친네는 살색 바탕에 얼굴 전체에 주름이 가득하다. 특히 입 주변에 주름이 많으며 눈밑과 미간 사이, 콧등에도 주름이 있고 두 눈은 가운데로 몰려 있으며 입이 비뚤어지고 머리는 양 가르마를 탔으며, 광대뼈가 돌출되고 눈꼬리가 치켜 올라가 인상이 강한 것이 전체적으로 남성적인 탈 느낌이 난다. 말뚝이는 이마에 혹이 있으며 코끝이 깊게 눌러져 있으며 광대뼈가 도드라져 있다. 피조리는 살색 바탕에 얼굴에 연지곤지를 찍고 댕기머리를 하고 있으며 눈썹이 짧으며 눈과 눈썹 사이의 폭이 넓고 얼굴이 동그라며 눈동자가 가운데 몰려 있는 것으로 나타났다.

탈의 크기로는 샌님은 길이 27cm, 넓이 22cm, 노친네는 길이 25cm, 넓이 20cm, 말뚝이 는 길이 28cm, 넓이 23cm, 피조리 1은 길이 25cm, 넓이 23cm, 피조리 2는 길이 27cm, 넓이 20cm로 나타났다.

장단으로는 굿거리, 중모리, 타령장단 등이 사용되었고 반주로는 태평소와 사물반주로 구성되어 있다. 그리고 배역별 춤사위를 살펴보면 샌님이 입장하며 추는 거드름춤, 어깨춤, 부채 사위를 놀리며 추는 양반춤, 어깨매기, 도약하며 추는 활개춤, 곱뛰기, 전환을 위해 추는 뒤로 쫓는 사위, 겨누기 등이 있다. 노친네는 샌님과 대무하며 추는 손춤, 좌우새, 너울질 등이 있으며 극의 진행에 맞게 자유롭게 추는 외사위, 어깨춤, 허튼춤, 엉덩이 밀치기 등이 있고 말뚝이는 주로 채를 부리며 추는 채발림, 황소걸음사위 등의 춤사위가 있다. 피조리는 무동춤과 같이 깨끼춤과 손춤 등이 사용되었다.

바) 제4과장(먹중과장)

2018년도 먹중과장의 총 연행시간은 15분 29초이고 배역은 먹중, 상좌(상중), 취발이, 피조리1, 피조리2이고, 도입은 2003년과 동일하다. 배역별 의상 및 소품을 살펴보면 먹중과 상좌(상중)의 의상은 2003년과 동일하나 지팡이의 모양이 바뀌었으며, 취발이는 흰색바지저고리에 옥색 탈복을 입고 빨간 띠를 착용하였다. 피조리는 붉은 치마저고리에 노랑 저고리, 버선과 미투리, 손목에는 하얀색 짧은 한삼을 착용하였다.

배역별 탈의 모양은 먹중과 상좌, 피조리는 2003년과 동일하며 취발이탈은 꽃자주색 바탕에 말총으로 제작된 긴 앞머리가 길게 늘어트려져 있고 팔자수염과 듬성듬성 턱수염이 나 있으며, 얼굴의 윤곽이 뚜렷하고 광대뼈가 도드라져 있다.

탈의 크기는 2003년도와 마찬가지로 먹중은 길이 41cm, 넓이 29cm, 취발이는 길이 34cm, 넓이 32cm, 상좌는 길이 26cm, 넓이 22cm로 나타났다.

먹중과장에 사용된 장단을 살펴보면 염불장단, 타령장단 등이 주로 사용되었으며 반주로는 태평소, 꽹과리, 징, 장구, 북 등으로 구성된 타악 반주를 사용하였다. 춤사위로는 피조리의 깨끼춤, 상좌의 입장춤, 절하는 사위, 목탁 치는 사위, 취발이의 나비춤, 닭이똥사위, 외사위, 텅텅걸음, 너울질, 어르기 등이 사용되었으며 먹중의 부채사위, 황소걸음, 성행위 모의춤, 나비춤, 거드름춤, 대립춤, 걷는 사위, 지팡이 춤, 염주 걸고 흔들기, 팔 벌려 막음사위 등 다양한 춤동작을 사용하는 것으로 나타났다.

사) 합동무

2018년 덧뵈기 공연에서의 합동무는 크게 11개의 장으로 구성되어 있으며 연행시간은 5분 45초이다. 제1장은 장단의 신호에 따라 텅텅 걸음으로 양팔을 좌, 우로 흔들며 오른발을 첫 번째 박자로 한박, 한걸음으로 뛰어나오며 2장은 불림소리과장으로 장단의 소리를 부르며 오른손을 좌, 우로 뒤집고 젖히며 3번 반복한다. 3장은 나비춤, 너울질, 닭이똥사위, 방아사위 등으로 구성되어 있고 4장은 나비춤 마당으로 원을 따라 진을 구성하며 5장, 6장은 너울질을 하며 원을 따라 진행하다 제자리에서 180도씩 두 바퀴 돌아준다. 7장은 두줄백이로 탈꾼들이 짝을 지어 대무(對舞)를 하며 팔걸이를 하고 8장은 너울질과 닭이똥사위, 9장은 나비춤, 10장은 앉을 사위, 11장은 인사 및 퇴장으로 구성되어 있었다.

◉ (4) 결론

이 연구는 남사당놀이의 연행 종목 중 덧뵈기의 시대적 변화에 따른 연행 양상의 변화를 고찰해 보고, 연희적 특성을 살펴보고자 하였다. 남사당 덧뵈기의 원형을 보존하고 올바른 전승을 위해 1965년, 2003년, 2018년 3가지 영상을 상호비교하면서 각 시대별 공연시간, 배역별 의상, 소품, 탈의 모양, 크기, 장단과 춤사위 등을 분석해 보았다.

각 시대별로 분석한 자료들을 토대로 변화 양상을 살펴본 결과는 다음과 같다.

첫째, 시대적 변화에 따라 연행 시간이 큰 차이를 보이고 있으나 남사당 덧뵈기의 원형 연행시간은 46분에서 1시간 30분 사이에 이루어지고 있다고 할 수 있다.

〈표 3〉 시대별 남사당의 덧뵈기 연행 영상 시간 비교

년도	영상 명칭	연행 영상 시간
1965년	국립영화제작소	27분 17초
2003년	국가무형문화재 정기발표공연	46분 32초
2018년	국가무형문화재 정기발표공연	1시간 10분 32초

1965년 국립영화제작소에서 제작한 덧뵈기 영상은 전체 27분 17초이며 2003년 공연한 덧뵈기 영상은 국가무형문화재 정기발표공연으로 건국대학교 새천년관 대공연장에서 촬영된 것으로 46분 32초이다. 2018년 덧뵈기 영상은 국가무형문화재 정기발표공연으로 서울놀이마당 수변무대에서 촬영된 것으로, 덧뵈기의 전체 촬영시간은 1시간 10분 32초이다. 이는 공연내용에 따른 연행 양상의 변화로 볼 수 있으며, 각 과정에 수용된 공연내용의 가감으로 인한 시간 편차라 볼 수 있다. 〈표 3〉에서 1965년 영상은 국립영화제작소에서 제작한 것으로 남사당의 덧뵈기의 정상적인 연행이라기보다는 남사당의 덧뵈기를 홍보하려는 목적으로 제작된 영상일 것으로 추측할 수 있으므로 2003년과 2018년 국가무형문화재 정기발표공연의 영상에서 기록된 연행 영상 시간이 남사당의 덧뵈기 연행 영상일 가능성이 있다.

1968년 심우성에 의해 조사된 무형문화재조사보고서[53]가 덧뵈기 연행시간을 1시간 30분 내외로 기록한 것으로 보아 남사당의 덧뵈기의 연행시간은 46분에서 1시간 30분 사이일 것으로 추측할 수 있다.

둘째, 각 과장에 나타난 연행 양상의 변화이다. 시대별 영상비교를 통해 꺽쇠와 장쇠 · 멍쇠 · 먹쇠의 상모착용이 이루어져야 할 것으로 보이며 꺽쇠는 나비상모와 종이상모, 장쇠·멍쇠·먹쇠는 미착용해야 할지 채상모를 착용해야 할지 결정해야 할 것이다. 또한 마당씻이에서 비나리의 선고사와 후고사 유무를 결정해야 할 것 같다. 마당씻이에서 연주를 하는 것에 대해서도 결정이 필요할 것이며, 샌님잡이에서 샌님이 팔도유람하면서 단가를 부르는 장면은 시급하게 복원할 필요성이 있다.

〈표 4〉 시대별 꺽쇠와 장쇠·멍쇠·먹쇠의 상모 착용 상태 변화

년도	꺽쇠	장쇠, 멍쇠, 먹쇠
1965년	상모 착용(나비상모)	상모 미착용
2003년	상모 미착용	상모 착용(채상모)
2018년	상모 착용(종이상모)	상모 착용(채상모)

1965년도에는 꺽쇠는 나비상모를 착용하고 있었고 장쇠·멍쇠·먹쇠 등은 상모 미착용 상태였으나 2003년에는 오히려 장쇠·멍쇠·먹쇠가 채상모를 착용하고 공연을 했으나 꺽쇠가 상모를 착용하지 않았다. 2018년에는 모두 상모를 착용하고 있었으나 꺽쇠는 종이상모를 장쇠·멍쇠·먹쇠 등은 채상모를 착용하였다.

〈표 5〉 시대별 마당씻이 소리 변화

년도	마당씻이 소리
1965년	축원고사덕담(비나리) 없음
2003년	선고사 없음, 뒷염불(후고사) 소리 있음
2018년	선고사 소리, 뒷염불 소리

1965에는 마당씻이에서 축원고사덕담(비나리)이 사라졌다. 2003년에

는 선고사 없이 뒷염불(후고사)만 하였다. 2018년에는 선고사와 뒷염불 모두 소리를 하고 있다.

〈표 6〉 시대별 마당씻이에서 배역의 명칭변화

년도	마당씻이(배역) 명칭
1965년	악기를 지칭 + 태평소 투입
2003년	4명(꺽쇠, 장쇠, 먹쇠, 멍쇠)
2018년	4명(꺽쇠, 장쇠, 먹쇠, 멍쇠)

1965에는 마당씻이의 명칭이 악기를 지칭하는 것이었으며 태평소가 배역의 형태로 극에 투입되었다. 2003년과 2018년에는 배역이 4명으로 정립되었다.

〈표 7〉 시대별 샌님 소리 유무 변화

년도	샌님
1965년	팔도유람을 설명하면서 단가를 부름
2003년	소리하지 않음
2018년	말뚝이가 허튼 타령으로 소리함

1965에 샌님과장에서 샌님은 팔도유람을 하면서 단가를 부르나 2003년과 2018년에는 샌님이 소리하는 대목이 빠졌다. 2018년에는 샌님과 말뚝이가 조우하는 장면에서 말뚝이가 허튼 타령으로 소리한다. 시대별 영상을 비교한 결과 1965년 영상을 복원 전승하는 의미로 남사당의 덧뵈기는 샌님과장에서 샌님이 팔도유람을 하면서 단가를 부르는 대목이 시급히 복원될 필요성이 있다.

셋째, 덧뵈기에 나타난 춤사위의 양상도 변화되고 있는데 배역춤에서는 투박하고 거친 춤사위가 섬세하고 부드러워지고 있다. 합동춤의 경우 닭이똥사위, 방아사위, 신호가락에 맞춰 넘기는 춤사위, 어르기 등의 춤사위들의 방향이 2003년과 2018년 다르게 나타난다. 따라서 남사당의 덧뵈기는 전승 주체자로서 통일된 교안과 올바른 전승교육이 시급하게 이루어져야 한다.

⟨표 8⟩ 시대별 배역춤 · 합동춤 춤사위 변화

년도	배역춤 춤사위	합동춤 춤사위
1965년	춤사위가 투박하고 거침	기록 없음
2003년	섬세하고 부드러운 특징	닭이똥사위, 방아사위 신호가락에 맞춰 넘기는 춤사위 어르기의 순서가 2018년과 다름
2018년	섬세하고 부드러운 특징	닭이똥사위, 방아사위 신호가락에 맞춰 넘기는 춤사위 어르기의 순서가 2003년과 다름

넷째, 탈의 모양과 크기, 배역들의 소품들이 시대별로 차이를 보인다.

⟨표 9⟩ 시대별 탈모양과 의상과 소품의 변화

년도	탈 모양	의상과 소품
1965년	윤곽이 뚜렷 강인한 모습	피조리 – 한삼 착용
2003년	부드럽고 온화한 모습	한삼 미착용
2018년	부드럽고 온화한 모습	피조리 – 한삼 착용

탈의 모양은 1965년에는 대체로 윤곽이 뚜렷하고 강인한 모습을 지니고 있으며, 눈가 주변이 검게 번져 있어 포악한 형태를 띠고 있었으

나, 2003년과 2018년의 탈들은 대체로 부드럽고 온화한 느낌이다. 그리고 2003년 이후의 탈들을 살펴보면 같은 탈인데도 불구하고 얼굴바탕이나 모양이 큰 차이를 보이고 있으며, 같은 배역탈임에도 불구하고 바탕색이 다르게 채색된 경우가 많은 것으로 나타났다.

그리고 의상과 소품의 경우에는 마당씻이 과장에서 상모 종류와 착용 여부가 시대별 차이를 보이고 있으며, 소품의 크기와 형태가 각각 다르게 나타났다. 또한 샌님과장의 말뚝이의 벙거지 모양도 취발이, 노친네의 탈복 색깔도 시대별 각각 다르게 나타났다. 1965년과 2018년에는 피조리가 한삼을 착용하고 있으나 2003년에는 피조리가 한삼을 착용하지 않는 등 통일성이 없는 것으로, 이는 전승체계가 제대로 이루어지지 않고 있거나 공연 요소에 필요한 소품 관리 등이 제대로 이루어지지 않는 등 전승교육에 필요한 교안 등의 부재로 볼 수 있다.

다섯째, 덧뵈기에 사용되는 음악적 요소의 변화이다. 1965년과 2018년에는 덧뵈기 반주에 사물악기와 태평소가 사용되었고, 2003년의 덧뵈기 음악의 반주는 쇄납, 쇠, 장구, 북, 징, 해금, 대금, 피리 등 삼현육각으로 이루어져 있다.

〈표 10〉 시대별 음악적 요소의 변화

년도	반주 악기
1965년	사물악기, 태평소
2003년	쇄납, 쇠, 장구, 북, 징, 해금, 대금, 피리 등 삼현육각
2018년	사물악기, 태평소

지금까지 시대적 흐름에 따른 변화들을 분석한 결과 남사당의 덧뵈기에서 '연행시간의 차이', '연행 양상의 변화', '춤사위의 변화', '탈 모양의 크기 및 소품 차이', '음악적 요소의 변화'가 나타나고 있음을 밝혀내었다. 본 논문을 통해 보유자 등 전승자 및 교육자가 존재한다고 하더라도 시간과 환경의 변화에 따라 무형문화재, 특히 구전에 의해서 전해지는 남사당의 덧뵈기 등 무형문화재는 교육과 전승에 왜곡과 주관적 변화가 일어날 수 있음을 보여주고 있다.

　이를 위해 인간문화재와 전승자들은 보존과 전승을 위해 무형문화재의 기록과 교재 등을 제작하므로써 원형에 가까운 표준과 기준을 세울 필요가 있을 것으로 보인다. 그리고 인간문화재와 전승자들은 남사당의 덧뵈기 등의 전승과 교육 시 영상 및 미디어 등의 보조교재를 활용하여 가능하면 변화와 왜곡을 최소화시키는 노력 역시 필요할 것으로 보인다.

　이상과 같이 덧뵈기 연행 양상은 시대적 특징에 따라 많은 차이를 보이고 있다. 현재 남사당의 덧뵈기를 연행하고 있는 남사당은 오랜 역사를 지닌 종합 연희단체로서 보다 원형에 가까운 연행으로서 남사당의 덧뵈기를 재구축함으로써 덧뵈기 전승의 체계적이고 올바른 계승을 위해 보존회의 체계적인 관리와 시스템을 구축하는 등 전승교육에 필요한 교육자와 전수자 육성에 힘써야 할 것이다.

제4장

덧뵈기의
탈

01

본산대놀이 계통
탈놀이의 탈 특징

신라시대부터 전승되어 온 본산대놀이는 궁중의 벽사진경을 목적으로 한 경우가 많아 나례의식의 경우 역귀를 쫓는 무서운 얼굴을 하고 있다. 신라시대부터 나례의식에 연행된 처용무에 나오는 처용처럼 역귀를 쫓는 이방인의 얼굴에 무서운 춤을 추는 형태로 구성되어 있다.

통일신라시대 최치원이 쓴 「향악잡영(鄕樂雜詠)」에 나오는 놀이꾼의 경우 "황금색의 큰 탈을 쓰고 손에는 구슬 채찍을 들고 역귀를 쫓는 무서운 춤"을 추고 있다고 적고 있다.

본산대탈놀이 계통의 탈놀이의 경우에도 퇴치해야 할 양반과 중은 역병에 걸린 것처럼 언청이, 옴탈 등 흉한 모습을 하고 있으며 이들을 쫓아내는 말뚝이 등 하인들은 처용이 악귀를 쫓아내듯 강하고 현명한 형태로 표현되고 있다. 이는 처용이 역귀를 내쫓는 내용과 사뭇 유사하다.

또한 본산대탈놀이에서 역귀를 내쫓는 것은 말뚝이뿐만 아니라 사자가 등장하기도 한다. 사자가 등장해서 무당이 한 것 같은 방울소리를 울리며 지신밟기를 하면서 역귀를 물리치는 내용도 이와 유사한 구조라고 할 수 있겠다.

고려시대에는 연등회, 팔관회 등에 산대를 설치하고 산대희를 진행하면서 본격적인 나례의식을 치렀다. 고려 말 이색의 「구나행(驅儺行)」은 12지신과 진자(侲子)들이 역귀를 쫓는 내용이며 후반부에는 구나의식 후 사자무, 처용무, 줄타기, 인형극 등의 가무백희를 벌이는 모습을 기록하고 있다. 역시 처용무와 사자무 등을 이용해서 나례를 하는 모습이다. 또한 「구나행(驅儺行)」에는 '오방귀무(五方鬼舞)'를 쫓고 놀이판을 정화하고자 하는 내용이 나오는데 이는 다섯 방위에 있는 악귀들을 청, 적, 황, 백, 흑색의 의상을 입은 연행자가 처용 탈을 쓰고 춤을 추며 물리치는 내용이다. 이는 향후 남사당의 덧뵈기는 물론 진주오광대 등 다섯 방위에 있는 악귀들을 쫓아내는 탈놀이의 시원이 된 것으로 유추할 수 있다. 이후 전통문화에서 흔히 사용되는 오방색 역시 '오방귀무'에서 비롯된 것으로 추측할 수 있다.

조선시대에는 나례의식 중 중국사신을 영접하는 산대희가 별도로 있었으나 모두 벽사진경의 의식은 포함되어 있었다. 성현의 「용재총화」에 의하면 "나례의식은 관상감(觀象監)이 관장했으며, 섣달그믐 전날 밤에 창덕궁과 창경궁 뜰에서 붉은 옷에 탈을 쓴 악공 한 사람이 음악을 연주하면, 황금빛 네 눈 가면에 곰 가죽을 쓴 방상인 네 사람이 창을 잡고 서로 친다. 이때 판관(判官) 5명은 붉은 옷과 탈과 화립(畵笠)을 쓰고, 다른 판관(判官) 5명은 푸른 옷과 탈과 화립을 쓰고, 조왕신 4명은 푸른 도포, 복두(幞頭), 목홀(木笏)에 탈을 쓰고, 젊은 처자 몇 사람은 여삼(女衫)을 입고 탈을 쓰고 치마저고리 모두 붉은 색으로 하고, 손에는 긴 장대를 잡는다." 이들은 모두 탈을 쓰고 소리를 지르고 악귀들을 협박하므로 악귀들을 물리치는 내용이 나온다.

조선시대 후기 임진왜란 이후 산대희가 금지되거나 축소됨에 따라 궁중의 의금부에서 주관기관이 포도청으로 이관되었고, 1824년 재인청 설립 이후에는 재인들이 자치적으로 운영하는 기관으로 주관기관이 민간화되었을 것으로 보인다. 민간화 이후에는 대규모 장시 및 대형 절의 후원으로 수륙재 등의 불교행사에 연희를 행하거나 전국 각지를 돌면서 동제와 민가의 행사 등에 참여하면서 민가에서 선호하는 해학적인 풍자를 추가하게 되었고, 그러면서 본산대 계통의 탈놀이와 탈 모양은 마을 굿 계통의 탈놀이 연행구조와 탈 모양이 서로 섞였을 가능성이 있다.

남사당의 덧뵈기는 1과장과 2과장이 연결된 내용으로 구성되었으며, 3과장과 4과장은 1~2과장과 전혀 다른 내용으로 마을굿 계통의 탈놀이와 유사한 내러티브와 구성으로 되어 있다.

따라서 본산대 계통의 탈놀이의 대표격인 남사당의 덧뵈기 탈과 마을굿 계통의 탈놀이의 대표격인 안동하회별신굿탈놀이의 탈을 비교해 보았다.

〈남사당의 덧뵈기 탈〉

	꺽쇠	장쇠	먹쇠	멍쇠	옴탈
1～2 과장					
	샌님	할미(노친네)	말뚝이 1	말뚝이 2	피조리 1
3～4 과장					
	피조리 2	먹중	상중	취발이	

전승되어 오는 남사당의 덧뵈기의 탈은 총 13개이나 배역에 따라서 추가하기도 한다. 그에 비해 안동하회별신굿탈놀이의 탈은 9개가 전승되어 내려오고 있다.

남사당의 덧뵈기와 안동하회별신굿탈놀이의 탈이 다른 점은 첫째, 탈의 소재와 모양으로 외형으로만 보아도 남사당의 덧뵈기는 바가지 위에 종이 찐 것을 붙이고 눈과 코 등 얼굴의 요철을 뚫고 아교단청으로 색

〈안동하회별신굿탈놀이 탈〉

	각시	백정	할미	
1~4 과장				
	중	부네		
5~6 과장				
	양반	초랭이	선비	이매

을 입힌 것을 알 수 있다. 그에 비해 안동하회별신굿탈놀이의 탈은 직접 나무를 깎아 만든 목공 탈임을 알 수 있다.

둘째, 남사당의 덧뵈기 탈은 1과장과 2과장이 한 세트처럼 같은 내러티브를 갖고 있고 이와 완전 다른 내러티브의 3과장과 4과장이 한 세트로 되어 있어서 전체적으로는 덧뵈기 탈놀이는 크게 2개의 과장으로 되어 있는 것 같다. 이 중에서 1~2과장에서 등장하는 꺾쇠 · 장쇠 · 먹쇠 ·

멍쇠가 악기를 연주도 하면서 탈 위에 상모를 쓰고, 연주도 하면서 동시에 상모돌리기도 한다. 물론 하회탈놀이에서는 그렇게 하지 않는다. 이는 마을굿 계통의 연행과 달리 본산대 계통의 탈놀이의 연행자들이 전문재인들로서 전문적인 기량을 보여줄 필요가 있기 때문에 전승되어 온 탈 의상이 되었을 것이다.

셋째, 안동하회탈별신굿탈놀이가 마을의 안녕과 풍농 기원을 목적으로 하므로 탈놀이 초반에 마을을 지키는 서낭신을 축제장으로 모시고 오면서 시작되고, 후반부에 신방을 차리는 것으로 마무리를 한다. 이에 비해 남사당의 덧뵈기는 특히 1과장과 2과장에 나례의식이 집중되어 있고, 옴을 내쫓고 불교의식인 비나리로 축원을 하는 내용은 두 탈놀이의 근원과 탄생 목적이 서로 달랐다는 것을 증명하고 있는 것이다.

넷째, 하회탈의 세력가들은 입이 뚫려 있어서 대사가 가능하나 여성이거나 신분이 낮은 배역은 입이 막혀 있어서 대사가 없는데, 이는 당시 입이 있어도 말을 못하는 신분제 사회를 대변한다고 한다. 이에 비해 덧뵈기는 전문 연행자들이 춤과 노래 대신에 재담 중심으로 연행해야 했으므로 대부분의 탈이 입이 뚫려 있어서 재담과 애드리브가 가능했을 것으로 보인다.

남사당의 덧뵈기와 안동하회별신굿탈놀이가 유사한 점은 세 가지로 볼 수 있다.

첫째, 두 탈놀이의 후반부에 등장하는 등장인물들이 유사하다. 남사당에 등장하는 샌님, 할미, 말뚝이, 피조리, 취발이, 먹중, 상중은 하회탈놀이의 양반, 선비, 할미, 초랭이, 부네, 이매, 중 등의 인물들과 공연에서 매우 유사한 역할을 하고 있다. 이는 남사당의 덧뵈기가 1~2과장의 나례의식 중심으로 전승된 것과 달리 조선시대 이후 전국을 다니면서 연행하는 동안 마을굿 계통의 탈놀이 내러티브 중에서 대중이 선호하는 과장을 추가해서 넣었기 때문이 아닌가 추측한다.

〈남사당 덧뵈기와 안동하회별신굿탈놀이 역할 비교〉

남사당 덧뵈기	안동하회별신굿탈놀이
샌님	양반, 선비
할미(노친네)	할미
피조리	부네
먹중, 상중	중
말뚝이	초랭이
취발이	이매

둘째, 근원이 다른 두 탈놀이가 서로 유사한 점은 두 탈놀이의 후반부 과장들의 구조가 거의 유사하다는 사실이다. 특히 덧뵈기의 3~4과장의 구성인 양반과 노친네가 등장하고 노친네가 신세한탄을 하고 하인인 말뚝이가 등장하여 양반을 희롱하고 양반과 먹중은 피조리를 두고 서로 다투다가 먹중이 이겨서 피조리를 차지하다가 결국은 취발이가 먹중을 몰아내고 피조리를 차지하는 내용은, 안동하회별신굿탈놀이의 5과장에서는 중이 부네에게 반해서 함께 도망을 가거나, 6과장에서는 양반과 선비가 서로 다투다가 화해하고 부네와 하인 초랭이까지 함께 어울려서 춤을 추는 내용과 유사하다. 본산대 계통의 탈놀이인 남사당의 덧뵈기가 조선 초기 궁중에서 연행할 경우에는 양반에 대한 조롱이나 수륙재

중에 대형 절의 후원으로 공연했을 경우에는 타락한 중과 불교에 대한 풍자를 할 필요성이 없었겠지만, 조선 시대 이후 전국을 떠돌면서 민가 연희와 동제, 장시 등 흥행을 목적으로 할 경우 당시 민중들이 좋아할 내용이 필요했을 것이다.

셋째, 남사당의 덧뵈기 탈은 안동하회별신굿탈놀이처럼 탈이 전승되어 내려오는 것이 아니라 전국을 돌면서 필요에 의해서 만들어지는 것이므로 표준화된 모델이 있는 것은 아니다. 그러나 배역마다 저마다의 특징이 있다. 옴탈은 얼굴에 옴이 옮은 붉은 얼굴이며 서역인처럼 생겼고, 취발이는 머리카락이 하나 내려와 있고, 취발이는 술이 취한 붉은 얼굴에 머리카락이 많다. 그리고 마을굿 계통의 탈과 마찬가지로 하회탈보다는 약하지만 양반과 중 등 세력가들을 희화화하여 제작하였고 말뚝이, 취발이 등은 영민하고 재치 있게 제작되어 양반을 골탕 먹이는 역할을 하게 하였다. 특히 마을굿 계통에는 역할이 없는 옴탈은 마치 역병이나 악귀처럼 표현하므로 퇴치해야 할 대상으로 제작되었다. 이를 사물놀이 혹은 대중의 힘으로 오방귀무로 퇴치하므로 보는 관객들에게 심리적 안정과 카타르시스를 느끼게 만들었다.

02

덧뵈기
전승탈

덧뵈기 1과장-마당씻이〈꺽쇠 1〉

이미지		탈 정보	
		탈 이름	꺽쇠
		탈 사이즈 (가로cm X 세로cm)	22cm x 25cm
		탈 색상	연살구색
		색상번호	F9DEC1
착용사례	전		후
	좌		우

〈꺽쇠—상세정보〉

생김새특징	이마	상모	이마주름	4개
	눈썹		눈 크기	대
	눈주름	좌우 3개	눈밑주름	없음
	눈꼬리	중	코	중
	팔자주름	좌우 1개	콧구멍	있음
	콧수염		입	
	턱수염	있음	입밑 주름	없음
	광대	없음		
소품	소품구성	꽹과리, 너슬, 미투리(짚신), 쇠채, 붉은 띠	의상구성	탈복, 상모
	꽹과리	너슬길이 100cm 채길이26cm 지름 23cm	꽹과리재원	꽹과리지름: 23cm 채길이: 26cm 너슬길이: 100cm
	종이상모	길이:20cm 진자+날개길이: 45cm 지름30cm	종이상모재원	상모지름: 30cm 진자+물채길이: 45cm 종이채길이: 20cm
	붉은 띠	폭길이: 33cm 총길이:420cm	붉은띠재원	총길이: 420cm 폭길이: 33cm
의상	탈복	어깨68cm 소매길이150cm 총광이106cm 73cm 소매폭26cm 밑단길이 90cm	탈복재원	총길이: 106cm 소매길이: 150cm 소매폭: 26cm 어깨길이: 68cm 밑단길이: 90cm
비고				

〈장쇠〉

이미지		탈 정보	
		탈 이름	장쇠
		탈 사이즈 (가로cm X 세로cm)	23cm x 31cm
		탈 색상	분홍색
		색상번호	A84A4B
착용사례	전		후
	좌		우

〈장쇠-상세정보〉

생김새특징	이마	상모	이마주름	4개
	눈썹		눈 크기	대
	눈가주름	좌우 3개	눈밑주름	좌우 2개
	눈꼬리	중	코	중
	팔자주름	좌우 1개	콧구멍	있음
	콧수염	있음	입	붉은색, 검정테두리
	턱수염	있음	입밑 주름	없음
	광대	없음		
소품	소품구성	장구, 장구채, 미투리(짚신), 붉은 띠	의상구성	탈복, 상모, 버선
	장구		장구재원	지름: 50cm 길이(폭): 48cm
	상모		상모재원	상모지름: 30cm 진자길이: 20cm 문패(총)길이: 66cm
	붉은 띠		붉은띠재원	총길이: 420cm 폭길이: 33cm
의상	탈복		탈복재원	총길이: 106cm 소매길이: 150cm 소매폭: 26cm 어깨길이: 68cm 밑단길이: 90cm
비고				

〈먹쇠〉

이미지		탈 정보	
		탈 이름	먹쇠
		탈 사이즈 (가로cm X 세로cm)	27cm x 31cm
		탈 색상	주홍색
		색상번호	e87347
착용사례	전		후
	좌		우

〈먹쇠-상세정보〉

생김새특징	이마	상모	이마주름	3개
	눈썹		눈 크기	대
	눈가주름	좌우 3개	눈밑주름	좌우 1개
	눈꼬리		코	중
	팔자주름	좌우 1개	콧구멍	있음
	콧수염		입	
	턱수염	있음	입밑주름	없음
	광대	없음	미간주름	있음
소품	소품구성	북, 북채, 미투리(짚신), 붉은 띠	의상구성	탈복, 상모, 버선
	북	44cm / 36cm	북재원	북지름: 44cm 채길이: 36cm
	상모	진자 길이: 20cm / 몰패길이: 66cm	상모재원	상모지름: 30cm 진자길이: 20cm 문패(총)길이: 66cm
	붉은 띠	폭길이: 33cm / 총길이: 420cm	붉은 띠 재원	총길이: 420cm 폭길이: 33cm
의상	탈복	어깨68cm / 총길이106cm / 소매길이150cm / 73cm / 밑단길이 90cm / 소매폭26cm	탈복재원	총길이: 106cm 소매길이: 150cm 소매폭: 26cm 어깨길이: 68cm 밑단길이: 90cm
비고				

〈멍쇠〉

이미지		탈 정보	
		탈 이름	멍쇠
		탈 사이즈 (가로cm X 세로cm)	32cm x 33cm
		탈 색상	연분홍
		색상번호	cc8887
착용사례	전		후
	좌		우

〈멍쇠–상세정보〉

생김새특징	이마	상모	이마주름	4개
	눈썹		눈 크기	대
	눈가주름	좌우 3개	눈밑주름	좌우 1개
	눈꼬리	하	코	중
	팔자주름	좌우 1개	콧구멍	있음
	콧수염	있음	입	
	턱수염		입밑주름	없음
	광대	없음	미간주름	있음
소품	소품구성	징, 징채, 미투리(짚신), 붉은 띠	의상구성	탈복, 상모, 버선
	징		징재원	징 지름: 40cm 북채길이: 28cm 너슬길이: 50cm
	상모		상모재원	상모지름: 30cm 진자길이: 20cm 문패(총)길이: 66cm
	붉은 띠		붉은띠재원	총길이: 420cm 폭길이: 33cm
의상	탈복		탈복재원	총길이: 106cm 소매길이: 150cm 소매폭: 26cm 어깨길이: 68cm 밑단길이: 90cm
비고				

덧뵈기 2과장-옴탈과장 〈꺽쇠〉

이미지		탈 정보	
		탈 이름	꺽쇠
		탈 사이즈 (가로cm X 세로cm)	22cm x 25cm
		탈 색상	연살구색
		색상번호	F9DEC1
착용사례	전		후
	좌		우

생김새특징	이마	상모	이마주름	4개
	눈썹		눈 크기	대
	눈가주름	좌우 3개	눈밑주름	없음
	눈꼬리	중	코	중
	팔자주름	좌우 1개	콧구멍	있음
	콧수염		입	
	턱수염	있음	입밑주름	없음
	광대	없음		
소품	소품구성	꽹과리, 너슬, 미투리(짚신), 쇠채, 붉은 띠	의상구성	탈복, 상모
	꽹과리		꽹과리 재원	꽹과리지름: 23cm 채길이: 26cm 너슬길이: 100cm
	종이상모		종이상모 재원	상모지름: 30cm 진자+물채길이: 45cm 종이채길이: 20cm
	붉은 띠		붉은띠 재원	총길이: 420cm 폭길이: 33cm
의상	탈복		탈복재원	총길이: 106cm 소매길이: 150cm 소매폭: 26cm 어깨길이: 68cm 밑단길이: 90cm
비고				

〈옴탈〉

이미지		탈 정보	
		탈 이름	옴탈
		탈 사이즈 (가로cm x 세로cm)	29cm X 34cm
		탈 색상	와인색
		색상번호	9c333b
착용사례	전면		후면
	좌		우

〈옴탈-상세정보〉

생김새특징	이마	떡시루		이마주름	4개
	눈썹			눈 크기	대
	눈가주름	좌우 3개		눈밑주름	없음
	눈꼬리	상		코	높음
	팔자주름	좌우 1개씩		콧구멍	있음
	콧수염	검정색		입	
	턱수염	없음		입밑주름	없음
	광대	없음		혹	얼굴 전체 있음
소품	소품구성	벙거지(짚으로 만든 벙거지), 짚신		의상구성	민복, 긴팔 더거리
	떡시루			재원	전체 지름: 34cm 원형기둥 둘레: 33cm 원형기둥 높이: 11cm 원형기둥 폭: 10cm 끈 길이(좌): 50cm 끈 길이(우): 46cm
의상				재원	어깨길이: 61.5cm 밑단 폭: 84cm 소매길이: 120.5cm 소매폭: 26cm 옷고름(좌): 52cm 옷고름(우): 60cm
비고					

덧뵈기 3과장–샌님과장 〈샌님〉

이미지		탈 정보	
		탈 이름	샌님
		탈 사이즈 (가로cm X 세로cm)	25cm X 32cm
		탈 색상	잿빛 연핑크
		색상번호	755151
착용사례	전면		후면
	좌		우

〈샌님—상세정보〉

생김새특징	이마	정자관		이마주름	6개
	눈썹	흰색(호랑이눈썹)		눈 크기	大
	눈가주름	3개		눈밑주름	2개
	눈꼬리	중간		코	낮음
	팔자주름	좌우 2개		콧구멍	있음
	콧수염	흰색		입	언챙이(빨강색의 검정태)
	턱수염	흰색		입밑주름	없음
	광대	없음			
소품	소품구성	뿔관(정자관), 지팡이, 장죽(긴 담뱃대), 부채, 짚신, 술띠		의상구성	흰색바지, 흰색저고리, 두루마리, 흰 버선
	뿔관 (정자관)			뿔관재원	하단 가로폭 길이: 26cm 1단 가로폭 길이: 38cm 2단 가로폭 길이: 35cm 3단 가로폭 길이: 28.5cm 전체높이: 50cm
	장죽 (긴담뱃대)			장죽재원	전체길이: 63cm
	지팡이			지팡이 재원	전체길이: 180cm 지팡이 폭: 8cm 손잡이 길이: 27cm 손잡이 우측폭: 5cm 손잡이 좌측폭: 3.8cm 손잡이 둘레:6cm
	부채			부채재원	전체 가로폭: 78cm 전체 높이: 43cm 높이: 40cm
	술띠			술띠재원	총길이: 388cm
의상	두루마기			두루마기 재원	총길이: 119cm 소매길이: 72cm 소매폭: 49cm 소매밑단길이: 50cm 어깨길이: 58cm 밑단폭: 96cm 고름(좌): 88cm 고름(우): 117cm
비고					

노친네

이미지		탈 정보	
		탈 이름	할미(노친네)
		탈 사이즈 (가로cm X 세로cm)	25cm X 31cm
		탈 색상	연주황
		색상번호	eed0aa

착용사례	전		후	
	좌		우	

〈노친네−상세정보〉

생김새특징	이마		이마주름	4개	
	눈썹		눈 크기	소	
	눈가주름	좌우 3개	눈밑주름	없음	
	눈꼬리	중	코	낮음	
	팔자주름	좌우 2개	콧구멍	있음	
	곤지	곤지 좌우 1개	입	빨간색의 검정띠	
	턱수염	없음	입밑주름	원형주름 4개	
	광대	없음			
소품	소품구성	미투리(짚신)	의상구성	검정치마(흰색치마), 흰 저고리, 속바지, 버선	
의상	저고리	소매폭 15cm / 어깨길이 cm / 총길이 45cm / 고름(우)100cm / 고름(좌)86cm / 가슴둘레40cm / 소매길이 65.5cm / 소매배래 20cm	저고리재원	총길이: 45cm 소매길이: 65.5cm 소매폭: 15cm 소매배래폭: 20cm 어깨길이: 50cm 가슴둘레: 40cm 옷고름(좌): 86cm 옷고름(우): 100cm	
	치마	허리 넌지름 44cm / 끈길이(장)82cm / 끈길이(단)72cm / 총 길이84cm / 밑단폭 넌지름 116cm	치마재원	총길이: 84cm 밑단폭: 116cm 허리폭: 44cm 끈 길이(장): 82cm 끈 길이(단): 72cm	
비고					

〈말뚝이 1〉

이미지		탈 정보	
		탈 이름	말뚝이 (1)
		탈 사이즈 (가로cm X 세로cm)	31cm x 34cm
		탈 색상	살구색
		색상번호	a7554a
착용사례	전		후
	좌		우

〈말뚝이 1-상세정보〉

생김새특징	이마	혹	이마주름	4개
	눈썹		눈 크기	대
	눈가주름	좌우 3개	눈밑주름	없음
	눈꼬리	중	코	낮음
	팔자주름	좌우 1개씩	콧구멍	있음
	콧수염	검정색	입	작음 / 주름 있음
	턱수염	검정색/듬성듬성	입밑주름	
	광대	툭 티어 나옴	혹	있음 1개
소품	소품구성	패랭이, 채찍, 버선, 짚신	의상구성	민복, 반팔더거리
	채찍		채찍재원	채 길이: 50cm 끈 길이: 46m
	초립동		초립동재원	전체 지름: 34cm 원형기둥 둘레: 33cm 원형기둥 높이: 11cm 원형기둥 폭: 10cm 끈 길이 좌: 28cm 끈 길이 우: 30cm
의상	반팔더거리		반팔더거리재원	총길이: 73cm 소매길이: 42cm 어깨길이: 16cm 밑단길이: 60cm 가슴둘레: 55cm
비고				

〈말뚝이 2〉

이미지		탈 정보	
		탈 이름	말뚝이 (2)
		탈 사이즈 (가로cm X 세로cm)	31cm x 34cm
		탈 색상	팥죽색
		색상번호	a7554a
착용사례	전		후
	좌		우

<말뚝이 2-상세정보>

생김새특징	이마	혹	이마주름	4개
	눈썹		눈 크기	대
	눈가주름	좌우 3개	눈밑주름	없음
	눈꼬리	상	코	낮음
	팔자주름	좌우 1개씩	콧구멍	있음
	콧수염		입	작음 / 주름 있음
	턱수염	검정색/듬성듬성	입밑주름	
	광대	툭 티어 나옴	혹	1개 있음
소품	소품구성	패랭이, 채찍, 버선, 짚신	의상구성	민복, 반팔더거리
	채찍		채찍재원	채 길이: 50cm 끈 길이: 46m
	초립동		초립동 재원	전체 지름: 34cm 원형기둥 둘레: 33cm 원형기둥 높이: 11cm 원형기둥 폭: 10cm 끈 길이(좌): 28cm 끈 길이(우): 30cm
의상	반팔 더거리		반팔 더거리 재원	총길이: 73cm 소매길이: 42cm 어깨길이: 16cm 밑단길이: 60cm 가슴둘레: 55cm
비고				

덧뵈기 4과장-먹중과장 〈먹중〉

이미지		탈 정보	
		탈 이름	먹중
		탈 사이즈 (가로cm X 세로cm)	41cm x 29cm
		탈 색상	팥죽색
		색상 NO	7c504d
착용사례	전		후
	좌		우

〈먹중 – 상세정보〉

생김새 특징	이마	붉은 혹 1개	이마주름	없음
	눈썹		눈 크기	대
	눈가주름	없음	눈밑주름	없음
	눈꼬리	중	코	상 / 콧등 붉은 점
	팔자주름	없음	콧구멍	있음
	콧수염	없음	입	붉은색, 검정테두리
	턱수염	없음	입밑주름	없음
	광대	없음	혹	이마 1개 , 볼(좌측) 1개
소품	소품구성	짚신, 송낙, 지팡이, 부채, 염주, 목탁	의상구성	재색바지, 재색저고리, 장삼, 버선
	송낙1,2	송낙1 송낙2	송낙1 재원	밑폭: 45cm 상단 폭: 5cm 전체 높이: 35cm
			송낙2 재원	밑폭: 24cm 상단 폭: 5cm 전체 높이: 30cm
	염주1, 2 염주1, 2	염주1 염주2	염주1 재원	염주1 길이: 150cm
			염주2 재원	염주2 길이: 191cm
	지팡이		지팡이 재원	전체길이: 63cm
의상	가사1		가사1 재원	가슴폭: 63cm 총장: 177cm 밑단 폭: 107cm 어깨길이: 61.5cm 소매길이: 68cm 소매폭: 52.5cm 옷고름(좌): 40cm 옷고름(우): 42cm

			가사2 재원	가슴폭: 63cm 총장: 110cm 밑단 폭: 94cm 어깨길이: 62cm 소매길이: 50cm 소매폭: 26cm 옷고름(좌): 88cm 옷고름(우): 104cm
의 상	가사2			
	저고리		저고리 재원	가슴둘레: 53cm 총장: 60cm 어깨길이: 50cm 소매길이: 120.5cm 소매폭: 26cm 손목폭: 19cm 옷고름(좌): 31cm 옷고름(우): 40cm
	바지		바지재원	총기장: 100cm 허리폭: 30cm 바지폭: 37cm 바지밑단폭: 20cm 밑위길이: 38cm 발목폭: 14cm
	홍가사		홍가사 재원	가로폭: 212cm 세로길이: 869cm 끈 길이: 70.5cm 끈폭: 4cm
	행전		행전재원	위 폭길이: 23cm 아래 폭길이: 18cm 총길이: 39.4cm 끈 길이(장): 28cm 끈 길이(단): 21cm
비 고		.		

〈상중〉

이미지	탈 정보	
	탈 이름	상중
	탈 사이즈 (가로cm X 세로cm)	28cm x 29cm
	탈 색상	살구색
	색상번호	e9d4c1

착용사례	전면	후면
	좌	우

〈상중 – 상세정보〉

생김새특징	이마	빡빡머리	이마주름	없음
	눈썹	︶ ︶	눈 크기	작음
	눈가주름	없음	눈밑주름	없음
	눈꼬리	하	코	소
	팔자주름	좌우 1개	콧구멍	있음
	콧수염	작음3개 / \	입	붉은색, 검정테두리
	턱수염	작음3개 / \	입밑주름	
	광대	없음		
소품	소품구성	목탁, 염주, 짚신	의상구성	민복, 반팔더거리
	목탁	25cm / 7cm / 8cm / 25.5cm	목탁재원	목탁전체길이: 25cm 목탁 아래손잡이 길이: 7cm 목탁 아래손잡이 폭: 8cm 채 길이: 25.5cm
	염주	150cm	염주재원	염주1전체길이: 150cm

의상	가사		가사재원	가슴폭: 63cm 총장: 177cm 밑단 폭: 107cm 어깨길이: 61.5cm 소매길이: 68cm 소매폭: 52.5cm 옷고름(좌): 40cm 옷고름(우): 42cm
	저고리		저고리 재원	가슴둘레: 53cm 총장: 60cm 어깨길이: 50cm 소매길이: 120.5cm 소매폭: 26cm 손목폭: 19cm 옷고름(좌): 31cm 옷고름(우): 40cm
	바지		바지재원	총기장: 93cm 허리폭: 20cm 바지폭: 37cm 밑위길이: 49cm 발목폭: 14cm
	행전		행전재원	위 폭길이: 23cm 아래 폭길이: 18cm 총길이: 39.4cm 끈 길이(장): 28cm 끈 길이(단): 21cm
비고				

〈취발이〉

이미지		탈 정보	
		탈 이름	취발이
		탈 사이즈 (가로cm X 세로cm)	32cm X 34cm
		탈 색상	와인색
		색상번호	96182e
착용사례	전		후
	좌		우

〈취발이-상세정보〉

생김새특징	이마	앞머리 있음	이마주름	4개
	눈썹		눈 크기	대
	눈가주름	좌우 3개	눈밑주름	없음
	눈꼬리	상	코	높음
	팔자주름	2개	콧구멍	있음
	콧수염		입	주름
	턱수염	있음	입밑주름	없음
	광대	많이 나옴		
소품	소품구성	미투리(짚신), 붉은 띠	의상구성	흰색바지, 흰색 저고리, 탈복, 버선
	붉은 띠	폭길이 33cm 총길이:420cm	붉은 띠 재원	총길이: 420cm 폭길이: 33cm
의상	탈복	소매길이150cm 옷깃6cm 총길이106cm 73cm 밑단길이 90cm	탈복재원	총길이: 106cm 소매길이: 150cm 소매폭: 26cm 어깨길이: 68cm 밑단길이: 90cm
비고				

〈피조리 1〉

이미지		탈 정보	
		탈 이름	피조리 1
		탈 사이즈 (가로cm X 세로cm)	23cm x 31cm
		탈 색상	진살구색
		색상번호	b87f6b
착용사례	전		후
	좌		우

〈피조리 1-상세정보〉

생김새특징	이마	연지 1개 / 앞머리 있음	이마주름	4개
	눈썹		눈 크기	소
	눈가주름	좌우 3개	눈밑주름	없음
	눈꼬리	하	코	낮음
	팔자주름	좌우 2개	콧구멍	있음
	곤지	좌우 1개	입	빨간색의 검정띠
	턱수염	없음	입밑주름	원형주름 4개
	광대	없음		
소품	소품구성	한삼(짧은 한삼), 댕기(머리)	의상구성	붉은 치마, 노랑저고리
	한삼	10cm 30cm 19cm	한삼재원	총길이: 30cm 밑단길이: 19cm 손목길이: 10cm
의상	저고리	소매길이65cm 어깨길이48cm 소매길이34cm 소매배래폭24cm 가슴둘레49cm 고름(우)96cm 고름(좌)86cm	저고리재원	총길이: 34cm 소매길이: 65cm 소매배래폭: 24cm 어깨길이: 48cm 가슴둘레: 49cm 옷고름(좌): 86cm 옷고름(우): 96cm
	치마	끈길이18cm 허리올레(반지름)50cm 총길이118cm 밑단 반지름 108cm	치마재원	총길이: 118cm 밑단폭: 108cm 허리폭: 50cm 끈 길이: 18cm
비고				

〈피조리 2〉

이미지	탈 정보	
	탈 이름	피조리 2
	탈 사이즈 (가로cm X 세로cm)	23cm x 293cm
	탈 색상	연살구색
	색상번호	cc976b

착용사례	전	후
	좌	우

〈피조리 2-상세정보〉

<table>
<tr><td rowspan="11">생김새특징</td><td>이마</td><td colspan="2">연지 1개 / 앞머리 있음</td><td>이마주름</td><td>4개</td></tr>
<tr><td>눈썹</td><td colspan="2"></td><td>눈 크기</td><td>소</td></tr>
<tr><td>눈가주름</td><td colspan="2">좌우 3개</td><td>눈밑주름</td><td>없음</td></tr>
<tr><td>눈꼬리</td><td colspan="2">중</td><td>코</td><td>낮음</td></tr>
<tr><td>팔자주름</td><td colspan="2">좌우 2개</td><td>콧구멍</td><td>있음</td></tr>
<tr><td>곤지</td><td colspan="2">곤지 좌우 1개</td><td>입</td><td>빨간색의 검정띠</td></tr>
<tr><td>턱수염</td><td colspan="2">없음</td><td>입밑주름</td><td>원형주름 4개</td></tr>
<tr><td>광대</td><td colspan="2">없음</td><td></td><td></td></tr>
<tr><td rowspan="3">소품</td><td>소품구성</td><td colspan="2">한삼(짧은 한삼), 댕기(머리)</td><td>의상구성</td><td>붉은 치마, 노랑저고리</td></tr>
<tr><td>한삼</td><td colspan="2">10cm · 30cm · 19cm</td><td>한삼재원</td><td>총길이: 30cm
밑단길이: 19cm
손목길이: 10cm</td></tr>
<tr><td rowspan="2">의상</td><td>저고리</td><td colspan="2">소매길이65cm 어깨길이48cm 총길이34cm 소매배래폭24cm 가슴둘레49cm 고름(좌)86cm 고름(우)96cm</td><td>저고리재원</td><td>총길이: 34cm
소매길이: 65cm
소매배래폭: 24cm
어깨길이: 48cm
가슴둘레: 49cm
고름(좌): 86cm
고름(우): 96cm</td></tr>
<tr><td>치마</td><td colspan="2">끈길이18cm 허리둘레 반자름50cm 총길이118cm 밑단 반지름 108cm</td><td>치마재원</td><td>총길이: 118cm
밑단폭: 108cm
허리폭: 50cm
끈 길이: 18cm</td></tr>
<tr><td>비고</td><td></td><td></td><td></td><td></td></tr>
</table>

03

덧뵈기
탈 제작과정

✺ 덧뵈기 탈 제작과정

덧뵈기에 사용되는 탈의 종류로는 1과장의 꺽쇠, 장쇠, 먹쇠, 멍쇠, 2과
장의 옴탈, 3과장의 샌님, 노친네, 말뚝이, 4과장의 먹중, 취발이, 상중,
피조리 1, 피조리 2, 합동무의 잡탈 등으로 구성되어 있다. 배역탈로는
총 13종으로 구성되어 있으나 먹쇠나 멍쇠는 잡탈[55]로 사용하기도 하며
잡탈은 주로 합동무에서 사용된다.

탈의 제작기법은 탈을 만드는 재료에 따라 명칭이 따라 붙게 되는데
탈의 재료를 살펴보면 나무, 바가지, 종이, 짚, 가죽 등이 사용되고 있으
며 이에 따라 탈의 분류를 나무탈(목탈), 바가지탈(호재탈), 종이탈(지탈)[56],
짚탈, 가죽탈(毛皮), 대나무탈(죽탈) 등으로 불린다.

〈남사당 덧뵈기 탈 제작과정〉

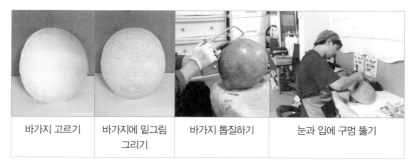

| 바가지 고르기 | 바가지에 밑그림 그리기 | 바가지 톱질하기 | 눈과 입에 구멍 뚫기 |

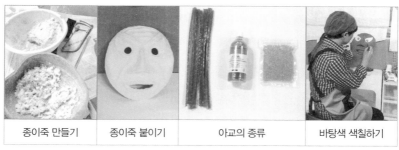

| 종이죽 만들기 | 종이죽 붙이기 | 아교의 종류 | 바탕색 색칠하기 |

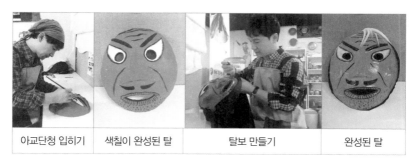

| 아교단청 입히기 | 색칠이 완성된 탈 | 탈보 만들기 | 완성된 탈 |

바가지탈은 현재 가락(駕洛)의 김해오광대 탈과 양주별산대 탈, 송파
산대놀이 탈, 수영야류 탈, 동래야류 탈 그리고 통영오광대 탈, 진주오
광대 탈을 비롯하여 대부분의 탈이 바가지탈이다. 이런 탈들로 인해 탈
은 흔히 탈바가지, 박탈 등으로 일컬어진다.[57]

바가지탈은 나무탈[58]에 비해 재료를 덧붙여 탈의 특징을 부각시키고 강조하지만, 입체적인 조형성은 떨어지나 제작과정이 편리하고 가볍다는 장점이 있다.

남사당의 경우 1900년대 초반까지만 해도 목탈(나무탈)을 주로 사용하였다고 하나 현재는 바가지탈을 사용하고 있다.[59] 바가지탈의 제작방법은 바가지에 탈(배역)의 얼굴 크기와 모양새를 잡아 연필이나 목탄 등으로 밑그림을 그리고 알맞은 크기로 톱질을 한다. 그리고 조각칼로 눈과 입 등에 구멍을 뚫고 거칠어진 부분은 사포 등을 사용하여 매끄럽게 다듬어 준다. 여기에 물에 불린 종이와 물풀을 혼합 반죽하여 바가지 위에 철요로 모양을 만들고 아교, 백분에 염료 등을 적당히 배합하여 채색작업으로 각 탈의 특징을 표현하는 방법과 바가지 전체에 한지를 바른 후 배역에 맞게 밑그림을 그리고 눈과 입을 잘라낸 후 눈, 코, 입, 눈썹 등의 윤곽을 붙여주고 다시 한지를 붙여 홈을 메워 주고 덧칠을 하는 방식이 있으나 남사당은 현재 전자(前者)의 방법에 의해 탈을 제작한다.

현재 남사당놀이보존회의 보유자 박용태의 탈 제작법은 남사당 선대예인 홍덕화, 남형우(남운용), 양도일, 최성구 선생님의 탈 제작에 대한 내용을 1960년에 배우고 익힌 제작과정[60]으로, 지금은 그의 제자 문진수와 남사당 대전지회에서 그 맥을 이어가고 있다.

배역에 따른 탈 제작도 및 제작과정

과장	배역	탈의 제작도	탈의 제작과정
마당씻이	기본 바가지		박 바가지를 만들고자 정한 탈의 크기와 모형에 따라, 원 둘레를 톱으로 잘라 다듬은 다음 칼을 이용하여 눈구멍과 입모양을 뚫는다. 탈 형태에 따라 창호지와 풀을 고루 배합하여 탈의 코, 볼, 입, 턱, 눈, 주름살을 만들어 붙인 다음 창호지로 탈 얼굴에 네, 다섯 번 정도 덧칠한다. 그리고 다음 아교 단청칠을 한 다음, 얼굴 그리기를 하고 털을 붙인다. 그런 다음에 탈보를 만들어서 붙이면 탈이 완성된다.
	꺽쇠		다른 탈과 마찬가지로 제작되며, 입 모양과 수염 형태가 세모꼴로 제작되는 것이 특징이다.
	장쇠		입이 넓게 벌려져 있고, 콧수염이 위로 솟구쳐 있다.
	먹쇠		먹쇠탈은 입이 작고 콧수염이 일자로 된 것이 특징이며 주름, 볼, 코 부위에 창호지와 풀로 이겨서 붙여서 만든다. 제작과정은 다른 탈과 동일하게 제작된다.

마당씻이	멍쇠		멍쇠탈은 말뚝이탈과 마찬가지로 약간 모자란 듯이 멍하게 제작하는 것이 특징이다. 제작과정은 다른 탈과 비슷하나 이마에 혹이 달려져 있어 말뚝이와 유사하다.
옴탈잡이	옴탈		옴탈은 붉은 얼굴에 얼굴 전체에 노란 점이 특징이며, 탈에 시루형태의 모자를 붙여서 제작한다.
샌님잡이	샌님		바가지 위에 창호지와 풀을 잘 이겨서 눈, 코, 입, 얼굴의 모양을 만든 다음 단청 색을 칠하고 눈썹과 수염을 붙인다. 탈이 완성되면 탈보에 정자관을 붙여서 제작한다.
	노친네		바가지를 노친네 모양에 맞도록 잘라서 구멍을 그림과 같이 뚫어 창호지와 풀을 잘 이겨서 노친네 모양을 각 부위에 부쳐 만든 다음, 아교단청과 채색을 하고 얼굴을 그린다. 노친네는 눈이 처지고 입이 비뚤어지고 얼굴 전체에 주름이 많이 나 있다.

샌님잡이	말뚝이		말뚝이 탈은 이마에 혹이 나 있으며, 광대뼈가 튀어나왔고, 눈썹이 거칠게 도드라져 있다. 입 꼬리가 승천하여 웃음의 형태가 특징이다. 만드는 법은 다른 탈과 같은 과정으로 제작되어진다.
먹중잡이	먹중		먹중탈은 다른 탈 보다 얼굴이 크고, 특이하게 생겼다. 얼굴에 혹이 이마와 볼에 두 개 있고, 입술부위가 크고 두툼하고 다른 탈에 비해 조금 큰 편이다. 만드는 과정은 앞 설명과 동일하게 만들어준다. 얼굴에 흑점이 많은 것이 특징이다.
	취발이		취발이 탈은 자주색 얼굴 바탕에 강인하고 근엄한 표정이며, 눈과 눈썹이 위로 솟구쳐 있고, 앞머리가 길게 내려져 있는데 이마 위에서 말총을 달아 만든다.
	상좌		표정이 생뚱하며 불만족스런 인상이며, 짧게 깍은 머리카락과 고깔을 쓰고 있는 것이 특징이다.

| 먹중잡이 | 피조리 1 | | 피조리탈의 제작과정은 다른 탈과 마찬가지로 제작되며, 피조리 탈의 특징은 젊은 여인의 형태로 얼굴에 연지곤지를 찍은 것이 특징이다. |
| | 피조리 2 | | 피조리 1과 동일하다. |

제 5 장

덧뵈기의
재담 및 가사

본산대놀이 계통
탈놀이 재담의 특징

삼국시대 중국과 서역으로부터 전래된 산대와 산악백희(散樂百戲)에는 곡예, 줄타기, 환술, 동물분장 가면희, 괴뢰희라고 불린 인형극, 가무희, 악기연주와 함께 골계희(滑稽戲) 혹은 우희(優戲)라는 재담 종목이 있었다 (정지은, 2011; 이보람. 2019). 골계희란 '익살스럽고 웃음을 자아내는 공연'이라는 뜻이며 우희는 말 그대로 웃기는 배우, 즉 희극배우 혹은 희극 연극을 뜻한다.

이미 삼국시대부터 흉내 내기, 왕에 대한 풍자, 관원에 대한 풍자 등이 이루어졌으며 전문 연희자들에 의해서 연행된 공연이 이루어져왔다. 당시 골계희를 시사희(時事戲)라고도 불렀는데 이는 시사적이고 풍자적인 내용이 많았기 때문이다(이보람. 2019). 사진실은 '공연문화의 전통'에서 '골계희는 배우가 직접 연기하며 일정한 인물이나 사건을 소재로 하여 재담으로 관중을 웃기고 풍자적이고 비판적이면서 어느 정도 즉흥적인 연극'이라고 정의했다. 삼국시대 최치원 등은 우희(優戲)에 대해서 묘사를 한 '월전(月顚)'이라는 시를 썼으나 우희를 하는 전문재인들이 탈놀이를 했는지는 알려지지 않고 있다.

　고려시대에는 골계를 전문으로 하는 전문재인을 우인(優人)이라고 부를 정도로 전문분야였으며, 나례의식이나 산대희 등에서도 공연되었으며 주유희(侏儒戲), 창우희(倡優戲), 걸호희(乞祜戲) 등 다양한 우희(優戲)가 벌어졌으며 고려시대 우희(優戲)는 궁중에 있는 전문재인들이 아니라 신하인 경우가 다수(이보람, 2019)였으며, 신궁 축조 등 축하할 자리나 유희를 즐기는 자리에서는 우희(優戲)가 빈번하게 벌어졌다. 그러나 조선시대와 달리 고려시대 우희는 나례의식이 아닌 길거리, 궁중연희, 사냥터, 절 등 대중적인 장소에서 광범위하게 벌어졌다(전경욱, 2003).

　조선시대의 나례의식에서 우희(優戲)는 매우 중요한 종목으로 궁중의 나례의식, 세시의 나례의식, 중국 사신의 영접행사, 문희연 등 품격 있는 장소에서 공연되었다(전경욱, 2003). 조선 초기 우희(優戲)의 내용은 연희자가 탐관오리들을 풍자하고, 파계승과 민가의 유자(儒者)[62]를 다 떨어진 옷과 찢어진 갓을 쓰고 온갖 추태를 연출하면서 천한 사람들로부터 모욕을 당하게 하면서 희롱하는 내용 등 흉내 내기와 재담 같은 우희(優戲)의 양식이 체계화를 갖춰서 전승되는 양상을 보이기도 한다(전경욱, 2003; 이보람, 2019). 특히 사진실은 자신의 책「한국연극사 연구(1997)」에서 "1754년에 나례가 폐지된 이후, 나례를 연희하던 연희자들이 궁정에서

하던 소학지희를 대신해서 민간에서 재담을 공연하게 되었고, 이 재담의 연희자는 전문적인 예능인"이었으며, 이보람(2012)은 "조선시대의 산대도감극의 연희자가 18세기 이후에는 웃음을 만들어 내는 방식이 흉내 내기, 극적 반전, 풍자, 조롱하기 등 체계화되었다"고 전한다. 전경욱은 「한국의 전통연희(2004)」에서 삼국시대의 산악백희 중 한 종목인 우희가 고려시대와 조선시대의 우희로 계승되었고 우희가 가면극, 재담, 만담, 판소리 등에도 영향을 미쳤을 것이라고 주장한다.

본산대 계통의 탈놀이와 마을굿 계통의 탈놀이의 웃음구조는 달리 나타나는데 본산대 계통의 탈놀이인 남사당의 덧뵈기의 경우에는 1~2 과장은 궁중의 나례의식이나 산대희의 전통을 이어받아 춤보다는 재담과 연기가 더 우세한 풍자극으로 '옴'이 상징하는 요귀·역병·외세 등 해로운 외부세력들과 꺽쇠가 대결하는 구도로 만들어지고 나례의식을 하기 위해서 장쇠, 멍쇠, 먹쇠를 불러 모으고 취군가락 등 군사적인 행동을 하면서 결국 꺽쇠는 옴을 물리치게 된다.

덧뵈기에 나타난 주관적 골계는 해학, 우월함, 기지, 풍자, 반어 등으로 나타나며 해학적인 면은 마당씻이과장과 샌님과장에 잘 나타나 있다.

- 마당씻이과장에 나타난 해학은 꺽쇠와 장쇠, 멍쇠, 먹쇠의 대화 등에서 서민들의 웃음 띤 관용구나 주고받는 농담, 얼굴타령 등에 잘 나타나 있고 샌님과장에서는 샌님과 할미의 대화 중 늙어서 구박하는 대화나 처녀성의 상실을 탓하는 장면에서 삶을 풍자하고, 말뚝이가 샌님을 우회적으로 비판하며 교육하는 면에서 해학을 담고 있다.

- 우월함은 1과장에서 장쇠와 먹쇠가 서로의 얼굴이 못생겼다고 서로 비하하거나, "먹뱅이 남사당패 똥구멍에 불이 붙었겠구나"라면서 타 남사당패 기량에 대해 대결구도를 만드는 것도 질투의 감정에 타인보다 상대적으로 '우월함'을 강조하면서 웃음을 유발시킨다. 장쇠와 먹쇠가 서로의 얼굴타령을 하고 서로 자기 얼굴이 우월하다고 하는 것은 2과장에 나오는 '옴'의 얼굴 타툼에 대한 복선을 깔아 주는 장치이다.
- 기지는 마당씻이과장에서 꺽쇠와 장쇠의 대화, 장쇠와 먹쇠의 대화, 꺽쇠와 멍쇠의 대화 등에서 자연스런 상황전개 속에 관중의 흥미를 끌어가며 분위기를 조성하고, 옴탈과장은 옴을 숨기기 위해 위기를 둘러대거나 자신의 흠을 장점으로 과하게 포장하는 것에 나타나 있으며, 샌님과장은 말뚝이가 샌님에게 절을 받기 위해 꾀를 내거나 위기에 직면해서는 적절한 언변 구사를 통하여 위기를 넘기고, 먹중과장에서는 먹중의 춤 공격을 취발이가 교묘하게 역이용하는 기지를 발휘하며 대립관계나 노출된 상황에서 골계를 느끼게 한다.
- 풍자는 옴탈과장에서 외국에서 들여온 무분별한 수입이나 문화 등이 사회적인 혼란을 야기시키는 경계를 꼬집고, 샌님과장은 부리던 하인 말뚝이와의 대립관계에서 서로의 입장이 전도되는 것을 통하여 신분에 대한 사회의식을 풍자하고 있으며, 먹중과장은 승려의 타락을 통하여 종교의 부패를 풍자하고 있다.
- 반어는 마당씻이과장에서 장쇠와 먹쇠의 얼굴타령, 옴탈과장에서는 벙거지를 의관이라고 하거나 옴을 중원에서 들여왔다고 자랑하는 장면, 샌님과장에서 말뚝이가 샌님의 대사를 곱씹는 등 언어적인 반어

와 상황적인 반어로 모른 척하면서도 빈정거리는 표현에 잘 나타나 있다.

본산대놀이 계통의 탈놀이와 달리 마을굿 계통의 탈놀이는 양반과 하인, 남자와 여자, 상중과 낮은 계급의 중 등 사회계급적인 대결구도를 보이고, 상대적으로 낮은 계급의 사람들이 높은 계급의 사람들을 '흉내내기, 희화화, 풍자, 비유, 반복, 전복'시키는 다양한 재담을 동원해서 웃음을 유발한다. 남사당의 덧뵈기의 3~4과장은 1~2과장과 달리 마을굿 계통의 탈놀이 재담 구조와 유사하다. 3과장은 샌님과 노친네, 샌님과 말뚝이의 대결구도가 펼쳐지고 상대적으로 신분이 낮은 말뚝이가 양반을 '조롱하고, 정체성을 반복시켜서 희화화하고, 시치미를 떼는 넉살과 양반이 하인에게 절을 하게끔 계급적 관계를 전복'시킴으로써 웃음을 유발하는 방식이다. 결국 영리한 대중이 부패하고 무능한 양반을 물리치고 대결에서 승리하게 한다.

4과장에서도 상대적으로 계급이 높은 먹중이 취발이와의 대결에서 패배한다.

마을굿 계통의 탈놀이의 목적인 마을의 안녕과 풍농을 빌기 위해서 성적결합을 상징하는 장치가 가미되어 있는데 남사당 덧뵈기 3과장에서는 샌님과 노친네라는 양과 음이 서로 결합하는 관계가 아니라 대결관계로 등장하였으나 4과장에 이르러 먹중과 피조리 2인과 성적결합을 하는 묘사를 통해 풍농과 풍어를 비는 마을굿 계통의 동제 및 탈놀이를 계승하고 있음을 보여주고 있다.

지금까지 살펴본 덧뵈기에 나타난 주관적 골계는 비판 대상인 옴탈,

샌님, 먹중과 같은 지배계층에 대해서는 노골적이거나 공격적인 강도 높은 골계로 나타나 있으며 피지배계층인 꺽쇠, 장쇠, 멍쇠, 먹쇠, 말뚝이, 취발이 등은 비판대상에 대해 풀어가는 해법으로 적극적이면서도 긍정적이고 부드러운 골계로 나타나는 특징을 보이고 있다.

1965년
〈국립영화제작소 채록본〉

◎ 1965년 〈국립영화제작소 기록필름〉 문진수 채록

- 출연자 : 양도일, 남형우, 박용태, 최성구, 최은창, 조송자, 박계순, 남기환,
  송순갑
- 악 사 : 지수문, 송복산

해설 63 남사당놀이의 다섯 번째 종목인 가면무극 덧보기는 폭 넓게 서민층에 뿌리박았던 대중오락극으로서, 무용이 주였던 해서지방 탈춤과 연극이 주였던 중, 남부지방의 것에 비해서 덧보기는 연극적인 요소가 더욱 짙은 것으로 보인다.

남사당 탈춤은 산대극계에서 파생된 것으로서 고구려의 탈춤으로써

서민 취향으로 윤색한 것으로 보인다. 이 탈춤에는 취발이, 말뚝이, 샌님 등 11개의 탈이 등장하며, 꽹과리, 장구, 징 등의 악기도 나온다.

첫째마당 〈마당씻이〉

꺽 쇠 : 어라~~~ 어라 제기랄, 안감네 똥독에 벌러덩 자빠질 것.
　　　여, 혼자 놀다보니까 싱겁구나! 야, 얘, 야 이놈아 징아 이리
　　　나오너라.

꺽 쇠 : 야, 이놈아.

먹 쇠 : 어!

꺽 쇠 : 우리 먹뱅이 말이다.

먹 쇠 : 그래

꺽 쇠 : 거기 잘 놀더라.

먹 쇠 : 아, 잘 놀지.

꺽 쇠 : 그러니까 우리 먹뱅이 한 번 이겨 보자구나!

먹 쇠 : 그렇지.

(꺽쇠와 먹쇠가 덩덕궁이를 치며 한판 논다)

꺽 쇠 : 얘, 얘, 얘. 틀렸다 틀렸어.

먹 쇠 : 뭐가 틀렸어?

꺽 쇠 : 빠졌다. 빠졌어.

먹 쇠 : 뭐가 빠졌나?

꺽 쇠 : 야, 징이 빠졌구나!

먹 쇠 : 징이 아니고, 장구가 빠졌다. 장구

꺽 쇠 : 징아, 아니 장구야 빨리 나와.⁶⁴

　　　　(먹쇠가 악을 연주하지 않고 바로 뛰어나온다.) 옳지!

　　　　야, 이놈아! 네(너) 말 들어봐.

먹 쇠 : 그래!

꺽 쇠 : 이놈의 먹뱅이 마당 한 번 논다.

(덩덕궁이 장단에 맞추어 다시 놀아준다)

먹 쇠 : 그렇지.

꺽 쇠 : (한판 놀다 말고) 야, 야, 야, 틀렸다. 둘이 노니까 틀렸어.

먹 쇠 : 싱겁다.

꺽 쇠 : 싱겁다.

먹 쇠 : 그래.

꺽 쇠 : 그러니까 우리가 먹병이니까 장구가 없어. 장구 이리 나오너
　　　　라, 이리 나와, 이놈아, 빨리빨리 나와. (장쇠가 뛰어나온다) 옳지,
　　　　옳지! 야, 이놈아 네 말 들어봐. 야, 이놈아 먹뱅이 말이여, 참
　　　　잘 놀데.

먹 쇠 : 먹뱅이 남사당패 잘 논다.

(꺽쇠, 멍쇠, 장쇠가 어우러져 덩덕궁이 장단에 한판 놀아준다)

꺽 쇠 : 야, 야, 야. 또 빠졌다. 또 빠졌다. 그 남사당패 먹뱅이가 참 잘
　　　　놀더라. 그러니까 또 북이 빠졌구나. 야, 북이나 한 번 불러야

지. 야, 인마! 이리와.(명쇠(북)와 태평소[65]가 함께 나온다)

꺽 쇠 : 옳지! 다 왔구나. 너그들(너희들) 다 알지? 먹뱅이 남사당패 한
번 이겨야 한단 말이여 이놈아.

(태평소, 꺽쇠, 먹쇠, 장쇠, 명쇠가 어울려 춤[66]을 추고 마당을 돌아서 퇴장[67]한다)

둘째마당 〈옴탈잡이〉

(첫째마당에서의 덩덕궁이 가락이 계속되는 가운데 꺽쇠[68]가 어깨춤을 추며 다시
놀이판 복판에 나온다)

꺽 쇠 : 어라~~~ 어라 제기랄, 안감네 똥독에 벌러덩 자빠질 것.

악 사 : 그래서!

꺽 쇠 : 야, 이것 봐라! 나 혼자 나와서 이렇게 떠들 거리니까 말이지.

악 사 : 어!

꺽 쇠 : 한 번 춤을 한 번 추는디

악 사 : 그래서!

꺽 쇠 : 금강산 춤을 추겠다. 절쑤, 절쑤, 절쑤, 얼쑤!

(장단에 맞추어 꺽쇠가 춤을 춘다. 꺽쇠가 춤을 추고 있으면, 잠시 후 옴탈[69]이 무
대 밖에서 춤을 추며 입장하고, 꺽쇠와 대무(隊舞)를 한다)

꺽 쇠 : 어라~~~ 어라 제기랄 것! 그런데,

악 사 : 그래!

꺽 쇠 : 자아, 저놈 봐라, 저놈 봐! 가만 있어, 가만 있어, 가만 있어, 어!
야, 인마! 이리와, 이리와, 이리와!

옴 탈 : (어눌한 목소리로 얼버무리며) 뭐, 이놈아, 뭐, 어, 어, 어.

꺽 쇠 : 인마! 이리와,

옴 탈 : 뭐, 이놈아!

꺽 쇠 : 인마! 아니, 뭐 얼굴이 이런 짐승이 왔냐?

옴 탈 : 내 얼굴이 어떻단 말이냐?

꺽 쇠 : 야, 이놈아 가만 있어, 가만 있어. 이놈아!
네 얼굴이 이렇게 생겼으면 뒷간 출입도 안하것다. 이놈아!

옴 탈 : 내가 네 얼굴 같으면 뒷간 출입 두 번도 안하것다. 이놈아!

꺽 쇠 : (옴탈의 벙거지를 잡으려 다가서며) 야, 야, 이놈아 가만 있어,

옴 탈 : (꺽쇠에게 대들며) 아, 이놈 봐라!

꺽 쇠 : 야, 이놈아! 가만 있어. 가만 있어. 어디서 떡시루 밑을 쓰고
나왔냐?

옴 탈 : (꺽쇠에게 대들며) 남의 의관을 보고 이놈아! 이 의관이 얼마짜린
데

꺽 쇠 : 아니, 의관이라니 이놈아, 어디서 떡시루 밑을 훔쳐 쓰고 나와
서.

옴 탈 : 아하! 이놈 보게.

꺽 쇠 : 아니 그런데, 말 들어봐라! 얼굴이 왜 그 모양으로 생겼냐? 우
툴두툴하고

옴 탈 : 내 얼굴이 어쨌단 말이냐? 이놈아!

꺽 쇠 : 이놈아, 얼굴이라는 것이 이런 내 얼굴같이 빳빳이 생기고, 이
거 봐라, 이거 봐! 가만 있어, 가만 있어!

옴 탈 : 에헤, 야, 이놈. 남의 얼굴을 가지고 이거 무슨 딴 짓을 하느냐?

꺽 쇠 : 내 네 얼굴 근본을 일러줄게. 들어봐라! 우툴두툴하고 우박 맞은 대추 같고, 벌레 먹은 삼잎 같고, 땜쟁이 발등 같고 이놈아.

옴 탈 : 아하. 내 얼굴 우툴두툴한 내력을 일러주마.

꺽 쇠 : 어!

옴 탈 : 봐라, 이놈. 저 중원 땅으로 들어갔것다. 뭐 가지고 나올 게 있던가, 호구별성 손님마마님을 뫼시고 나와서 내 얼굴이 요 모양이 됐다.

꺽 쇠 : 뭐, 손님마마!

옴 탈 : 어! 손님마마.

꺽 쇠 : 야 가만 있어. 가만 있어. 이놈아. 내가 진찰을 해봐야겠다.

옴 탈 : 뭐, 진찰이라?

꺽 쇠 : 가만 있어. 이놈아! 이놈이 우째(어째) 우툴두툴하고 특이하게 생겼냐.

옴 탈 : 아니, 이놈. 어디에다 손을 대느냐?

꺽 쇠 : 야, 이놈아. 우툴두툴해야 하고, 가만 있어, 가만 있어. 인마, 이리와. (옴탈의 얼굴을 위에서 아래로 훑어 내리며) 네 얼굴 검사 좀 해야겠다.

옴 탈 : 아니, 괘씸한, 남의 얼굴을. 고얀 놈 보게. 이놈. 허허!

꺽 쇠 : 아, 근데, 야, 이놈이 뭐, 이리 끈적끈적하냐?

옴 탈 : 뭐, 이리 끈적끈적하냐?

꺽 쇠 : 아니, 저놈이. 아니, 손이 왜 근질근질하지?

옴 탈 : 아하! 이놈.

꺽 쇠 : 가만 있어. 어디서 옴을 차독같이 묻히고 나왔나?

옴 탈 : 옴이라

꺽 쇠 : 옴.

옴 탈 : 옴.

(타령장단에 맞추어 꺽쇠와 옴탈이 대무(隊舞)를 하고 꺽쇠가 먼저 퇴장하고 이후에 옴탈이 퇴장한다. 장단을 끊지 않고 바로 샌님과 노친네 입장[70]한다)

셋째마당 〈샌님잡이〉

(굿거리장단에 맞추어 샌님과 노친네가 춤을 추며 입장한다. 악사석을 봐라 보며 부채를 흔들며 장단이 멈추고 극이 시작된다)

샌 님 : (불만이 가득한 말투로) 아, 아. 이 늙은이 뭐 하러 또 나왔어.

노친네 : 아니 영감 가는 데 할멈이 못 나와요?

샌 님 : 아니, 그래. 내놓으면 챙피하게 뭐 하러 따라다녀?

노친네 : 아, 왜 챙피해요?

샌 님 : 아, 참나! 그거. 정말. 왜, 이삿집 강아지 따라다니듯 졸졸 따라다니냔 말여 뭐, 때문에?

노친네 : 아니, 여보, 영감! 남 해가 댕기는 정시리 좀 보시오?

샌 님 : 얘들이 보면 욕한단 말이여.

노친네 : 욕은 무슨 욕을 해요.

샌 님 : (불만이 가득한 말투로) 아이구! 아이구! 주책바가지 들어가! 보기

싫어!

노친네 : 그래도 나는 좋으네요.

샌 님 : 아이구!

(악사가 샌님과 노친네를 보며)

악 사 : 여보, 영감. 뭐 하러 다니는 염감이요?

샌 님 : 날보고 뭣 하는 영감이냐구?

악 사 : 뭐하고 다니는 영감이요?

샌 님 : 허어! 난 다른 사람이 아니라, 나, 사실은 저 강진, 해남 관머
　　　리에 사는 퇴생원이란 사람이요.

악 사 : 그래서

샌 님 : 그래서, 내가 산천 경계를 구경삼아서 나온 사람이요.

악 사 : 그래서 어디어디를 구경했단 말이요.

샌 님 : 나더러 어디어디를…… 아이구, 나 이거, 마누라는 들어가.
　　　나, 일 좀 보게 쫌! 아이구, 챙피스러워서.

노친네 : 왜, 들어가요 왜? 같이 놀지 이렇게.

샌 님 : 자, 달리 나온 사람이 아니라, 산천 경계를 구경삼아서 나왔는
　　　데, 자, 소리나 한 번 할 테니 똑똑히 들어보시오.

(샌님이 단가 죽장망혜71를 부른다)

죽장망혜단표자(竹杖芒鞋簞瓢子)로 천리강산(千里江山) 들어가니

폭포(瀑布)도 장히 좋다마는 여산(廬山)이 여기로다

비류직하삼천척(飛流直下三千尺)은 옛말삼아 들었더니

의시은하낙구천(疑是銀河落九天)은 과연(果然) 허언(虛言)이 아니로다

그 물에 유두(流頭)하여 진금(塵襟) 씻은 후에

석경(石逕) 좁은 길로 인도(引導)한 곳을 나려가니

저익(沮溺)은 밭을 갈고 사호선생(四皓先生) 바둑을 둔다

기산(箕山)을 넘어들어 영수(潁水)로 내려가니

허유(許由)는 어찌하여 팔을 걷고 귀를 씻고

소부(巢父)는 무삼 일로 소 고삐를 거사렸노

창랑가(滄浪歌) 반기 듣고 소리 좇아 나려가니

엄릉탄(嚴陵灘) 여울물에 고기 낚는 어옹(漁翁)들은

양(羊)의 갖옷을 떨뜨리고 벗을 줄을 모르는구나

오호(嗚呼)라 세인기군평(世人棄君平) 미재(美哉)라

군평역기세(君平亦棄世)라 황산곡(黃山谷) 돌아드니 죽림칠현(竹林七賢)이
모였구나

영척(甯戚)은 소를 타고 맹호연(孟浩然) 나귀 타고 여동빈(呂洞賓)은 사슴 타고

두목지(杜牧之)를 보이랴고 백락천변(白樂川邊)을 나려가니 장건(張騫)의 승
사(乘槎)로다

맹동야(孟東野) 넓은 들에 와룡강변(臥龍崗邊) 내려가니 과연 선생(先生) 계
시는데

학창의(鶴氅衣) 흑대(黑帶) 띠고 팔진도(八陣圖) 축지법(縮地法) 흉장만갑(胸藏
萬甲)하여 두고

초당(草堂)에 앉아 조을며 대몽시(大夢詩)만 읊는구나

물외협경(物外狹逕) 다 버리고 탄탄대로(坦坦大路) 다시 찾아

문수(汶水)에 배를 타고 이천(伊川)으로 흘리저어 명도(明道)에게 길을 물어

염계(濂溪)로 나려가서 회암(晦庵)에 들어가니

성리대전(性理大全) 가례책(家禮冊)을 좌우에 벌여 놓고

사서삼경(四書三經) 예기(禮記) 춘추(春秋) 집주(集註)를 내계시니 호걸지풍(豪

傑之風)이요 성현지학(聖賢之學)이로다

고래천지기기천년(古來天地幾千年)이요 금성옥진(金聲玉振) 여기로다

강산풍경(江山風景) 매양 보니 풍월(風月)이나 하여 보자

음영완보석양천(吟咏緩步夕陽天)에 촌려(村廬)로 돌아오니

청풍(淸風)은 서래(徐來)하고 명월(明月)은 만정(滿庭)이라

강산풍경 이러하니 금지할 이 뉘 있으리

어화 벗님네야 빈천(貧賤)을 한치 말고 자락(自樂)하며 지내보세

악 사 : 아, 여보, 여보, 여보, 염감.

샌 님 : 어이!

악 사 : 어디어디를 다녔느냐를 물었지 누가 소리를 하라고했소?

샌 님 : 여보시오, 여보시오. 내가 이렇게 소리나 하러 다니는 사람이
아니고, 무얼 한 가지 잊어버리고 찾으러 나온 사람이요.

악 사 : 무얼 잊어버렸단 말이오.

샌 님 : 딴 걸 잃어버린 것이 아니라 내 슬하에 부리던 하인이 하나 있
는데, 하인이 나간 지가 발새(벌써) 스무 년(석삼년)이 다 되어서
도무지 들어오지 않아서 내가 하인 놈을 찾으러 왔소.

악 사 : 그 하인 그러면, 이름이 무엇이란 말이오?

샌 님 : 차아, 우리 하인 이름이 무어냐고? 하아, 옳지, 옳지, 알았소.
자, 여보쇼! 내가 짚고 다니는 지팡이를 땅에다 꽝하고 꼽아놓

으면 이것을 무어라고 부르오?

악 사 : 그거, 지팡이지 뭐요?

샌 님 : 뭐, 아니 아녀, 그게 아니고, 저 시골서 소를 들에서 들여 낼 때 그 소고삐를 잔뜩 붙들어다 가지고 땅에다 꽉꽉 박아놓으면 뭐라고 그러오?

악 사 : 그거 말뚝이 말이오.

샌 님 : 뭐, 말뚝이. 옳아, 옳아, 옳아. 우리 하인 이름이 바로 말뚝이요. 말뚝이. 그러면 우리 말뚝이가 이런데 나왔는지 모르니까 한 번 불러보것소.

악 사 : 한 번 불러보시오.

샌 님 : 한 번 찾아보겠소.

악 사 : 예, 예.

샌 님 : (헛기침하며 길게 소리를 뽑아서 부른다) 으흠. 예, 뚝아, 뚝아, 뚝아, 뚝아, 뚝아, 뚝아, 말뚝아.

악 사 : 아, 여보시오. 거 하인을 부르는 거요. 거 무얼 부르는 거요, 왜 길어요.

샌 님 : 아하, 너무 길게 불렀다고, 다시 한 번 불러보것소.

(짧게 끊어서 빠르게 부른다) 애, 뚝아, 뚝아, 뚝아, 말뚝아.

말뚝이 : (뛰어나오며) 말뚝인지 꼴뚜긴지, 다 나왔소.

(허튼 타령조로 소리를 한다) 샌님, 샌님, 큰 댁 샌님, 작은 댁 샌님, 샌님을 찾으려고 이리저리, 저리이리. 여기 와서 만나보니, 안녕하고, 절녕하고, 무사하고, 태평하고, 아래위가 빠꼼하고……

(말뚝이 채로 샌님을 머리를 '툭' 친다)

샌 님 : (큰 소리로 호통 치며) 어허, 저런 고얀 놈. 이놈! 너, 이놈! 이놈, 이놈, 샌님을 만났으면 절을 해야지. 이놈, 그게 무슨 소리야?

말뚝이 : 절이요, 절. 알았습니다.

샌 님 : 알았으면 해야 할 것 아녀?

말뚝이 : 예, 알았습니다. 저 새절, 덕절, 도곡사, 마곡사, 물 건너 봉황사, 합천 해인사……（끊어서 또박또박 대사한다） 이런 절 말이오.

샌 님 : (어이없는 표정으로) 이런, 그런 절 말고 어른을 만나면 절 할 줄도 모르냐? 이놈아!

말뚝이 : 아, 절 말이오. 난 몰라요.

샌 님 : 허, 요런 무식한 놈. 나, 이놈 가만 있거라! 너, 무식해서 절 모르는 모양이니까 나한테 절을 배워라. 어!

말뚝이 : 아, 절도 배웁니까?

샌 님 : 암만, 배워야지. 어른을 만나면 배우는 거니까, 꼭 절을 배워야 돼.
　　　　나 시키는 대로, 나 하라는 대로, 꼭 해야 된다.

말뚝이 : 한 가지도 빠짐없이

샌 님 : 그렇지.

말뚝이 : 부끄러워도 배우것슈.

샌 님 : 똑똑히, 지금부터 시작할 테니까, 똑똑히 봐라. 바짝 들어서 이놈.
　　　　자, 나하란 대로. (말뚝이와 나란히 서서) 으흠. 미륵님을 가로로 잡아라.

말뚝이 : 미륵님을.

샌 님 : 부채를 가로로 잡으란 말이다. 자, 번쩍 들어라.

말뚝이 : (샌님을 따라 흉내 내며) 번쩍 들어라.

샌 님 : 너, 이놈아. 들어라 소리는 안 하는겨. 이놈아.

말뚝이 : 야, 이놈아, 들어라 소리는 안 하는겨.

샌 님 : 허! 저런 고연 놈이 있는가.

말뚝이 : 허! 저런 고연 놈이 있는가.

샌 님 : 저 놈이 누굴 보고 고연 놈이래.

말뚝이 : 저 놈이 누굴 보고 고연 놈이래.

샌 님 : 야, 이놈아 그렇게 하는 게 아녀.

말뚝이 : 야, 이놈아 그렇게 하는 게 아녀.

샌 님 : 저런 죽으려고 환장한 놈이 있는가.

말뚝이 : 저런 죽으려고 환장한 놈이 있는가.

샌 님 : (말뚝이를 부채로 때리며) 저런 세상에 저런 나쁜 놈이 있을까

말뚝이 : (샌님에게 대들며) 저런 세상에 저런 나쁜 놈이 있을까

샌 님 : 이런 죽일 놈이 있나

말뚝이 : 이런 죽일 놈이 있나

샌 님 : 이런 나쁜 놈이 있나

말뚝이 : 이런 나쁜 놈이 있나

샌 님 : (말뚝이와 뒤엉켜 서로의 허리를 잡으며) 가만 있어, 내가 이놈을 죽여 버릴까?

(샌님과 말뚝이가 뒤엉켜 씨름을 하고, 노친네가 그 주위를 빙빙 돈다. 말뚝이는 샌님을 바닥에 내팽개치고 으스대며 한심한 듯 바라본다)

노친네 : (샌님을 일으켜 세우며) 아이고 영감.

아이고 영감. 이게 어쩐 일이여.

샌 님 : 아이고, 아이구. 똥구녕 뼈 부러졌다. 저런 죽일 놈을.

노친네 : 여보, 영감. 영감이 잘못이요.

샌 님 : 뭐? 내가 잘못이여?

노친네 : 하라는 말을 했으니 그러는 것 아녀.

샌 님 : 뭐, 아하! 내 하라는 대로 해서 그려.

노친네 : 하라는 말을 했으니 그러는 것 아녀.

샌 님 : 야, 야, 이놈아. 네가 미련한 것이 아니라, 내가 미련하다. 니가
미련한 게 아니라, 뭐 저놈이 하라는 대로 하라니까 날 미어 꼽
았다 이놈.(말뚝이를 가리키며) 야, 이놈. 이거 봐라! 야 이놈

(중간 생략하고 샌님과 말뚝이, 노친네가 춤을 추는 장면으로 전환된다.
말뚝이는 할미를 꼬드겨 함께 퇴장하고, 샌님은 혼자 춤을 추면, 이때 피
조리가 입장한다)

샌 님 : (피조리에게 호통 치며) 요, 이년들, 이거 뭣 하러 여기 나왔어?
어. 에그, 늙은 애비 노는 데 또 뭣 하러 나왔니, 집들도 안보
고. 야, 야, 야, 나는 들어갈 테니 너희들 여기서 난잡히 놀지
말고 바로 들어오너라. 으흠!

넷째마당 〈먹중잡이〉

(상좌와 함께 등장한다. 염불장단에 맞추어 춤을 추며 나온다)

취발이 : (등장) 어라, 어라 네기럴것, 안감내 똥독에 벌러덩 나자빠질
것.

악 사 : 그래서.

취발이 : 늙은 놈이 집안에 젊은이가 없어도 못살고, 젊은이 집안에 늙은이가 없어도 못살고.

악 사 : 그렇지.

취발이 : 저 늙은 놈이 잠시 떠났더니 그놈들이 말 잡아먹고, 장고 메고, 안 성가서 새 쇠 갈아다가 후루룩 삐죽 걸걸하는구나!

악 사 : 걸걸한다.

취발이 : 아, 늙은 놈이 잠시 떠났더니,

악 사 : 그래서

취발이 : 저, 홍제원을 넘어가서 이렇다는 기생이 양쪽 무릎에 앉아 한 잔 잡수, 두 잔 잡수 쪼르륵 이리 석 잔을 쪼르르륵 마셨더니,

악 사 : 그래서

취발이 : 당산 솔개비가 괴기 덩어리인 줄 알고 저리저리 얼쑤, 절쑤!

(장단에 맞춰 취발이와 먹중이 춤(隊舞)을 춘다)

취발이 : (장단을 멈추라고 소리친다) 어라어라어라 내기럴꺼. 여봐라!

악 사 : 그래!

취발이 : 여봐라! 춤을 추다보니까 안암산이 컴컴한 게 무어냐?

악 사 : 안암산이 컴컴한 거 그거 모르나?

취발이 : 어, 모르것다.

악 사 : 저 뒷절 중놈이 속가에 내려와서 기집(지집) 아이 하나도 무엇 한데 둘씩 데리고 농탕친단다.

취발이 : 그놈이 내 형식을 몰랐구나!

악 사 : 형식이 뭔데?

취발이 : 내 형식이 무어냐고? 한 푼, 두 푼 모아다가 갑자거리 취발내
고, 내새복에 치부하고, 의새복에 단장하고, 중놈 급살 탕국
먹이는 취발이다.

악 사 : 이야! 변별하구나!

취발이 : 똑똑하지!

악 사 : 그래서.

취발이 : 똑똑하다. 야, 이놈아. 저놈 봐라. 저, 저, 저, 야, 이놈, 가만
가만.

(먹중이 피조리를 데리고 노는 모습을 보며) 아이구 저놈 봐라.
야, 한번 내가 얼러봐야겠다.

악 사 : 얼러봐라.

취발이 : 야, 야, 야, 이놈, 중아. 아닌 밤중이냐, 거리 노중이냐, 칠월백
중이냐, 중이라 하는 것은, 산중에 들어서 불도나 위하고, 부
처님이나 위하야지. 속가에 내려와서 기집이 하나도 못한디
둘씩 데리고 농탕치고 이놈 완만하게 이렇게 논단 말이야. 떽!

(취발이가 먹중을 공격하자 먹중이 취발이의 공격을 받아내며 부채로 대든다)

취발이 : (먹중의 공격을 피하며) 아, 이놈 봐라! 덤(뎀)비는 구나!

악 사 : 덤(뎀)빈다.

취발이 : 야, 이거 봐라!

악 사 : 그래!

취발이 : 야, 저놈이, 중놈이 속가에 내려와 가지고 지집이 하나도 아
니고 둘씩 데리고 멋이 들어서 놀것다.

악 사 : 멋 들어것다.

취발이 : 그래, 한번 놀것다.

악 사 : 그렇지!

취발이 : 절쑤, 절쑤, 얼쑤, 절쑤.

(취발이와 먹중이 대무(隊舞)를 한다)

취발이 : (춤을 추다 말고) 어라, 어라, 어라 내기럴 꺼. 야, 이거 봐라!

악 사 : 그래!

취발이 : 저놈이 글쎄(발쎄) 나보다 십 배 이상 추는구나.

악 사 : 어허, 그렇지.

취발이 : 네, 이놈. 장단을 떼르르 몰아놓고 춤으로 한번 녹이것다.

악 사 : 그렇지.

취발이 : (불림소리를 한다) 달아, 달아, 밝은 달.

(취발이와 먹중이 다시 대무를 하고, 먹중이 취발이 춤에 못 이겨 코를 '딱' 때리고
들어간다)

취발이 : 아니, 여보게!

악 사 : 어!

취발이 : 여보게! 내 코를 딱 때리고 들어간 놈이 누구야?

악 사 : 아, 조금 전에 춤을 추다 못 이겨서 코를 딱 차고 들어갔다.

취발이 : 아, 그렇지, 그러면 그렇지. (자기 코를 만지며) 아이쿠 코야, 아
　　　　 이쿠 코야. 이것 봐라. 내 코피가 굴관지복을 하고 내고, 내고
　　　　 나오는구나.

악 사 : 이봐, 코를 차고 들어간 지가 언젠데 인제서 코피가 나와?

취발이 : 어어, 이제 남의 말만 듣고,

악 사 : 그래.

취발이 : 야, 중놈이 데리고 놀던 지집들은 어디로 갔냐?

악 사 : 저 짝(쪽)으로 가!

취발이 : 어디로 가?

악 사 : 저 짝으로 가. 돌아봐!

취발이 : (뒤돌아서며) 그러면 그렇지. 야, 중놈이 저처럼 반하는데……
야, 이년아! 이만치 오너라. 야, 이년아 말 들어봐라. 아따 네
가 이렇게 생길 때 너 낳아준 네 애미는 얼마나 이뻤겄느냐!
참, 기가 막히는구나! 얘, 내가 네 생긴 근본을 일러줄게. 들어
봐라. 이마는 됫박이마요, 눈썹은 쇠붓으로 그린 듯하고, 눈
은 비 오는 날 단장 구멍 같고, 코는 마늘쪽을 거꾸로 붙인 듯
하고, 입은 당사실로 쪼르르륵 엮은 듯하고, 목고개가 흠씩 패
고, 아랫배가 맬록하고, 엉덩이가 팡파짐하고, 한배에 새끼 열
다섯 마리씩 놓겠다.

악 사 : 새끼 열다섯 마리씩 낳아서 그걸 뭘해?

취발이 : 그걸 뭘하느냐고?

악 사 : 그래!

취발이 : 이장 저장 팔다 남으면 이건 다 취발이 자식이지,

악 사 : 팔다 팔고 남으면 다 취발이 자식이다.

취발이 : 그렇지.

악 사 : 그렇지.

취발이 : 하나 놀던 지집은 어디 있느냐?

악 사 : 또, 저쪽으로 휙!

취발이 : (방향을 돌아서) 아, 요건 더 예쁘구나. 이만치 오너라. 너 말 들
어봐라. 이화별감, 무예별감, 금부나쟁이가 수부룩한데, (피조
리 머리를 툭치며) 왜 하필 중놈이 맛있드냐. (피조리가 고개를 돌리
며 피한다) 야, 요것 봐라. 빵긋 돌아서는구나!

악 사 : 노여워했다.

취발이 : 야, 야, 야, 이거 봐. 널 미워서 하는 게 아냐. 야, 말은 상냥하
게 잘 듣는구나. 야, 이거 봐, 이 중놈이 놀던 지집들을 데리
고 한 번 놀것다.

악 사 : 그렇지.

취발이 : 그러니까 금강산으로 한 번 놀아보자. 저리, 저리, 절쑤, 얼쑤.

(취발이가 춤을 추다가 기집 둘을 양쪽 어깨에 안고 춤을 추며 퇴장한다)

1974년
〈심우성본〉

1968년 〈문화재 관리국이 간행한 무형문화재조사보고서 제40호〉를 참고하고
2003년 연희 실황을 보고 심우성이 추가하여 정리한 대본

해설 **(심우성)**

다음 '덧뵈기 연희본'은 1968년 「문화재 관리국이 간행한 무형문화재
조사보고서 제40호 『南寺黨』 가운데-덧보기, 대사 및 가사」를 참고하고
2003년 8월의 연희 실황을 다소 첨가, 정리한 것인데 무형문화재로 지
정하는 데 근거가 되었던 1968년 대본을 주로 정리하였다.

첫째마당 〈마당씻이〉

(꺽쇠, 꿩과리를 요란히 두드리며 나와 놀이판을 한 바퀴 돌며)

꺽 쇠 : 어~럴럴럴! 네기럴꺼.

　　　(그 뒤를 이어 장쇠가 춤추며 나오고 먹쇠(징-말뚝이탈을 겸함)가
　　　바보스럽게 따라 나온다)

장 쇠 : 야아! 꺽쇠 오래간만이구나. 월(얼)마만이냐?

꺽 쇠 : 장쇠, 참 오랜만이구나.

장 쇠 : 그래 그간 워디서 뭘 했냐?

꺽 쇠 : 아이구 말두 마라, 그놈의 꽹매기 배우느라고 혼이 났다.

장 쇠 : 그래? 나두 말두 마라, 이놈의 장구 배우느라구…… 우리 아
　　　버지가 이 개가죽 통만 밤낮 두드리다가 남사당패 쫓아 갈 거
　　　냐고 볼기짝을 떡패듯 …… 아이쿠! 아이쿠! (지금도 아픈 시늉)

　　　(꺽쇠와 장쇠가 재담을 주고받는 동안 먹쇠는 시종 멍청하다)

꺽 쇠 : 아니 저건 뭣이 빠졌나, 이놈 징아!

　　　(먹쇠, 여전히 어릿어릿하다)

장 쇠 : 야 이놈아!

　　　(꺽쇠와 장쇠, 먹쇠 앞으로 바싹 다가서며)

꺽 쇠 : 얼럴럴 장쇠 네기럴꺼! 아이구 요, 요게 무슨 짐승일까?

먹 쇠 : (더듬더듬) 허허, 아 이놈아 얼굴 디럽게 생긴 놈이 날 보구
　　　짐승이라구, 내가 너처럼 문 밖 출입도 안하것다.

꺽 쇠 : 헤헤! 내, 네처럼 생겼으면 똥뚜간 출입도 안 하것다!

장 쇠 : 야, 이 사람들 우리가 이곳에 나올 때는 뭐 싸우러 나왔것나,

저 먹뱅이(경기도 안성군 서운면 청룡리 근동지명) 남사당패 한번 놀러 보려는 게 아녀!

꺽쇠: 그렇지 먹뱅이 남사당패 싹 문지르게 한판 부셔보자, 그럼 춤부터 한상 나가는데... (흥이 나서)달아달아 밝은 달, 이태백이 놀던 달, 절쑤 절쑤 (장단을 연주하라는 뜻)

(꺽쇠, 장쇠, 먹쇠, 어울려 덩덕궁이 장단으로 춤춘다)

장쇠: 쉬이! 이놈들 이게 아니다 바늘허리를 맸구나. 먼저 손님을 불러야지!

꺽쇠: 옳치! 옳치 취군가락부터 쳐 부시잔 말이지! 얼럴럴럴, 네기럴꺼.

(취군가락이 한동안 합주된다.)

꺽쇠: 히야! 이만허면 먹뱅이 남사당 쪽도 못쓰것다. 이번엔 덩덕궁이로 들어가는데 얼럴럴 네기럴꺼!

(자진 덩덕궁이 합주)

꺽쇠: 이놈들아 이게 아니구나, 뱃속에서 쪼로록이 운다.

먹쇠: 밥그릇.

꺽쇠: 이놈!(아니라는 뜻)

장쇠: 숭늉그릇

먹쇠: 국그릇

꺽쇠: 옳치, 옳치, 굿거리 한판 부시는데, 얼럴럴럴 네기럴꺼!

(굿거리 합주)

장쇠: 쉬잇! 먹뱅이 남사당패 똥구멍에 불이 붙었다.

꺽쇠: 야 이놈들 우리가 이곳에 나왔을 땐 이렇게 쇳꽁댕이만 두드릴 게 아니라 여러 손님 앞에 축원덕담 한 번 올리자, 고사판으로

들어가는데.

(꺽쇠가 꽹과리로 자진가락을 치며 비나리[고사문서]를 외기 시작하면 장
쇠, 먹쇠도 반주를 돕는다)

비나리[고사문]

아나 금일 사바시기

남산은 부조로다

해동잡으면 조선국

가운데 잡아라 한양에

삼십칠관 대목안

이면 이주 거주로다

건명전○○동(곳)

또 건명전 부인마다

소자 상남 데련님

하남 자손여자애기

어깨 너머는 설동자

무릎 밑에는 기는 애기

추루룩 칭칭 자라 날제

그애기 점점 자라서

어찌어찌 자랐느냐

억수장마 퍼붓듯

서해 바다 물밀 듯

동해 바다 파도치듯

육칠월 외 자라듯

칠팔월에 목화 피듯

무럭무럭 잘 자라니

거들 허니 굉일소냐

그건 그래도 하거니와

작년 같은 해오년을

꿈결 잠시 다보내고

올과 같이 험한 시절

실년을 막아내고

행년을 가려보고

실년 행년 가리실 적에

살 풀었다 거릿살

동네방네 불안살

불이 나며는 화잿살

원근 도중에 이별살

부모님 돌아간 몽상살

장인 삼채 복채살

내외지간 공방살

살그랑 밑에는 땡그랑살

횃대 밑에는 넝마살

이벽 저벽에 벽파살

산으로 가며는 산신살

들로 가며는 들녕살

고개고개도 서낭살

모랭이모랭이 서낭살

나룻배 거룻배 서낭살

돌모데기도 서낭살

하늘이 울어서 천동살

땅이 울어 지동살

이살 저살 모아다가

금일 고사에 때를 바쳐

원리 천리다 소멸하니

만사는 대길하니

소원성취가 발원이라

그건 그대로 하거니와

강남은 뙤뙤국

우리나라는 대한국

십이지국에 열두나라

조공을 받치러 넘나들던

호구별성(상) 손님마마

쉰삼 분이 나오신다

어떤 손님이 나오셨나

말을 잘하면 귀변이요

활을 잘 쏘면 호반이요

글을 잘하면 문장이라

다음은 삼분이 나오실제

무슨 배를 잡았더냐

나무배는 쌀을 싣고

독에 돌배에는 명을 싣고

명과 쌀을 가득 싣고

이물 잡아라 청기로다

저물 잡아라 홍기로다

청기 홍기 가졌으니

아미타불이 누세공

옥광보살이 노 저을 때

산천 경낙을 시호하니

도사공 쳐다봐라

매디 구름이 높이떴다

밧들고 돛 달아라

허리 가운데 합장하여

북을 둥둥 두드리니

강남서 떠났구나

서축을 바삐 저어라

일일 경내 앞바다

서해 바다 건너오니

조선땅의 초입이라

의주 용천 가산 철산

안주 박천 순안

순천을 얼른 지나

평양 같은 대목안

인물추심을 하옵시고

하룻날을 뚝 떠나

대동강을 얼른 지나

황주 봉산 서흥 신막

남천리를 얼른 지나

개성 같은 대목안

인물추심 하옵시고

이튿날 내달아서

파주 장단을 얼른 건너

작은 녹번리 큰녹번리

무악재를 훨훨 넘으니

모화문 거므러지고

독립문이 우뚝 섰다

억만 장안에 팔만가구

인물추심을 다니실제

하루 이틀 자리보고

사흘 나흘에 기림서고

닷새 엿새 소림서고

이레 여드레 검은 시루

열사흘에 넘짓되니

행매 배송을 내어보자

그건 그래도 하거니와

이 면내 대 동내

이내 동중 대 동중

건명전 ○○댁

이윤지고 시운져서

앞마당에는 선진이요

바깥마당엔 후진이라

선진 후진 진을 칠제

이수파수 기를 꽂고

삼시삼천에 진을 치고

안악 금상 부인마마

상탕에 목욕하고

하탕에는 손발 씻고

머리를 다 곱게 빗고

정성으로 꿇어앉아

지성으로도 비는 말씀

비나니오 비나니오

금일 칠성 비나니오

노구 조상에 비나이오

인간이라고 하옵는 건

쇠술로 밥을 먹고

의식이 막막하여

촌부일사를 모를러니

새로 새덕을 입어보세

그건 그래도 하거니와

달거리가 세다 하니

달거리를 풀고 가세

정 칠월 이 팔월 삼 구월

사 시월 오 동지 육 섣달

정월 한달 드는 액은

이월 영동 막아내고

이월에 드는 액은

삼월 삼짇날 막아내고

삼월에 드는 액은

사월 초파일 막아내고

사월에 드는 액은

오월 단오로 막아내고

오월에 드는 액은

유월 유두로 막아내고

유월에 드는 액은

칠월 칠석에 막아내고

칠월에 드는 액은

팔월 한가위로 막아내고

팔월에 드는 액은

구월 구일로 막아내고

구월에 드는 액은

시월 상달 막아내고

시월에 드는 액은

섣달 그믐날 막아내고

섣달 그믐날 드는 액은

내년 정월 열사흗날

오곡밥을 정히 지어

술 한 잔에 미역을 감겨

원강 천리 소멸하니

만사는 대길하고

백사가 여일하니

소원 성취가 발원이요

(다음은 꺽쇠·장쇠·먹쇠의 합창)

상봉일경에 불복만재로다

야하하 에헤헤 복이야

에헤헤 느려 어험이로다

느려서 오십소사

에헤헤 아하하 어하하……

(고사가 끝난 후 장쇠, 먹쇠만 퇴장하고 꺽쇠 혼자 남아 꽹과리만을 흥겹게
치다가)

꺽 쇠 : 이만하면 마당씻이는 족하렷다! 내 잠시 들어갔나 오는데 얼럴
럴럴 네~기럴꺼!

(쫓기듯 급히 퇴장한 후 덩덕궁이 가락으로 바뀐다)

(첫째마당에서의 덩덕궁이 가락이 계속되는 가운데 어깨춤을 추며 꺽쇠가 다시 놀이판 복판에 나와 서며)

꺽 쇠 : 얼럴럴럴 네기럴꺼!

(덩덕궁이 장단에 독무한다. 이때 옴탈 슬금슬금 나와 꺽쇠를 보고는)

옴 탈 : 이히! 네기럴꺼. 이놈이 뭣하는 놈인고.

(옴탈이 꺽쇠를 요리조리 쫓으며 살피면 한동안 쫓기다가 어이없다는 듯)

꺽 쇠 : 어이구 이놈이 하늘 높은 줄 모르고 땅 넓은 줄만 알지. 얼굴이 왜쟁반만 하구나, 저놈 저 벙거진 줄 알았더니 어디서 남의 떡 시루 밑을 쓰고 나왔구나!

(껑충 뛰어 옴탈 머리에 쓴 떡시루 밑을 잡아채면서)

옴 탈 : 허허 이거 놔라! 남의 의관 절단난다.

(꺽쇠가 옴탈의 머리채를 쥐고 이리저리 끌고 다닌다)

꺽 쇠 : 이놈 대관절 네가 사람이냐 짐승이냐? 황토 핀데 용천백이가 먼저 지나는구나. 초판부터 부시럼 탄다.

(옴탈, 실랑이하여 꺽쇠의 손에서 풀려나며)

옴 탈 : 이놈, 내 쌍판이 어째서 사람 짐승을 묻느냐? 내 네 얼굴 같으면 문지방도 안 넘것다.

꺽 쇠 : 그러나 저러나, 네 얼굴을 보아하니 우툴두툴하고 땜쟁이 발등 같고, 보리 먹은 삼잎 같고, 콩멍석에 엎드러졌느냐? 왜 이렇게 우툴두툴하느냐?

옴 탈 : 네, 내 얼굴 우툴두툴한 내력을 모르는고?

꺽 쇠 : 모르것다.

옴 탈 : 어흠! 그렇다면 내 얼굴 우툴두툴한 내력을 일러줄 것이니 똑 똑히 들어봐라. 해동은 조선 땅을 웃식 떠나 중원 땅으로 들어 갔겄다. 뭐가 지고 나올 게 있던가. 호구별상 손님마마님을 뫼 시고 나왔다가, 내 쌍판이 이 모양이 되었것다.

꺽 쇠 : 호구별상 손님마마님이라? 이놈 가만히 있거라. 내, 체검을 해 야것다.

(옴탈의 얼굴을 요리조리 쓰다듬다가 깜짝 놀라 손가락 사이를 긁으며)

꺽 쇠 : 손가락 사이가 왜 이렇게 가려우냐, 호구별상을 모시고 나왔다 더니 어찌 끝으매기가 노르꼼하느냐, 네 쌍판을 체검했더니 내 손 사이가 왜 가려우냐, 그런데 이놈이 암만 해도 다르다. 이놈 이 어디서 옴을 차독같이 묻쳐 왔구나.

(옴탈 마구 발악으로 대들며)

옴 탈 : 힛힛! 옴, 옴, 옴봐라! 옴!

꺽 쇠 : 얼럴럴럴 네기럴꺼!(구성지게)금강산이 좋단 말을 풍편에 넌짓 들고 절수, 절수, 절수, 절수(장단을 치라는 뜻)

(덩덕궁이 장단으로 꺽쇠 춤을 추며 대들면 옴탈은 도망치고 꺽쇠도 그 뒤 를 따라 퇴장한다)

셋째마당 〈샌님잡이〉

(장죽을 물고 부채, 지팡이를 든 샌님과, 그 뒤를 쫓아 노친네가 나온다.)

샌 님 : 아이고, 주책바가지야, 늙은 주제에 왜 내 궁뎅이만 졸졸 쫓아 다녀, 창피하게쓰리!

노친네 : 아니 마누라 영감 따라 다니는 게 뭣이 창피할꼬.

샌 님 : 아니 이 할망구야 쭈구렁 밤송이가 다 된 것이 뭣이 어쩌구
　　　　어째! 야, 이것 봐라, 누가 볼까 무섭다, 아 도무지 창피하게
　　　　끔…….

노친네 : 원통해라, 절통해라, 저놈의 영감이 젊었을 때 내 고쟁이 가
　　　　랑이 졸졸 따라 다니던 생각은 안하구, 아이고! 아이고!(이때
　　　　잽이 중에서)

잽 이 : 여보시오, 웬 영감이 남의 노름청에 난가히 떠드시오.

샌 님 : 여보게, 내가 웬 영감이 아니라 저 경상도 선산 땅 사는 한다
　　　　는 양반으로서 팔도강산 유람차로 나온 사람일세. 아, 이 주책
　　　　바가지 마누라가 강짜를 놔서 이러는 참일세.

잽 이 : 그려(래) 그럼 팔도강산 유람을 나왔으면 어디어디를 구경했
　　　　나?

샌 님 : 어흠! 내 안 가본 데 빼고는 다 가봤네.

잽 이 : 허, 그 늙은이 사람 파장이구먼, 그 소리야 나두 하것다.

샌 님 : 허허 내 무슨 개소리를 했다구 그리 지청군가, 늙은 것도 서운
　　　　한데 너무 업신여기지 말게. 그러나 내가 여기 나오기는 다름
　　　　이 아니라 내 부리던 하인을 찾으러 나왔것다.

잽 이 : 하인을요, 하인 이름이 무엇이요?

샌 님 : 아 그놈 성이 뭣 이드라, 이름이 뭣 이드라?

잽 이 : 샌님! 하인의 성도 이름도 없이 어떻게 찾나.

샌 님 : 가만 있자, 내 정신이 없어 모르것구나!(생각난 듯) 아 여보게.

잽 이 : 지(계)집 보게가 여보겐가, 왜 그러나!

샌 님 : (샌님 짚고 있던 지팡이를 땅에 꽂는 시늉을 하며)
　　　　거 막대기를 땅에 꽂는 거 이름이 뭐고?

잽 이 : 아 뭐여 막대기지.

샌 님 : 아니 그 소고삐를 끌어다 땅에 박는 게 뭔고!

잽 이 : 아 뚜드려 박는 거요?

샌 님 : 옳지.

잽 이 : 말뚝이지.

샌 님 : 옳지, 옳지, 아 우리 하인 말뚝이 놈을 찾으러 참빗새새 면면 촌촌 방방곡곡을 다녀도 못 보것네. 여기 와서 보니 사람이 많이 있어 이런데 혹시 있나 한 번 불러보것다.

잽 이 : 불러보게

샌 님 : (길게)애, 뚝아, 뚝아, 말뚝아!

잽 이 : 여보 하인 말뚝이를 부르는 거요, 동네 사람 길 닦으러 나오라는 거요.

샌 님 : (갸우뚱거리며)이놈이 이런데 있는 듯한데, 다시 한 번 불러 보것다. 애, 뚝아, 뚝아, 말뚝아!

말뚝이 : (말뚝이 튀어나오며)말뚝인지 꼴뚝인지 대령했소.

(구성지게)샌님, 샌님. 큰댁샌님, 저리이리 다 다녀보아도 못 보것더니 여기 와서 만나보니 안녕하고 절령하고 무사하고 태평사로 아래 위가 빠꼼합니까요!

샌 님 : (어이없이)네 이놈 양반을 만났으면 절을 하는 게 아니라 뭣이 어쩌구 어째!

말뚝이 : 네 절이요? 알지요, 압니다. 서울로 일러도 새절, 덕절, 도곡사, 마곡사, 물건너 봉원사 합천 해인사, 염주원 염주대, 수원 용주사 이런 절 말씀이요?

샌 님 : 이놈 누가 그런 절 말이냐.

말뚝이 : 그럼 무슨 절 말이요?

샌 님 : 너 절 모르느냐?

말뚝이 : 나 절 모로오.

샌 님 : 그럼 절 배워라!

말뚝이 : 절도 배웁니까?

샌 님 : 그렇지!

말뚝이 : (우스꽝스럽게)그럼 배웁시다.

샌 님 : 이놈아 그럼 절 안 배워!

말뚝이 : 절 배웁니다.

샌 님 : 이놈, 나 시키는 대로 나, 하자는 대로 무엇이든지 빼놓지 말
고…….

말뚝이 : 그럼 샌님이 하자는 대로 무엇이든지 빼놓지 말고 해요? 그럼
배웁시다.

샌 님 : 미륵님을 가로 잡아라.

말뚝이 : 부채를 가로 잡으란 말씀이오.

샌 님 : 옳다, 번쩍 들어라.

말뚝이 : 번쩍 들어라.

샌 님 : 꾸부려라.

말뚝이 : 꾸부려라.

샌 님 : 이놈 꾸부려라.

말뚝이 : 이놈 꾸부려라.

샌 님 : 야 이놈아 이놈.

말뚝이 : 야 이놈아 이놈.

샌 님 : 아 이놈이.

말뚝이 : 아 이놈이.

샌 님 : 아하 이놈이, 아 이놈을 패줄까.

말뚝이 : 아하 이놈이, 아 이놈을 패줄까.

샌 님 : 허허!

말뚝이 : 허허!

(샌님과 말뚝이 서로 엉켜 씨름을 하다 말뚝이에게 꿀리는 샌님)

샌 님 : 이놈, 이놈아, 다 배웠다. 다 배웠어, 그만두자 그만 둬 ……

말뚝이 : 아이쿠, 배우기가 참 힘듭니다.

샌 님 : 이놈 양반이 시키는 대로 하지 않고 쌍놈이 양반 흉내를 내, 아니 나를 메다 꼰져!

말뚝이 : 아니 원 샌님이 뭐든지 한 가지도 빼놓지 말고 다 하래서 했소.

샌 님 : 허허 그렇구나, 내가 미련하구나, 그러면 초판부터 새로 하자. 나는 꾸부려 할 적에 너는 피새집(남사당 은어로 입)은 벌리지 말고 꾸부려라.

말뚝이 : 알것소, 알것소.

샌 님 : 번쩍 들어라. 꾸부려라. 번쩍 들어라. 꾸부려라.

(샌님과 노친네가 나란히 서서 말뚝이에게 꾸부렸다 편다 한다.)

말뚝이 : (의젓하게)어 모시고 가시고 잘 있었느냐!

(깜짝 놀라 샌님 내외 의관을 고치며,)

샌 님 : 이놈 양반에게 절을 받어!

말뚝이 : 양반에게 절을 받으면 명이 길다 합디다. 어휴, 나 힘들어서 양반 안 하것소. 쌍놈 하것소, 쌍놈!

샌 님 : 그러나 저러나, 너허구 나하구 여러 해포 만에 이렇게 만났으

니 춤이나 한상 추고 들어가자.

말뚝이 : 좋은 말씀.

(샌님, 노친네, 말뚝이 서로 어울려 굿거리장단에 춤을 추다가 말뚝이가 노친네를 꾀어 감싸 안고 퇴장하면, 이를 보고 어리둥절한 샌님 앞에 피조리(처녀) 둘이 나와, 그 주위를 돌며 춤춘다. 샌님이 피조리들의 행색을 보고 놀라며)

샌 님 : 에이쿠나! 조카 딸년이 춤추러 나왔구나. 이년들아 난잡히 놀지 말고 바로 들어오너라, 나는 창피스러워서 들어가겠다.

(샌님 퇴장하면 피조리들 한쪽에 나란히 서며, 피조리춤(무동춤)을 추기 시작한다)

넷째마당 〈먹중잡이〉

(셋째마당에서의 피조리춤이 계속되는 가운데 먹중이 부채로 얼굴을 가리고 서서히 나오면 타령장단으로 바뀌며, 먹중이 두 피조리를 데리고 한동안 춤을 춘다. 다시 염불가락으로 바뀌고, 춤이 무르익어 갈 무렵 취발이가 뛰어나오면 먹중과 피조리들은 멈칫한다)

취발이 : 어라, 어라, 어라, 네기럴꺼! 안감내 똥독에 벌러덩 나자빠질꺼. 늙은 놈 집안에 젊은 놈 없어도 못 살고 젊은 놈 집안에 늙은 놈 없어도 못 살고, 늙은 놈이 집안을 웃씩 떠났더니 저희끼리 말 잡아먹고 북 매고 소 잡아먹고, 장구 매고, 안성 가서 새 쇠 갈다가 후르륵 삐쭉 걸걸 거리구 잘 노는구나. 늙은 놈이 홍제원을 으씩 넘었더니 이렇다는 기생이 양쪽 무르팍에 앉아서 한 잔 잡수 쪼르록, 두 잔 잡수 쪼로록 먹었더니

이리 가도 훨훨, 저리로 가도 훨훨, 절수, 절수, 절수, 절수!

(먹중과 피조리들은 시종 취발이 눈치만 보는 가운데 제 흥에 겨워 취발이의 덩덕궁이 장단의 춤을 한상 추고는)

취발이 : 얼럴럴럴 네기럴꺼! 아, 여보게 어이 춤을 추다보니 안암산이 컴컴한 게 뭐냐?(잽이[악사]중에서)

잽 이 : 안암산이 컴컴한 거 모르나?

취발이 : 나 몰라

잽 이 : 저 뒷절 중놈이 속가에 내려와서 계집 하나도 무엇 한데 둘씩 데리고 농탕친다네!

취발이 : 흥! 그놈이 내 형식을 몰랐구나!

잽 이 : 자네 형식이 무언고?

취발이 : 내 형식이 무어냐구? 여기저기 싸다니며 한 푼, 두 푼 모아다 가 갑자거리 취발내고, 내새복에 치부하고, 중놈 급살탕국 멕이는 취발이라 이른다.

잽 이 : 어디 한번 얼러보게

취발이 : 아나 이놈 중아! 거리 노중이냐, 칠월 백중이냐, 허공 공중이냐, 중이라 하는 건, 산중에서 불도나 외우고 부처님이나 위하는 것이지 속가에 내려와서 계집 하나도 무엇 한데 둘씩 데리고 농탕쳐 이놈!

(취발이 먹중에게 대들면 먹중도 따라 덤빈다)

취발이 : 오호! 이, 중놈 덤빈다.(취발이 먹중을 피하며)

취발이 : 아, 여보게!

잽 이 : 어!

취발이 : 저놈이 속가에 내려와서 계집년 둘씩이나 데리고 농탕칠 때

는 멋이 잔뜩 들었것지, 그러니 저 중놈을 춤으로 한번 녹이 것다. 무슨 춤으로 녹이느냐 하면, 달아, 달아, 밝은 달 절쑤, 절쑤!

(취발이 먹중과 덩덕궁이 장단으로 대무(對舞)하다가 안 되겠다는 듯)

취발이 : 얼렁럴럴 네기럴꺼. 이 중놈이 나보다 춤을 십배나 잘 추는구 나, 장단 바짝 몰아놓고 한상 부셔보는데 절쑤, 절쑤, 절쑤!

(먹중이 취발이의 춤을 이기지 못하여 코를 때리고 퇴장하면)

취발이 : 쉬! 아, 여보게 춤을 추다가 내 코를 탁 치고 가는 자 누군가?

잽 이 : 자네 누군지 모르나? 중이 자네 춤을 이기지 못하고 코를 때 리고 도망쳤네.

취발이 : 뭐 코를 때리고 도망가. 아이쿠, 내 코, 허연 코피가 굴관지복 을 하고 네고, 네고 나오는구나.

잽 이 : 여보게, 맞은 지가 언젠데 이제서 코가 아퍼(파).

취발이 : 아, 그렇지 어쩐지 좀 싱겁더라. 아, 여보게, 그러나 저러나 중놈은 나한테 쫓겨났네만 중놈이 데리고 놀던 계집이 안 보 인다.

잽 이 : 어허 뒤로 획!

(취발이 홱 돌아서면 나란히 서있던 피조리 갈라져 피한다. 한 피조리 앞에 다가서며)

취발이 : 그러면 그렇지, 잘생겼구나, 잘생겼다. 네가 요리 잘생겼으면 널 난 네 에미는 얼마나 이쁘것느냐, 내가 네 잘생긴 근본을 일러 줄 것이니 들어봐라⋯⋯. 어흠! 이마는 됫박이요, 눈 썹은 세 붓으로 그린 듯하고, 눈은 비오는 날 지팡이 구멍 같 고, 코는 마늘쪽 거꾸로 붙인 듯하고, 입은 당사실로 쪼르르 엮은 듯하고 목고개가 흠씩 패고, 아랫배가 맬룩하고 엉뎅이

는 팡파짐하고, 모가지는 실래끼 모가지, 절구통 배지, 새다리 정쟁이, 마당발, 한배에 새끼 열다섯 마리씩은 낳것다.

잽 이 : 여보게 그건 다 뭘하게?

취발이 : 그건 다 뭘 하느냐고? 요거는 갖다가 이 장에 팔고 저 장에도 팔고 남는 거는 다 취발이 자식이다. 에헤! 중놈이 데리고 놀 때는 둘이더니 한 년은 못보것다.

잽 이 : 뒤로 휙!

취발이 : 히야! 요것은 더 이쁘구나, 너 이만큼 오너라, 너희 둘을 보니 중놈이 안달나게도 되었구나, 너 이마직 오너라, 네 이년들 대전별감, 무하별감, 금부나쟁이가 수북한데 하필 중놈이 맛있더냐!

(한 피조리를 톡 때리자 샐쭉 돌아선다)

취발이 : 요게 삐졌구나. 야, 야, 돌아서라.(돌아선다) 네가 미워서 그런 게 아니다. 그러나 저러나 중놈은 나한테 쫓겨났고, 너희들만 남았으니 춤이나 한상 추자.(잽이에게) 중놈이 농탕치던 계집을 데리고 춤이나 한상 추고 들어가것다.

잽 이 : 좋은 말씀!

(굿거리장단이 울리며 세 사람 대무를 하다가 피조리 둘을 얼싸 안고 퇴장하면, 모든 잽이와 탈꾼들이 순서 없이 몰려나와 어울려 춤춘다)

1990년
〈남기문본〉

덧뵈기란? 덧(곱)본다는 뜻으로서 남사당 탈춤의 이름이다. (남사당놀이의 은어의 일종이라고 볼 수 있다.) 4마당 거리로 구성이 되어 있으며 다른 지방의 탈춤과는 춤사위가 다르며 타령, 굿거리, 염불장단이 주를 이룬다. 그 극의 진행 과정을 보면 다음과 같다.

1) 마당씻이—탈을 쓰고 악기를 메고 사물을 치며 놀이판을 여는 것이 다른 탈춤과 비교된다.

2) 옴탈 과정—마당씻이의 진행자라고 볼 수 있는 꺽쇠(쇠잡이)와 옴탈이 어우러져서 서로를 비방하고 옴(외래문화)이라는 것에 대한 부분을

강조하면서 해학적인 대사를 주고받다가 서로 마지막에는 마음이 맞아 춤을 추고 꺽쇠가 먼저 퇴장을 하고 옴탈이 뒤 이어서 퇴장을 한다.

3) 샌 님 과정—봉건적인 사상과 계급사회의 비정당성을 고발하며 은연 중에 비판하는 과정으로서 말뚝이라는 인물이 등장하여 서민들에 게는 폭발적인 호응을 얻었지만, 양반들 사이에서는 체면 때문에 제재를 가하지 못하고 놀림을 당하는 과정이다.

4) 취발이 과정—당시의 종교관과 생활상, 문란했던 성생활의 일환이 아 닌가 보이는데 이는 표현방법이 각기 조금씩 다르지만 등장인물과 내용은 다른 탈춤과 비슷하거나 같은 장면을 볼 수 있다.

현재 우리나라는 많은 종교가 있지만 당시(조선시대)에는 불교가 가장 성행하여 중들의 생활이 많이 다루어지는데 역시 남사당의 건달(취발 이)에게 탈취 당한다는 내용으로 총 4마당으로 구성이 되어 있고 마지 막으로 탈춤에 출연한 출연자 전원이 등장하여 마지막 인사와 함께 뒤풀이로 끝맺는다.

기본 춤사위

1. 어깨춤 – 몸의 중심을 양다리에 두고 온몸의 힘을 빼고 어깨를 들썩거리며 장단에 맞추어 몸을 좌, 우로 흔들어 준다.

   장단: 타령

2. 무릎 들어올리기 – 무릎을 앞으로 ㄱ자가 되게 들어올리면서 발모양은 위로 꺾어서 ㄴ자가 되게 하여 오른발 먼저 들어올리며 시작한다. 주의해야 할 점은 몸의 중심을 잘 잡아야지 중심이 흐트러지면 안된다.

   장단: 타령

3. 양팔 들어올리기 – 무릎을 들어올리며 동시에 팔을 같이 들어올리는데 팔은 뒤에서 앞으로 휘두르는 동작을 취해야 한다.

   장단: 타령

덧뵈기 대사

1. 마당씻이

(꺽쇠가 꽹과리를 요란히 두드리며 나와 혼자 논다)

꺽 쇠 : 어~라 어~라 어~라 네 네~기 랄꺼! 여보게!

악 사 : 어?

꺽 쇠 : 혼자 놀다가 보니 정말 심심하네 그려……

악 사 : 그래? 물론 혼자 놀면 심심할 터지.

꺽 쇠 : 에라, 혼자 놀기 심심한데 장쇠란 놈 나오라 해야겠다.

　　　야! 야! 장쇠야~~

　　　(장쇠가 장구를 탕탕탕 치며 등장한다)

장 쇠 : 누구냐? 왜? 불러~~ (한 바퀴 돌고서) 야! 너 꺽쇠 아니냐? 참
　　　오랜만이로구나.

꺽 쇠 : 그래, 정말로 얼마만이냐? 그 동안 장쇠 넌 뭘 했냐?

장 쇠 : 무엇 했냐고? 말도 말라 이놈의 장구 배운다고 혼났다. 우리
　　　아버지가 이놈아 개가죽통만 두드리면 먹고 살판 났느냐면
　　　서, 남사당 패 쫓아 갈 거냐고 볼기짝을 얼마나 두들겨 패는
　　　지…… 아이고! 아이고!

　　　(엉덩이를 어루만지면서 아픈 흉내를 낸다)

꺽 쇠 : 너도 장구 배우느라고 그랬냐? 나도 이놈의 꽹과리 배우느라
　　　혼이 났다.

　　　그건 그렇고 우리 둘이 만났으니 한번 두들겨 보자. (한판 놀고
　　　나서)

장 쇠 : 야 꺽쇠야 그동안 우리 뚝 떨어졌다가 다시 만났으니 동무나 청해야겠다!

(둘이서 뚱! 뚱! 한번 두드린다)

꺽 쇠 : 그래 그래. 야! 먹쇠야! 명쇠야! 어디들 있느냐? 나오너라 ~~!!

(먹쇠는 징, 명쇠는 북을 가지고 등장한다)

장 쇠 : (먹쇠를 살펴보다가) 어라, 럴럴한 것. 아이고, 요게 무슨 짐승일 까?

먹 쇠 : (한 바퀴 돌다가 소리에 놀라서 살짝 소리 나는 곳으로 가서 보면서)

헤~헤~헤! 아니 이놈! 얼굴 더럽게 생긴 놈이 누구 보고 더럽 게 생겼다고 하느냐?

장 쇠 : 내가 너처럼 생겼으면 문 밖 출입을 안 하겠다!

먹 쇠 : 뭐? 뭣이 어째? 내가 네놈처럼 생겼으면 뒷간(똥두간) 출입도 안하겠다!

명 쇠 : (장쇠,먹쇠를 보고 있다가) 야! 야! 이 사람들아, 우리가 이곳에 나 올 때는 싸우러 나왔는가? 왜? 싸우고들 그래?

꺽 쇠 : 그렇지! 우리가 여기 모일 때는 싸우러 나온 것이 아니라, 먹 뱅이 남사당패 한번 놀아보자고 나왔지.

장 쇠 : 그렇지! 우리가 남사당패 보다 한판 잘 놀아 보자는 것이 아닌 가?

다함께 : 그렇지! 그렇지! (덩덕궁이 가락을 친다)

꺽 쇠 : 쉬이~ 야! 야! 이놈들아~ 이게 아니다. 바늘허리에 맸구나!

(바늘허리에 실을 묶었구나) 먼저 손님을 불러야지.

장 쇠 : 옳지! 옳지! 취군가락부터 두들겨 부수자고, (취군가락 친다)야~

이만하면 먹뱅이 남사당패 쪽(힘)도 못쓰겠다. 이번에는 덩덕
궁이로 넘어간다

(다 같이-그렇지! 덩덕궁이 가락을 친다)

됐다! 됐다! 이번에는 장단을 바짝 몰아 자진 가락으로 들어간
다!

(자진가락 친다)

야! 야! 이놈들아 이제 보니까 이것이 아니다. 뱃속에서 쪼루
룩 소리가 난다.

먹 쇠 : 꼬르륵 소리가 난다고? 그럼 밥을 먹어야지……

꺽 쇠 : 아니, 밥그릇 옆에는 무엇이 있지?

먹 쇠 : 그야, 밥그릇 옆에는 숟가락이 있지.

꺽 쇠 : 아니, 숟가락 말고, 떠먹는 거 있잖아.

먹 쇠 : 숭늉그릇? 아니면, 국그릇이지 뭐!

꺽 쇠 : 올~치 올~치 생각났다. 굿거리로 한바탕 부수자.

(굿거리장단 친다)

먹 쇠 : 야! 이제는 남사당패 똥구멍에 불이 붙었다! (큰! 소리로)

꺽 쇠 : 야! 야! 이놈들아 우리가 이렇게 두들기기만 할 것이 아니라,
이곳에 오신 손님에게 무엇을 좀 드려야 할 게 아니냐?

먹 쇠 : 무얼 좀 드릴까? (생각하다가- 무릎을 탁! 치면서) 아! 생각났다!
여기 오신 손님네 소원 성취하시라고, 고사 덕담 한번 축원해
드리면 되겠구나.

(다같이-그래, 그래 그게 좋겠구나)

고사덕담

아나 금일 사바세계 남산은 부조로다

해동 잡으면 조선국 가운데 잡아라 한양에

삼십칠관 대목일이면 이주는 거주로다

건명에는 ○○○ 또 곤명에 부인마마

효자 상남 도련님 하남 자손 여자 애기

어깨 넘어는 설 동자 무릎 밑에는 기는 애기

주루룩 칭칭 자라날 제 그 애기 점점 자라나서

어찌 어찌 자랐느냐 억수장마 비 퍼붓듯

서해바다 물밀듯 육칠월 외 자라듯

칠팔월에 목화 피듯 용문사 안개 피듯

무럭무럭 잘 자라나 거니 과일소야

그건 그래도 하거니와 작년 같은 해오 년을

꿈결같이 다 보내고 올 과같이 험한 시절

신년을 막아내고 신년 행년 가릴 적에

살 풀었다 거리 살 거리거리 서낭 살

동네방네 불안 살 불이 나면 화재 살

원근 도중에 이별 살 부모님 돌아가 몽상 살

장인 삼촌 복채 살 내외지간 공방 살

살강 밑에 댕그랑 살 마루 대청 성주님 살

횃대 밑에 넝마 살 이벽 저 벽 벽파 살

산으로 가면 산신 살 들로 가면 들령 살

고개고개도 서낭 살 모랭이 모랭이 서낭 살

나룻배 거룻배 서낭 살 땅이 울어도 지동 살

이살 절살 몰아다가 금일고사에 대를 받쳐

원강 천리다 소멸하니 만사는 대길하고

소원성취가 발원이라 그건 그래도 하거니와

강남은 뙤뙤국 우리나라 대한국 십이 지국에

열 두 나라 조공을 받치러 넘나들던

호구별상 손님마마 쉬은 삼분이 나오신다

어떤 손님이 나오셨나 말 잘하는 기변이요

활을 잘 쏘면 호변이요 글을 잘하면 문장이라

다음에는 삼분이나 나오실 제 무슨 배를 잡았더냐

나무배는 쌀을 실고 돌배에는 명을 실고

명과 쌀을 가득 실고 이물 잡아라 청기로다

저물 잡아라 홍기로다 청기 홍기 가졌으니

우적 지근 건너올 제 아미타불에 누세 공

육광 보살 연을 메고 사대 보살이 노 저을 때

산천경락을 시호하니 도사공 쳐다봐라

마디 구름이 높이 떴다 닻 들고 돛 달아라

허리 가운데 합창하며 북을 둥둥 두드리니

강남서 떠났 구나 서축을 바삐 저어라

일일 경내 앞바다 서해바다 건너오니

조선 땅의 초입이라 의주 용천 가산 철산 안주

박천 순안 순천 얼른 지나 평양 같은 대목 안

인물추심을 하옵시고 하룻날을 뚝 떠나

대동강을 얼른 지나 황주 봉산 서흥 신막

남천리를 얼른 지나 개성 같은 대목 안

인물추심 하옵 시고 이튿날 내 달아서

파주 장단을 얼른 건너 작은 녹번리 큰 녹번리

무악재를 훨훨 넘으니 모화 문 거므려 지고

독립문이 우뚝 섰다 억만 장안에 팔만가구

인물추심을 다니실 제 하루 이틀 자리보고

사흘 나흘에 기름서고 닷새 엿새 소림서고

이레 여드레 검은 시루 열사흘이 넘짓 되니

행매 배송을 내어보자 그건 그래도 하거니와

이 면내 대 동내 이대동중 대 동중

건 명전 ○○댁 이윤지고 시운저서

앞마당에는 선진이요 바깥마당엔 후진이라

선진 후진 진을 설제 이수 팔수 기를 꽂고

삼시 사천에 진을 치고 안악금상부인마마

상탕에 목욕을 하고 하탕에는 솔발 씻고

머리를 곱게 빗고 지성으로 끓어 앉아

지성으로 도 비는 말씀 비나이요 비나이요

금일 칠성 비나이요 노구 조상에 비나이요

인간 이라고 하옵는 건 쇠술로 밥을 먹고

의식이 막막하여 촌부인사를 모를 터니

입은 덕도 많거니와 새로 새덕을 입어보세

그건 그래도 하거니와 건구 곤명 ○○댁

달거리가 세다하니 달거리를 풀고 가세

정칠월 이팔월 삼 구월 사시절 오동지

육섣달 일 년이면 열두 달 삼백하고 육십일

한 달하면 삼십일 반달은 십오일

하루는 다 이십 사시 주야장창 열두신데

시시때때 드는 액은 달거리로 풀고 가자

정월 한 달 드는 액은 이월 영동 막아내고

이월한달 드는 액은 삼월 이라 삼짇날 제비초리로 막아내고

삼월에 드는 액은 사월이라 초파일 부처님 생신일 관등불로 막아내고

사월에 드는 액은 오월이라 단오절 그네 줄로 막아내고

오월 한 달 드는 액은 유월 유두로 막아내고

유월에 드는 액은 칠월이라 칠성일 견우직녀 상봉일 오작교 다리 놓던

까치머리로 막아내고 칠월이라 드는 액은 팔월 한가위로 막아내고

팔월 한 달 드는 액은 구월 이라 구일 날 구월 구일로 막아내고

구월 달에 드는 액은 시월이라 상달 새 곡식을 많이 빚어

두터운 시루떡에 쟁반 받이로 막아내고

시월에 드는 액은 동짓달에 동짓날 동지 팥죽을 많이 끓여

담 너머로 꺼트리고 드는 잡귀 나는 잡귀

뜨거운 팥죽을 뒤집어쓰고 엇 뜨거워라 원강 천리로 도망간다.

동지섣달 드는 액은 내년 정월 열 사흗날 오곡밥을 많이 지어

술 한 잔에 떡을 감겨 원강 천리로 소멸하니

만사는 대길하고 백사가 여일하니 소원성취 발원이라

꺽 쇠 : 자 이만하면 마당씻이는 족하겠지?

(다같이-그렇지!) (덩덕쿵이 장단을 치고 놀다 멍쇠, 장쇠, 먹쇠는 퇴장한다)

2. 옴탈 과정

(옴탈이 살금살금 나와서 이쪽저쪽 왔다 갔다 한다)

옴 탈 : 쉬~ 대체 뭣! 하는 놈이냐!

꺽 쇠 : 아~아~니, 네~기랄꺼! 대체 이놈이 무엇 하는 놈인가?

옴 탈 : 아~니, 네기랄꺼 대체 이놈이 무엇 하는 놈인가?

꺽 쇠 : 가만 있자. 이놈이 하늘 높은 줄은 모르고 땅 넓은 줄만 아느
냐? 얼굴이 외장반만하구나, 아니 이놈이 머리에 쓰고 나온
것이 의관인 줄 알았는데 남의 집 떡시루 밑을 뒤집어쓰고 나
온 게 아니냐?

(모자를 잡고 옴탈을 한 바퀴 돌리면, 옴탈이 펄쩍 뿌리치며)

옴 탈 : 허~허 이놈아! 놔라! 놔! 남의 의관 절단 난다!

꺽 쇠 : 이놈아~ 대관절 네가 사람이냐? 짐승이냐? 황토밭에 용천백
이가 떴구나. 아~! 네놈 때문에 초판에 부스럼 탈라.

옴 탈 : 야! 이놈아! 내 상판이 어째서 사람이냐? 짐승이냐? 하느냐?

꺽 쇠 : 그러나 저러나 네 얼굴 보아하니, 우툴두툴하니 땜쟁이 발 등
같고, 보리 널은 멍석 같고, 벌레 먹은 삼잎처럼 울퉁불퉁하
냐?

옴 탈 : 내 얼굴 우툴두툴한 내력을 모르느냐?

꺽 쇠 : 나는 몰라!

옴 탈 : 어험! 그러면 내 얼굴이 이렇게 생긴 근본을 일러줄 터이니 들
어봐라! 내 얼굴이 이렇게 생긴 것은 저~ 동남은 해동국 중원
땅으로 썩 들어섰겠다! 나올 적에는 뭘 가지고 나올 것이 있던
가! 호구 별상 손님마마님을 뫼시고 나왔더니 내 얼굴이 이 모
양이 되었다!

꺽 쇠 : 뭐? 호구별상 손님마마? 가만 있자 이놈 네 얼굴을 내가 체검
을 한번 해야겠다.

옴 탈 : 이놈아! 네가 무엇인데 남의 얼굴 검사를 해? 이놈아~

(꺽쇠, 옴탈의 얼굴을 쓰다듬다 얼굴을 내리긁는다)

옴 탈 : 에쿠! 에쿠! 아니~ 이놈! 이 하루 종일 개똥밭 쇠똥밭을 맨 발
로 돌아다니던 더러운 발로 남의 얼굴을 할퀴네~~ 아이쿠!
코야 ~~

꺽 쇠 : 아니, 내가 네 얼굴 만지니까 왜? 이리 손가락 사이가 간지러
우냐?

내가 체검을 했더니 끝이 퇴끼스름하느냐?

옴 탈 : <u>노르스름하단</u> 말이지?

　　　　 히~ 히~, 옴! 이다, 옴! 이다, 옴!

꺽 쇠 : 뭐? 이놈아 ! 옴?

　　　　 옴! 바라, 옴! 바라, 옴! 바라, 옴! 저리 저리 절수!

다같이 : 금강산이 좋단 말을 바람 풍편에 넌짓 듣고, 절수! 절수! 절
　　　　 수! (타령장단)

　　　　 (꺽쇠가 춤을 한참 추다가 퇴장. 옴탈도 꺽쇠를 잡으려고 쫓아가며 같이 퇴
　　　　 장한다)

3. 샌님 과정

(굿거리장단에 샌님과 노친네 춤을 덩실덩실 추며 놀이판에 들어온다. 노친네 춤을
추다 말고 주위를 두리번거리다 한쪽으로 살며시 가서 치마로 살짝 가리면서 쪼그
리고 앉아 소변 보고 닦는 시늉을 우스꽝스럽게 한다. 샌님은 노친네를 힐끗 보면
서 못마땅한 듯 춤을 추다 말고 노친네를 바라보며)

샌 님 : 아니! 이 주책바가지 할망구야! 그저 이사 가는 집 강아지 따
　　　　 라다니듯 왜 내 궁둥이만 졸졸 따라다니면서 망신을 주는
　　　　 지…… 엥~이 쯔쯔~~

노친네 : 아니, 여보 영감! 저~ 달 가는데 별이 있고, 바늘 가는데 실
　　　　 가듯이 할멈이 영감을 따라 다니는데 뭣이 그리 대수란 말이
　　　　 요?

샌 님 : 뭣이? 어쩌구 어째? 그저 그 입만 살아서 뚫어진 구멍이라구
　　　　 나불대누. 엥!!~~~.

노친네 : (한탄! 하며) 뭐~요? 아~이~구~ 젊었을 적에는 내가 예쁘다

구 내 고쟁이 가랑이만 붙잡고 졸졸 따라 다니더니, 이젠 늙었다고 괄세야! 괄세~~ 아이구~! 내 팔자야~~

악 사 : (악기를 타타탕 치며) 여보시오 영감님!

샌 님 : 엉?

악 사 : 아니, 웬? 노부부께서 남의 놀음청에 나와 그렇게 싸우고 계시오?

샌 님 : 내가 싸우는 것이 아니라 이 할망구가 주책없는 짓을 해서 내 나무라고 있는 중이요.

악 사 : 아~하! 그래도 그건 집에 들어가서 하시고 어디 사시는 분인지요?

샌 님 : 여보시오! 내가 어디에서 왔는고~ 허니,

저~ 해남, 관모리에 사는 산다 하는 양반이올시다!

악 사 : 그런데 여긴 무슨 사로 나오셨소?

샌 님 : 다름이 아니라, 내 부리던 하인이 집을 나간 지가 수삼 년이 되었는데 들어오지를 않아 내 하인을 찾으러 나왔소.

악 사 : 아~하, 집에서 부리던 하인을 찾으러 나오셨다고요?

샌 님 : 그렇소! 허~허~허~.

악 사 : 그럼 그 찾는 하인 이름이 뭐요?

샌 님 : 이름 말이요? 허! 허! 이름이 뭐더라?

악 사 : 아니, 이름도 성도 모르면서 하인을 찾으러 나오셨단 말이요?

샌 님 : 으~ 음 가만 있자, 여보 마누라 이리 오시오.

(노친네 까불면서 영감에게 다가가서 쳐다본다)

할멈은 우리 하인 이름을 아시오?

(노친네 손사래를 치고, 고개까지 저으며 모르는 동작을 한다)

허~허~참!! (머리를 짚으며 골똘히 생각을 한다)

악 사 : 여보시오, 영감님!!

샌 님 : 옳지!! 옳지!! 내 이름을 아는 방법이 있소.

악 사 : 어떻게요?

샌 님 : 내가 짚고 다니는 이 지팡이를 땅에다 꽉! 꽂으면 이걸 뭐라 부르오?

악 사 : 그거, 지팡이지 뭐요?

샌 님 : 지팡이? 아~니! 아~니! 여보시오! 저~ 시골에 가면 소고삐를 나무에다 칭칭 감아서 땅에다 대고 꽝! 꽝! 두드려 박으면 이걸 뭐라 부르 오?

악 사 : 그건, 말뚝이라 부르는데……

샌 님 : 말뚝? 말뚝이~! 옳다! 옳다! 여보시오! 내 부리던 하인 이름이 바로 말뚝이올시다!

(노친네도 같이 덩실덩실 맞는다는 몸짓을 한다)

악 사 : 아~하~ 그 하인 이름이 바로 말뚝이란 말이요 ?

샌 님 : 허~허~허~ 그렇소!

악 사 : 그럼, 오늘 여기 손님이 많이 오셨는데 어디 한쪽에서 있을 줄 모르니 한번 불러 보시오.

샌 님 : 그럼, 내 이곳에 있을지 모르니 한번 불러 보리다.

애! 뚝!아~ 뚝!아~ 말뚝!아~~(적은 소리로 부르고, 노친네도 부르는 흉내를 낸다)

악 사 : 여보시오, 영감님!

샌 님 : 왜 그러시오?

악 사 : 아니, 부역 나오라고 오정을 부르는 거요? 점심을 먹으라고 사

이렌을 부는 거요? 왜? 그리 길~구 힘이 없이 부르는 거요?

샌 님 : 아! ~ 짧고, 크게 부르란 말이지요?

악 사 : 그렇지요.

샌 님 : 그럼 내 다시 한 번 부르리다. 어흠! 어흠! 애! 뚝아!! 뚝아!! 뚝
아!! 말뚝아 ~~~~!!!

(말뚝이가 구경꾼들 속에서 뛰어 나와 채찍을 휘두르며)

말뚝이 : 말뚝인지? 꼴뚝인지? 대령했소!!~~~

(굿판을 한 바퀴 돌아 샌님 앞에 선다)

(唱) 샌~님 샌~님 큰댁 샌님, 작은댁 샌님, 똥골댁 샌~님, 샌
님을 찾으려고 이리 저리, 저리 이리 다 ~ 찾아 다니다가, 여
기서 만나보니 안녕허구? 절령허구? 무사허구? 태평허구? 아
래 위가 빼꼼합니~캬? (코고는 듯한 소리)

(총채로 샌님의 코를 찌를 것처럼 위로 추켜 찌른다)

샌 님 : 야! 이놈아, 양반을 만났으면 절을 하는 게 아니라, 뭐? 안녕
허구, 절령허구, 무사허구, 태평허구, 아래, 위가 뭣이 어쩌구
어째?

말뚝이 : 절이요? 절 알지요.

샌 님 : 이놈아! 절을 알면 절을 해야지!

말뚝이 : 아니, 절도 합니까?

샌 님 : 그럼! 해야지!

말뚝이 : 그럼 합니다(으스대며) 저~ 새 절, 덕 절, 도곡사, 마곡사, 물
건너 봉원사, 합천 해인사, 수원 용주사, 염주원 염주대 이런
절 말씀이죠?

샌 님 : (나무라듯이) 야! 야! 야! 이놈아! 그런 절은 스님이 불경이나 외

우고, 부처님이나 위하는 절이고……

말뚝이 : (의아 하듯 고개를 좌우로 갸웃 거린다)

그럼, 그런 절 말고, 또 다른 절이 있다는 말씀이요?

샌 님 : 야, 이놈아 너희 집엔 제사도 안 모시느냐?

말뚝이 : 제사요? 저는 그런 건 모릅니다.

(손사례를 치면서)

샌 님 : 허허~~~~ 이놈…… 모르면 배워야지.

말뚝이 : 절도 다 배웁니까?

샌 님 : 그럼, 모르면 배워야지.

말뚝이 : 그럼 절 한번 배워봅시다.

샌 님 : 이리 오너라, 넌 내가 하라면 하라는 대로, 시키면 시키는 대
로 한 가지도 빼놓지 말고 따라 하면 되느니라.

말뚝이 : 그러니까, 샌님이 시키면 시키는 대로, 하라면 하라는 대로
한 가지도 빼놓지 말고 하란 말씀이죠?

샌 님 : 저 만큼 가서 서거라.

말뚝이 : (장단 맞추어 뛰어가 돌아서서 샌님과 마주 보고 선다)

샌 님 : 자~ 미륵님을 바로 잡아라!

말뚝이 : (손거울을 하고 샌님을 쳐다본다) 아~ 하! 부채를 바로 잡으란 말
씀이죠?

샌 님 : 옳~치! 번쩍 들어라!

말뚝이 : 옳~치! 번쩍 들어라!

샌 님 : 들어라 소리는 빼라!

말뚝이 : 들어라 소리는 빼라!

샌 님 : (한발자국씩 앞으로 나오면서) 어허~~ 이놈이 !

말뚝이 : (한발자국씩 앞으로 나오면서) 어허~~ 이놈이 !

샌 님 : 아니? 이놈이, 누굴 보고 이놈이래?

말뚝이 : 아니? 이놈이, 누굴 보고 이놈이래?

샌 님 : 허~허~, 이놈을 패줄까!

말뚝이 : 허~허~, 이놈을 패줄까!

　　　　(샌님과 말뚝이가 서로 엉키어 실랑이를 하다가 샌님을 넘어뜨리고, 말뚝
　　　　이는 재미있다는 듯이 굿판을 거들먹거리며 돌아다닌다)

노친네 : (넘어진 샌님 곁으로 다가가 부추겨 일으키면서)

　　　　아이고, 이 미련한 양반아! 저, 무식한 말뚝이 놈한테 하라면
　　　　하라는 대로, 시키면 시키는 대로 하라니까 이렇게 봉변당하
　　　　는 거 아니오?

샌 님 : 이고! 똥 딱 뼈야~~, 허 허~~, 저 놈이 미련한 것이 아니라
　　　　내가 미련한 짓을 했소. 애, 애, 이놈아! 너 이리 오너라, 처
　　　　음부터 다시 하는데, 너는 말은 하지 말고, 내가 시키는 대로
　　　　동작만 따라 하거라!

말뚝이 : 저는 말은 하지 말고 행동만 따라 하란 말씀이죠?

샌 님 : 오~냐 !! 저 만큼 가서 서거라.

말뚝이 : (장단 맞추어 뛰어가 돌아서서 샌님과 마주 보고 선다)

샌 님 : 미륵님을 바로 잡아라, 번쩍 들어라, 차츰차츰 구부려라, 그동
　　　　안 무탈하고 안녕하셨습니까?

　　　　(샌님과 노친네가 절을 하는 동안 말뚝이는 앞으로 살금살금 다가와 절을
　　　　받으면서)

말뚝이 : 오 ~ 냐~!! 그동안 모시고 가시고 잘~~있었느냐?

(샌님과 노친네 깜짝 놀라며 말뚝이를 혼내 주려고 쫓는 시늉하고, 말뚝이
는 굽실거리면서 어쩔 줄 몰라 하면서)

샌 님 : 아 ~니. 이놈!! 상놈이 양반 절을 받아?!!

말뚝이 : 샌님, 샌님!! 그런 게 아니오라, 상놈이 양반한테 절을 받으면
　　　　 명이 길다고 해서 절을 한번 받아봤습니다. 샌님 제가 샌님한
　　　　 테 배운 대로 두 양주분께 제가 절을 올릴 테니 나란히 서서
　　　　 계십시오.

악 사 : (장구 장단을 친다)덩! 덩! 덩! 덩! 딱!

말뚝이 : 번쩍! 들었습니다, 구부립니다 !! (샌님과 노친네를 향해서 뛰어가
　　　　 면 샌님과 노친네 화들짝 놀래며 피해서 반대 방향으로 도망친다)

말뚝이 : 번쩍 들었습니다, 구부립니다 !!

말뚝이 : 번쩍 들었습니다, 구부립니다 !!

샌 님 : (말뚝이를 가로 막으며) 야! 야! 야! 이놈아! 됐다! 됐어!

　　　　 네 놈한테 절을 받다가는 옆구리 종창나 터져 죽겠다!

말뚝이 : 샌님, 그럼 절을 다 배운 겁니까?

샌 님 : 오~냐, 오냐 절 다 배웠다, 절 다 배웠어……

말뚝이 : 에~ 헤 !! 절 한번 배우기 되게 어렵네. 그나저나 샌님, 샌님
　　　　 과 제가 오랜만에 이렇게 만났으니 우리 예전에 추던 춤이나
　　　　 한상 추고 들어가십시다.

샌 님 : 좋~~지!!

　　　　 (다같이-금강산이 좋단 말을 바람 풍편에 넌짓 듣고 저리저리 절쑤~춤을
　　　　 추다가 말뚝이는 노친네를 꼬드겨서 먼저 퇴장한다. 피조리1,2 등장)

샌 님 : 어이쿠, 조카 딸년들이 나왔구나, 난 창피해서 들어가야겠네

　　　　 애들아 ~ 손님 많은데 너무 난잡하게 놀지 말고 얼른 들어오

너라. 어 힘!!!!

(샌님 퇴장 염불장단에 상좌 먹중 등장)

4. 먹중 취발이 과정

취발이 : (등장하면서) 어라~ 어라~ 어라~ 어라~ 네~ 미랄꺼, 안감네
똥독에 벌러덩 자빠질 것, 늙은 놈의 집안에 젊은 놈이 없어
도 못살고, 젊은 놈의 집안에 늙은 놈이 없어도 못사는 법, 내
가 집을 잠시 떠났더니 저희끼리 말 잡아먹고, 장고 매고, 소
잡아먹고, 북 매고, 안성 가서 새 쇠 갈아 다 걸걸걸이고 노는
구나.

악 사 : 걸걸걸이고 노는구나.

취발이 : 내가 집을 나와서 홍제원 고개를 으쓱 넘어갔더니, 이렇다는
기생이 양쪽 무릎에 앉아 한잔 잡수, 두잔 잡수 쭈르르 일이
삼배를 들이마셨더니 내 얼굴이 지지 발그레지니깐 당산 솔
개비가 고기 덩어리인 줄 알고 이리로 가도 휠~ 휠~, 저리로
가도 휠~휠~, 절수! 절수! 절수! 얼~수!

(춤을 타령에 맞추어 춘다)

취발이 : (손사래로 장단을 멈추며) 쉬~ 여보게!

악 사 : 왜? 그러나!

취발이 : 내가 춤을 한상 멋들어지게 추는데 안암산이 컴컴하고 휠~휠
~하는 것이 뭔가?

악 사 : 자네 그거 모르나?

취발이 : 난! 모르겠는데?

악 사 : 저~ 뒷절 중놈이 속가에 내려와서 계집 하나도 뭣한데 둘씩 데리고 농탕친다네

취발이 : 뭐? 계집 둘을 데리고 농탕을 쳐?

악 사 : 그려~~

취발이 : 그놈이 내 근본을 모르는구나

악 사 : 자네 근본이 뭔데?

취발이 : 내 근본은 이곳저곳 싸돌아다니며 한푼두푼 모아다 갑자거리 취발 내고, 내 세복에 치부하고, 중놈 급살 탕국 먹이는 취발 이다!

악 사 : 거참 이름 변변하구나!

취발이 : 똑! 똑! 하지, 여보게! 내 저 중놈을 한번 얼러 봐야겠다!

악 사 : 한번 얼러봐라!

취발이 : (먹중 앞으로 다가가며)야! 이놈! 중아~ 아닌 밤중이냐, 거리 노 중이냐, 보리 망중이냐, 칠월 백중이냐? 중이라 하는 것은 깊 은 산중에서 불도나 외우고 부처님이나 위할 것이지 이 속가 에 내려와서 계집 하나도 뭐한데 둘씩 데리고 농탕쳐?

(대사 끝머리에 먹중 부채를 함께 쫙 피면서 취발이와 얼른다)

엇따 ! 이놈! 봐라 덤비는구나!

악 사 : 덤빈다!

취발이 : 이놈이 덤비는 것을 보니 멋이 잔뜩 들어 있는 모양인데, 내 이놈을 춤으로 한번 녹여 봐야겠다. 저~리 저~리 저~리 절 ~수!

(타령장단에 춤을 추며 피조리 쪽으로 다가가면 먹중이 앞을 막아서며 취

발이의 행로를 차단하며 춤을 춘다)

취발이 : 어라~어라~어라~, 야~~ 이놈이 나보다 춤을 십배 이상 잘
　　　　춘다! 이놈이 계집을 데리고 놀 때에는 멋이 잔뜩 들었겠다,
　　　　섣불리 다뤄서는 안 되겠구나! 이번에는 장단을 바싹 몰아서
　　　　춰야겠다, 달아~달아~ 밝은달~ 이태백이가 놀던달아 저~
　　　　리 저~리 절~수!

　　　　(타령을 빠르게 몰아 춤을 추다 먹중이 속도를 이기지 못하고 춤을 멈추고
　　　　같이 춤을 추던 취발이 코 부분을 부채로 탁! 치고 퇴장을 하면서 몇 번 뒤
　　　　를 돌아보며 퇴장한다)

취발이 : (숨을 몰아쉬며) 여보게!

악 사 : 왜? 그러나!

취발이 : 내가 한창 춤을 추는데 내 코를 탁 치는 것이 무엇이냐?

악 사 : 아~~ 중놈이 춤을 추다 자네를 못 이기니까 자네 코를 탁!
　　　　치고 들어갔네.

취발이 : 뭐? 내 코를 탁 치고 들어가? 아이쿠! 코야! 아이구! 허연 코
　　　　피가 굴관제복을 입고 네 곱 네 곱 흘러 나오네 아이구! 코야
　　　　~~

　　　　(코를 부여잡고 아파 죽겠다는 몸짓을 한다)

악 사 : 아니, 코 때리고 들어간 지가 언젠데 무슨 놈의 흰 코피가 나
　　　　온 다구 그래?

취발이 : 아 그렇게 되나? 허~허~허~ 그러면 그렇지! 제 놈이 나를
　　　　이길 리가 없지. 그러고 저러고 여보게!

악 사 : 왜? 그러나?

취발이 : 아까 그 중놈이 데리고 놀던 계집들 어디로 갔나?

악 사 : 아~하~ 그 계집들 말인가? 이쪽으로 돌아라 휙!

취발이 : 이쪽으로~~ (말을 다 마치지 못하고 피조리를 본다) 야! 야! 야! 너!

이리로 좀 와 봐라! 야~ 잘생겼다! 잘생겨~ 네가 이리 예쁠 때는 너를 낳은 네 어미는 얼마나 예쁘겠냐? 내가 너 잘 생긴 내력을 알려줄 테니 들어봐라!

(피조리 멀뚱 허니 서 있으면서 몸을 비비 꼰다)

이마는 뒷박이마요, 눈썹은 세 붓으로 그린 듯하고, 눈은 비 오는 날 단장 구멍 같고, 코는 마늘쪽 거꾸로 붙인 듯하고, 이는 당사 실로 쪼르르르 엮은 듯하고, 모가지는 실내기 목 아지, 엉덩이가 펑퍼짐하고, 아랫배가 맬숙하고, 새 다리 정강이에다 마당발에, 한배에 새끼를 열댓 마리는 낳겠다.

악 사 : 아니? 열댓 마리를 다 어디에 쓸려구?

취발이 : 이장 저장 끌고 다니며 팔다 팔다 남는 건 다 취발이 새끼 다!(자식이다)

여보게 조금 전에는 둘이였는데 또 하나는 어디로 갔나?

악 사 : 그건? 저쪽으로 돌아라 홱!

취발이 : 아~하! 저쪽으로~ (피조리 쪽으로 돌아보며) 야! 이것 봐라! 이건 더 잘생겼다!

야! 야! 이년아 이쪽으로 좀 와 봐라! (피조리 몸을 꼬며 다가간다)

야! 이년들아! 세상에 이화별감, 무화별감, 대전별감 금부 나부랭이들이 수두룩 빽빽한데 하필이면 중놈이 그리 좋터냐?
(피조리 토라진 듯한 몸짓을 한다)

야야 내가 너희를 미워서 그런 것이 아니라 너희들이 예뻐서 그랬고, 이쪽으로 돌아 서거라 옳치! 옳치! 여보게!

악 사 : 왜? 그러나?

취발이 : 중놈이 데리고 놀던 계집들을 이 취발이가 한번 데리고 놀아
　　　야 겠다!

악 사 : 좋~은 말씀!

취발이 : 저~리 저~리 저~리 절~수!

　　　(타령장단에 피조리 1, 2 취발이 춤을 추며 퇴장한다)

05

2018년
〈문진수본〉

1996년 보유자 박용태의 구술을 문진수[72]가 2018년 최종 정리

◉ 1과장 (마당씻이)[73]

(덩덕궁이 가락에 전 배역(출연진)들이 퍼레이드 형식으로 마당(판)을 돌면서 춤[74]을 추고 퇴장한다. 이때 꺽쇠[75]는 판에 남아서 홀로 연주하고 장단을 맺는다[76])

〈입장하는 탈꾼들〉

꺽 쇠 : 허라, 허라 네기럴꺼.[77] 혼자 놀기 심심한데 장쇠놈이나 불러
       볼까?

잽 이 : 그래 한번 불러보자.[78]

꺽 쇠 : (장쇠가 나오는 방향을 바라보며)야, 야, 야, 장쇠[79]야.

장 쇠 : 어, 어, 어!

(장쇠가 텅텅걸음[80]으로 장단에 맞추어 놀이판에 원을 그리며 입장한다. 꺽쇠와
마주보고 서게 되면, 오랜만에 만난 것처럼 서로의 얼굴을 바라보며 주의 깊게 살
핀다)

〈꺽쇠와 장쇠〉

장 쇠 : 야아! 꺽쇠 참 오랜만이구나. 이게 얼(월)81마 만이냐?

꺽 쇠 : 야, 장쇠 참 오랜만이구나. 그래 그동안 어(워)디서 뭐하고 지냈냐?

장 쇠 : 이야 말도 마라, 말도 마! 이놈의 장구 배우느라고 어찌나 힘들었는지. 우리 아버지가 이 개가죽통만82 밤낮 두(뚜)들기다가, 저(열채로 방향을 지시하며) 먹뱅이83 남사당패 쫓아갈 거냐구 볼기짝을 떡패듯(엉덩이를 맞아서 아픈 표정을 지으며)…… 아이쿠! 아이쿠!(아픈 표정으로 서 있는 자리에서 반시계 방향으로 원을 그리며)

꺽 쇠 : 그래, 너도 그러냐? 나도 그렇다. 이놈의 꽹매기84 배우느라고 어찌나 어려웠던지. 나도 죽것다.(꽹과리를 배우면서 혼이 난 것을 표현한다) 그러고저러고85 오랜만에 만났으니, 너랑 나랑 예전에 놀던 가락 한 번 쳐 보는 게 어떠냐?

장 쇠 : 아! 그거 좋지. (신이 나서 흔쾌히 답한다)

　　　(덩덕궁이 장단86에 꺽쇠와 장쇠가 어울려 춤추며 논다)

장 쇠 : 야, 이놈아! 이게 아니다. 우리 둘이 노니까 이 격87이 안 맞아!

꺽 쇠 : 그러면, 우리 옛날에 같이 놀던 친구를 부르자 이 말이지!88

장 쇠 : 아, 그렇지!

꺽 쇠 : 먹쇠89야, 멍쇠90야.

먹쇠, 멍쇠 : (텅텅 걸음으로 뛰어 나오며)어!91

(먹쇠와 멍쇠가 입장을 하면 4명이 서로 짝(쌍)92을 이루며 마주 보고 선다. 이후 오랜만에 만난 것을 마임(몸짓과 표정)으로 표현한다)

장 쇠 : 얼럴럴럴 네기럴꺼! 아이구, 요, 요게 무슨 짐승(놈)일까(꾜)?93

먹 쇠 : 허허…… (말문을 더듬거리며) 아! 이놈아 얼굴 더럽게94 생긴 놈이 날 보고 짐승이라고? 내가 너처럼 생겼으면 문 밖 출입도 안하것다.

장 쇠 : 아니, 이놈아! 내95 네(너)처럼 생겼으면 똥뚜깐(깐)96 출입도 (두) 안하것다.

〈먹쇠와 장쇠가 다투는 장면〉

명 쇠 : (장쇠와 먹쇠의 싸움을 말리며) 야! 야! 야! 이 사람들아! 우리가 이 곳에 나올 때는 뭐 싸우러 나왔것나? 저, 먹뱅이 남사당패 한 번 싹 눌러 보자는 것 아녀![97]

다같이 : (명쇠의 말에 동조하며 일제히 긍정적으로 답한다) 아, 그렇지! 그렇 지!

꺽 쇠 : 그렇지! 저, 먹뱅이 남사당패 싹 문지르게 한판 부셔보자, 그 럼 춤부터 한상 나가는데(흥이 나서), 달아달아 밝은 달아! 이태 백이 놀던 달아! 저리, 저리, 얼쑤, 절쑤![98]

(덩덕궁이[99] 장단에 맞추어 꺽쇠, 명쇠, 장쇠, 먹쇠가 어울려 춤춘다)

꺽 쇠 : 쉬이! 야, 야, 야, 이놈들아! 이게 아니다. 바늘허리에 실을 맸 구나.[100] 우리들끼리 놀 게 아니라 먼저 손님들을 불러놓고 놀 아보자!

장 쇠 : 그렇지! 그렇지! 손님들을 모시려면 무슨 가락을 쳐야 될까?

먹 쇠 : 취군가락![101]

꺽 쇠 : 옳지! 옳지! 취군가락부터 쳐부수잔 말이지! 얼럴럴럴 네기럴 꺼[102].

(꺽쇠, 장쇠, 명쇠, 먹쇠가 어울려 취군가락[103]에 맞추어 춤춘다)

〈취군가락에 춤추는 탈꾼들〉

꺽 쇠 : 야 ! (히야) 이만하면(이만허면) 먹뱅이 남사당패 쪽도(두) 못쓰것
　　　다. 이번에는 덩덕궁이104로 들어가는데 얼럴럴럴 네기럴꺼.

꺽 쇠 : 야! 이놈들아 이렇게 한바탕 부수고 나니까105, 뱃속에서(배가
　　　고픈 것을 흉내 내듯 배를 어루만지며) 꼬르륵106이 운다.

먹 쇠 : 뭐! 꼬르륵 소리가 난다고? 아, 그럼 밥을 먹어야지.

꺽 쇠 : 그럼 밥그릇 옆댕이에는 뭐가 있더라?

먹 쇠 : 그야, 밥그릇 옆에는 숟가락(숟가락으로 밥을 떠먹는 흉내를 내며)
　　　이 있지.

꺽 쇠 : (손사래를 치며 고개를 갸우뚱거리며 제자리에 한 바퀴 돌며)

　　　아니, 숟가락 말고 밥그릇 옆에 놓고 떠먹는 것.

명 쇠 : 그럼, 숭늉그릇 아니면 국그릇107이지 뭐!

꺽 쇠 : 옳지, 옳지, 생각났다. 굿거리 한판 신나게 부시는데, 얼럴럴
　　　럴 내기럴꺼.

(굿거리108 장단에 맞추어 어울려 춤추고 놀아준다. 굿거리, 덩덕궁이, 자진가락 (엎어빼기109) 순으로 연주한다)

먹 쇠 : (큰소리로)쉬이! 이만하면 먹뱅이 남사당패 똥구멍에 불이 붙었 겠구나.

다같이 : (신나서)불이 붙었겠구나!

꺽 쇠 : 야, 이놈들아! 우리가 이곳에 나왔을 때는(땐) 이렇게 쇳꽁댕이 만 뚜드릴 게 아니라 만장하신 손님들이 많이 오셨는데, 뭔가 해드려야 하는 것이 아니냐?

명 쇠 : (곰곰이 생각하며) 무엇을 해드릴까? 아, 생각났다. 여기오신 손 님네 소원 성취하시라고, 축원 고사덕담(告祀德談)을 빌어 줬으 면 하네.

꺽 쇠 : 그렇지, 그렇지. 그럼 축원 고사덕담을 해야겠네.

다같이 : 그래, 그래 그게 좋겠구나!

〈고사를 지내는 모습〉

비나리[110]는 흔히 고사반, 고사덕담으로 불리며 남사당패의 고사소리의 은어로 '빌다', '바라고 원하다'의 뜻으로 축원을 염원하는 제의적 성격의 소리로 선고사와 후고사(뒷염불)로 이루어진다. 덩더궁이 장단으로 내주고 맺으면 소리가 시작된다.

〈고사소리(비나리)〉

선고사(先告祀)[111] 사설

(1) 산세성장풀이[112]

아나 금일(今日)[113] 사바세계(娑婆世界)[114]

남섬(南贍)[115]은 부주(浮州)[116]로다

해동(海東)[117] 잡으면 조선국[118]이요[119]

가운데 잡아라 한양[120]에

삼십칠관(三十七官)[121] 대무관(大廡官)[122]

이면(裏面)[123] 이주(移駐)[124]가 거주(居住)[125]로다

건명(乾命)[126]에(에는) ○○동(곳이댁)[127]

또 곤명(坤命)[128]전 부인마마

소자(小子)[129]상남 데련님[130]

하남자손(下男子孫) 여자 애기[131]

어깨 너머는 설동자(立童子)[132]

무릎 밑에는 기는 애기

쭈르륵 칭칭 자라날 제[133]

그 애기 점점 자라서

어찌어찌 자랐느냐

억수장마 비 퍼붓듯[134]

서해 바다 물밀 듯[135]

동해 바다 파도치듯[136]

육칠월에 외[137] 자라듯[138]

칠팔월에 목화 피듯[139]

용문산(龍門山)140 안개 끼 듯141

무럭무럭 잘 자라니

거들 허니142 굉일소냐143 (간주)144

(2) 액(厄)살(煞)풀이145

그건 그래도 하거니와

작년(昨年) 같은 해오년146을147

꿈결 잠시148 다 보내고149

올150과 같이 험한 시절

실년(新年)151을 막아내고

행년(行年)152을 가려보고

실년(新年) 행년(行年) 가리실 적에153

살(煞) 풀어라 거리살154

동네방네 불안살155

불이 나며는 화재살(火災煞)156

원근(遠近)157 도중(途中)158에 이별살(離別煞)159

부모(父母)님 돌아가 몽상살(蒙喪煞)160

장인삼촌(長人三寸)161 복채살(卜債煞)162

내외지간(內外之間)163 공방살(空房煞)164

살강165 밑에는 땡그랑살166

마루 대청 성주님살167

횃대168 밑에는 넝마살169

이벽 저벽에 벽파살(劈破煞)170

산으로 가며는 산신살(山神煞)171

들로 가며는 들룡살172

고개고개도 서낭살173

모랭이 모랭이174 서낭살175

나룻배176 거룻배177 서낭살178

돌무더기179도 서낭살

하늘이 울어서 천동살(天動煞)180

땅이 울어 지동살(地動煞)181

이살(煞) 저살(煞) 모아다가

금일고사(今日告祀)182에 대(臺)183를 바쳐

원강(越江遠降)184 천리에 소멸(消滅)185하니

만사(萬事)186는 대길(大吉)187하고

소원성취(所願成就)188가 발원(發願)189이라 (간주)

(3) 호구190역(疫)살(煞)풀이

그건 그대로 하거니와

강남은 뙤뙤국191

우리나라는 대한국

십이제국(十二帝國)에 열두 나라192

조공(朝貢)193을 바치러 넘나들던

호구 별상(別相)194 손님 마마(媽媽)195

쉰삼196 분이 나오신다(나오실 제)

쉰분이 뚝 떨어져

우리나라 적단 말을

바람풍편 넌치 듣고197

회정(回程)198하여 들어가서

다만 삼분199 나오실 제

어떤 손님이 나오셨나

말을 잘하면 구변(口辯)200이오201

활을 잘 쏘면 호반(虎班)202이오

글을 잘하면 문관(文官)203이라

다음은 삼분204이 나오실 제

무슨 배를 잡았더냐

나무배는 복(福)205을 싣고

(독에) 돌배는 명(命)을 싣고206

명(命)과 복(福)을 가득 싣고

이 물207 잡아라 청기(靑旗)208로다

저 물209 잡아라 홍기(紅旗)210로다211

청기(靑旗) 홍기(紅旗)를 가졌으니212

우걱지걱213 건너올 제214

아미타불(阿彌陀佛)215이 누세(累世)216공

육광보살(六光菩薩)217이 노 저을 때218

산천(山川) 경낙을 시호(試毫)219하니

도사공(都沙工)220 쳐다봐라

매지구름221이 높이 떴다

닻들고 돛 달아라222

허리 가운데 합장하며

북을 둥둥 두드리니

강남(江南)223서 떠났구나

서(西)쪽224을 바삐 저어

일일(一日)225 경내(境內)226 앞바다

서해 바다 건너오니

조선 땅의 초입(初入)227이라

의주(義州) 용천(龍川) 가산(佳山) 철산(鐵山)228

안주(安州) 박천(博川) 순안(順安) 순천(順川)을229

얼른 지나 평양(平壤)230같은 대무관(大廡官)231

인물추심(推尋)232을 하옵시고

하룻날을 뚝 떠나

대동강233 얼른 지나

황주(黃州) 봉산(鳳山) 서흥(瑞興) 신막(新幕)234

남천리(南川里)235를 얼른 지나

개성 같은 대무관(大廡官)236

인물추심(推尋) 하옵시고

이튿날 내달아서237

파주 장단을 얼른 건너

작은 녹번리 큰 녹번리238

무악재239를 훨훨 넘으니

모하문(慕華門)240 거므러지고241

독립문(獨立門)이 우뚝 섰다242

팔문장안(八門長安)243에 억만(億萬)가구(家口)244

인물추심(推尋)을 다니실 제

하루 이틀 자리보고245

사흘 나흘에 기림246서고

닷새 엿새 소림(笑林)247서고

이레 여드레 검은 시루248

열사흘249이 넘짓되니250

행매(兄妹)251 배송(拜送)252을 내어보자

그건 그래도 하거니와 (간주)

(4) 삼신풀이253

이대면(面)내 대면(面)네254

이댁동(洞)중 대동(洞)중이여255

오늘 여기 오신 분들(건명전ㅇㅇ댁)

인(人)연 짓고 신(神)연 지어256

앞마당에는 선진(先進)257이요

바깥마당엔 후진(後進)258이라

선진 후진 진을 칠제259

이수팔수(二十八宿)260 기를 꽂고

삼시261 삼천262에 진을 치고263

아낙264 금상(今上)265 부인마마

상탕(上湯)266에 목욕을 하고

하탕(下湯)267에는 손발 씻고

머리 목욕을 정히 하고

정성으로 꿇어 앉아

지성으로도 비는 말씀

비나이오, 비나이오

금일 칠성(七星)268 비나이오

노구(老嫗)269 조상에 비나이오

인간이라고 하옵는 건

쇠술270로 밥을 먹고

의식이 막막(寞寞)하여271

춘부 일자(一字)272를 모를러니

입은 분 덕(德)도 많거니와273

새로 새 덕(德)을 입어보세

그건 그래도 하거니와274

달거리가 세다 하니

달거리를 풀고 가세

정칠월(正七月)275 이팔월(二八月)276

삼구월(三九月) 사시월(四十月)

오동지(五冬至) 육섣달(六一)277

일 년하고도 열 두달

과년(課年)278하고도 열 석달

삼백하고도 예순날

한 달은 삼십일이요

반달은 십오일

하루는 스물네 시

주야(晝夜)장창279 열두신데

시시(時時)때때280 드는 액은

달거리로 풀고 가자 <간주>

(5) 일년도액(一年度厄) 풀이(달거리)281

정월 한 달 드는 액(은)

이월 영등(靈燈)282 막아내고

이월 한 달 드는 액은

삼월이라 삼짇날283

제비(燕子)초리284 막아내고

삼월 한 달 드는 액은

사월이라 초파일(初八日)285이오

석가여래(釋迦如來)286 탄신일(誕辰日)287

관등불(觀燈佛)288로 막아내고

사월 한 달 드는 액(은)

오월이라 단오(端午)289날

녹의홍상(綠衣紅裳)290 미인들이

오락가락291 추천(鞦韆)292하던

그네 줄로 막아내자 (간주)

오월 한 달 드는 액은

유월 유두(流頭)293로 막아내고294

유월 한 달 드는 액(은)

칠월이라 칠석(七夕)날295

견우직녀(牽牛織女)296 상봉일(相逢日)297

오작교(烏鵲橋) 다리 놓고

까치머리로 막아내고

칠월 한 달 드는 액(은)

팔월 한가위298 막아내고

팔월 한가위 드는 액(은)

구월 구일(重陽節)299로 막아내고

구월에 드는 액은

시월상달(上一)300 막아내고

시월상달 드는 액은

동지(冬至)301날이라 동짓날

동지 팥죽302 정히303 지어(쑤어)

아낙304 금상 부인마마(夫人媽媽)

죽 한 그릇 푹 퍼들고

중문 상문 끼트리니305

드는 잡귀(雜鬼)306 나는 잡귀(雜鬼)307

뜨거운 팥죽을 뒤집어쓰고

엄마 뜨겁다 도망간다308

동짓달에 드는 액

섣달309이라 그믐날310이오

흰떡가래311로 막아내고

섣달에 드는 액은

내년 정월 열나흘날

오곡잡곡밥312 정히 지어

술 한 잔에 미역을 감겨

막걸리 한잔 소지(燒紙)313 한 장

북어 한 마리 둘둘 말아314

월강(越江)315 천리(으로) 소멸하니

오(날)늘 여기 오신 분들

만사(萬事)316가 대길(大吉)317하고

백사(百事)318가 여일(如一)319하고

맘(마음)과 뜻과 잡순대로

소원성취(所願成就)가 발원(發願)320이다.

2. 후(後)고사(告祀)321 사설

(1) 상봉(上奉)길경(吉慶)

상봉(上奉)322 길경(吉慶)323에 불복(富福)324 만재(滿載)325로구려 만(滿) 재수야

아아에헤에헤 에헤 에라 누려라

열의 열326 사랑만 하십소사 나하(那何)327

봉혜(奉兮)328 봉혜로다

보옹혜 에에헤에 옴이로다 (간주)

(2) 불심(佛心)포교(布敎)

나무(南無)329아

시방정토(十方淨土)330 극락세계(極樂世界)331

삼십육만억 일십일만 구천오백332 동명동호(同名同號)333

대자대비(大慈大悲)334 아등(我等)335 도사(導師)336 금상(金像)337에도

여래(如來)338신데 무량수(無量數)339

제불(諸佛)340 열에만(十萬)341 보살이로다 만재수야

아 하 헤에헤에 헤에에에 해로 누려라

열의 열 사랑만 하십소사 나하

보오오 에에헤에 헤험이로다

보오오오 오호오 에헤어 (간주)

(3) 축원덕담(祝願德談) 1

축원(祝願)342이 갑니다

덕담(德談)343 갑니다 발원(發願)344이 가오

건구건명(乾求乾命)345 전에는

오늘 여기 오신 가중(家中)346

문전축원(門前祝願)347 고사덕담(告祀德談)

지성정성으로 여쭈신 델랑

남의 댁(宅) 가중(家中)³⁴⁸ 남의 댁(宅) 동중

이러니저러니 액설지설 떠들지라도

오늘 여기 오신 가중(家中)

여러분 댁으로 드시거들랑은

밤이 되면 불이나 밝으시고요

낮이 되면 물이나 맑아 (간주)

(4) 축원덕담 2

밤이 되면 불이 밝고

낮이 되면 물이 맑아

물(水)과 불(火)은 수화 상극(相剋)여도³⁴⁹ 갖추어 막고³⁵⁰

어르사 속경(俗境)³⁵¹ 고명(顧命)³⁵² 같소

옥쟁반에 금쟁반

순금쟁반에 진주를 굴린 듯

얼음 위에도 백로 같소

오동(梧桐)나무 상상가지³⁵³

봉황(鳳凰)같이도 잘 사실 제

오늘 여기 계신 분들³⁵⁴

천금(千金)³⁵⁵같은 귀한자식³⁵⁶

성명(姓名) 삼자(三字)³⁵⁷로 저 달만 그린 듯이 자랐습니다

에헤헤 사실지라도³⁵⁸ 늘려서³⁵⁹ 사대만 사십소사나아 아하하

에헤헤에헤 어허 어허 어어 어험이로다 (간주)

(5) 액살풀이

오늘 오신 여러분들

만복(萬福)360을 받았거니와

만고액살 제쳐줄제

삼재팔난(三災八難)361 관재구설(官災口舌)362

우환(憂患)363 질병(疾病) 잡귀잡신(雜鬼雜神)364

모든365 액살(厄煞)을 휘몰아다가

금일고사에366 대를 바쳐367

저 소반(小盤)368으로 배를 짓고369

저 쌀로다 양미(糧米)370허고

저 불배기371로 웃짐치고372

저 실은 일곱 칠성(七星)님께

명실373로다 튼튼하게 걸어놓고

저 촛불로 광명(光明)374 밝히고

저 돈으로 선가(船價)375주고

저 수저로 노를 저어

좋은 순풍(順風)376에 불거들랑은

이 압록강에다 소멸377을 합시다378

염창목379에 행주380나 봉381일지라도382

오대풀이383며 삼재(三災)풀이384며

동미조강385 의주 압록강에다386

덩기덩 두두아 두둥실

떠내려 보냈습니다.

보오오 에에헤에 헤험이로다

보오오오 오호오 에헤387

자진가락을 연주하며 가락을 맺는다.

(자진가락)

꺽 쇠 : 이만하면 마당씻이는 족하렷다.

다같이 : 족하렷다.(그렇지, 그렇지)

(고사가 끝난 후 덩덕궁이 장단을 치며 놀다 장쇠, 먹쇠, 멍쇠는 퇴장하고, 꺽쇠 혼
자 남아 쇠춤(개인놀이)으로 흥겹게 놀아준다)

◉ 2과장 옴탈잡이

(첫째마당의 축원 고사덕담이 끝나면 판을 돌면서 연주하다가 장쇠, 멍쇠, 먹쇠는
퇴장하고 꺽쇠만 혼자 남아서 덩덕궁이388 장단에 맞추어 놀이(개인놀이)를 한다.
이때 옴탈이 춤을 추며 등장한다.389)

〈입장하는 옴탈〉

꺽 쇠 : (옴탈이 나온 것을 확인한 후) 얼~럴럴럴 네~기럴꺼!

옴 탈 : (꺽쇠의 눈치를 보면서) 이히! 네기럴꺼! 이놈은 뭣하는390 놈인
고?

꺽 쇠 : (이리저리 살피며) 가만 있자, 어이구 이놈이 하늘 높은 줄 모르
고 땅 넓은 줄만 아느냐?391 얼굴이 외쟁반392만 하구나, 아
니 이놈이 머리에 쓰고 나온 것이 의관393인 줄 알았더니 어
디서 남의 집 떡시루 밑394을 쓰고 나왔구나.(옴탈의 떡시루 밑을
잡아채서 한 바퀴를 잡아 돌린다)

옴 탈 : (꺽쇠가 잡은 머리채를 뿌리치며) 허허, 이놈아 이거 놔라! 놔!!

(의관을 제정비하며) 남의 의관 절단난다. 절단나!

꺽 쇠 : 이놈 의관이라더니 어디 가서 남의 떡시루 밑을 쓰고 나와서 의관이라고.395

옴 탈 : (으스대며) 야, 이놈아 이 의관이 그래도 삼천칠백일흔한냥 주고 맞춘 의관이다.

꺽 쇠 : 이놈, 대관절 네가 사람이냐? 짐승이냐? 얼굴은 황토 핀데396 용천백이397가 먼저 지나가는구나. 아, 네놈 때문에 초판부터 부스럼398 탈라.

옴 탈 : (불만 가득한 얼굴로) 이놈, 내 쌍판이 어째서 사람, 짐승을 묻느냐? 내, 네 얼굴 같으면 문지방도 안 넘것다.

꺽 쇠 : 그러나 저러나, 네 얼굴을 보아하니 우툴두툴하니 땜장이 발등 같고399, 벌레 먹은 삼잎 같고400, 보리 널은 콩명석에 엎드러졌느냐, 왜 이렇게 우툴두툴하느냐?401

옴 탈 : (으스대며) 내 얼굴 우툴두툴한 내력을 모르는고?

꺽 쇠 : (퉁명스럽게) 모르것다!

옴 탈 : 어흠! 그렇다면 내 얼굴 우툴두툴한 내력을 일러줄 것이니 똑똑히 들어 봐라(보아라)! 해동402은 조선 땅을 으씩(웃썩)403 떠나 중원404땅으로 쑤욱 들어갔것다. 아, 그런데 나올 때 뭐 가지고 나올 게 있던가, 그래서 호구별상405 손님마마님406을 뫼시고407 나왔다가 내 쌍판408이 이 모양이 요 꼴이 되었네 그려!

꺽 쇠 : 호구별상 손님마마님이라? 이놈 가만히 있어라, (옴탈의 얼굴을 요리조리 살펴보며) 네 얼굴을 내가 체검409을 해야겠다.

옴 탈 : (꺽쇠를 밀치며) 야, 야, 야, 이놈아! 네가 뭔데 남의 얼굴을 체검을 해!

꺽 쇠 : (옴탈의 얼굴을 요리조리 살피며) 야! 야, 가만히 좀 있어, 이리로 와봐! 그래, 옳지! 옳지! (옴탈의 얼굴을 쓰다듬다 긁어내리며) 아따, 이놈!

옴 탈 : 야, 이놈아! 하루 종일 개똥, 소똥 밭에 황토밭을 누비고 다니던 그 더러운 손으로 남의 얼굴을 체검을 해! 이런 고연놈[410] 같으니라고!

〈옴이 옮아 손을 긁는 꺽쇠〉

꺽 쇠 : (온몸을 여기저기 긁으면서) 야, 야 야 가만히 있어 봐라! 그런데 네 쌍판을 체검했더니 내 손가락 사이가 왜 이렇게 가려 우냐! 어찌 손끝매기[411]가 노로꼬름[412]한 게 (옴탈에게 대들며) 아니, 이놈이 호구별상 손님마마님을 모시고 나왔다더니 어디서 옴을 차독[413]같이 묻히고 나왔구나!

옴 탈 : (큰소리로) 뭐! 옴!414

꺽 쇠 : 그래 옴!

옴 탈 : (더 크게 소리치며) 옴!

꺽 쇠 : (맞받아치며 더욱 크게 소리친다) 그래 옴!

옴 탈 : 옴봐라! 옴봐라! 옴봐라! 옴봐라! 저리 저리 얼쑤, 절쑤!415

다같이 : (구성지게) 금강산이 좋단 말을 바람 풍편(風便)416에 넌짓 들고
　　　　저리, 저리, 얼쑤, 절쑤!

(타령417 장단에 옴탈과 꺽쇠는 대무(對舞)418하며 꺽쇠는 옴탈을 춤으로 물리치
고 퇴장하면, 옴탈은 혼자 남아서 춤을 마무리한다)

옴 탈 : (악사를 바라보며) 아! 여보게, 여기 나와 같이 춤추던 사람 어디
　　　　로 갔는가?

악 사 : 아, 자네와 같이 춤추던 사람

옴 탈 : 그래!

악 사 : 자네하고 춤추던 놈(사람)은 벌써 저~쪽으로 도망갔네!

옴 탈 : 저쪽으로

악 사 : 아니, 이쪽으로

옴 탈 : 아, 이쪽으로 네 이놈을 붙들어 가지고 혼구멍(혼쭐)을 내줘야
　　　　겠네!

악 사 : 그래 얼른 쫓아가서 혼구멍을 내주게나.

(옴탈은 꺽쇠가 나간 방향으로 텅텅걸음419으로 퇴장한다)

◈ 3과장 샌님잡이

(장죽420을 물고 부채, 지팡이를 든 샌님이 굿거리장단421에 맞추어 거드름춤422을 추
고423, 그 뒤를 쫓아 노친네(할미)가 따라 나온다. 노친네는 특유의 할미걸음424과 주책
부리는 춤사위로 등장하며 샌님과 대무(對舞)를 한다. 노친네는 틈틈이 옷에서 이를 잡거
나 몸을 여기저기 긁는 흉내, 소변을 보는 흉내, 고쟁이 속을 들추는 등의 주책을 부리며
놀이판을 휘젓고 다닌다)

〈입장하는 샌님과 노친네〉

샌 님 : (악사를 보며) 쉬이!425 (졸졸 쫓아다니는 노친네를 못마땅하게 바라보
며) 아이고, 이 주책 바가지야426, 늙은 주제에 비 오는 날 똥
마려운 강아지 마냥, 왜 내 궁둥이만 졸졸 쫓아다녀, 창피하게
쓰리!

노친네 : 아니! 영감, 바늘 가는 데 실이 없어서야 되나요? 저 하늘 달 가는데 별이 따라가듯,427 마누라가 영감 따라다니는 게 뭣이 창피하겠소.

샌 님 : (말도 안 된다는 표정으로 큰소리치며) 아니 무엇이 어쩌고! 어째! 이 할망구야 쭈그렁밤송이428가 다 된 것이 뭣이 어째! (무시하듯) 야, 이것 봐라, 누가 볼까 무섭다, 도무지 창피하게시리.

노친네 : (바닥에 주저앉아 하소연하며) 아이고! 원통해라, 절통해라, 저놈의 영감이 내 젊었을 때 고쟁이 가랑이429 졸졸 쫓아다니던 생각은 안 하고, 이제 늙었다고 날 괄시해!430 아이고! 아이고!

잽 이 : (장구를 요란하게 치며―일채) 여보시오, 웬 영감님이 남의 놀음청431에 나와 난가이432 떠드시오?

샌 님 : (으스대고 허세를 부리며) 여보게! 내가 웬 영감이 아니라 저 경상도 선산 땅 사는 한다는433 양반으로서 팔도강산 유람차로 나온 사람일세. 아, 그런

데 이 : 주책바가지 마누라가 강짜434를 놔서 이러는 참일세!!

잽 이 : 아, 그려(래)! 그럼 팔도강산 유람했으면 어디어디를 다니셨소?

샌 님 : (헛기침을 하며 허세를 부리듯) 어흠! 내 안 가본 데 **빼놓고**는 다 가봤네.(단가 '죽장망혜'를 부른다)435

잽 이 : (맥이 풀려서) 허, 그 늙은이 사람 파장(罷場)436이구먼, (큰소리치며) 그 소리야 나도 하것다.

샌 님 : (겸연쩍게) 허허, 내 무슨 개소리를 했다고 그리 지청군(구)437가, 늙은 것도 서운한데 너무 업신여기지 말게. 그러나 저러나 내가 여기 나온 것은 다름이 아니라 내 부리던 하인 놈이 석삼 년 전에 집을 나갔는데 내 이 하인 놈을 찾으러 나왔것다.

샌 이 : 하인을요? 하인을 찾으러 나왔으면, 하인 이름이 무엇이요?

샌 님 : (곰곰이 생각하며) 가만 있어 보자, 아 그놈 성이 뭐였드라? 이름이 뭐였드라? (노친네를 바라보며) 여보 할멈! 혹시 하인 놈 이름 몰러?

노친네 : (손사래를 치며 고개를 좌우로 흔들고 모른다는 표정을 짓는다)

샌 이 : (못마땅한 말투로) 샌님! 하인의 성도 이름도 없이 어떻게 찾는단 말이요?

샌 님 : (잠시 생각하며) 가만 있자, 내 정신이 없어 모르겠구나!

(생각난 듯 큰소리로) 그렇지, 아 여보게!

샌 이 : 지(계)집 보게가 여보 겐가, 왜 그러나!

샌 님 : (샌님이 짚고 있던 지팡이를 땅에 꽂는 시늉을 하며) 내가 가지고 있는 막대기를 땅에 꽂으면 이것을 무엇이라고 하오?

샌 이 : (당연하다는 듯) 아, 뭐긴 뭐요 지팡이지.

샌 님 : 아니, 아니! 아, 여보쇼! 저 시골을 일러두고 소를 끌어다가 들판녘에 갖다놓고 고삐를 챙챙 붙들어 매다 (지팡이를 땅에 박아대는 시늉을 하며) 땅에다 꽝꽝 때려 박는 것을 뭐라고 하오?

샌 이 : 소고삐를 칭칭 감아 땅에 꽝꽝 두드려 박는 거요!

샌 님 : 그렇지.

샌 이 : 아 그야, 말뚝438이지.

샌 님 : (말을 더듬거리며) 말……말뚝이! (생각이 난 듯 노친네를 바라보며) 옳지! 옳지! 그 옛날 내가 부리던 하인놈 이름이 말뚝이요, 말뚝이! 아, 우리 하인 말뚝이 놈을 찾으러 참빗새새,439 면면촌촌(面面村村),440 방방곡곡(坊坊曲曲)441을 다녀도 못 찾았는데. 여기 와서 보니 사람이 많이 모였네 그려. 이런데 혹시 있나 한번 불러봐야겠다.

잽 이 : 그래, 어디 한번 불러보시구려!

샌 님 : (낮은 소리로 길게 뽑아내며) 얘, 뚝아 뚝아, 말뚝아!

잽 이 : (짜증내며 큰소리로) 아, 여보시오. 하인 말뚝이를 부르는 거요, 동네 사람 길 닦으러 나오라는 거요. 다시 한 번 크게 불러보 시구려.

〈입장하는 말뚝이〉

샌 님 : (갸우뚱거리며) 이놈이 이런데 있을 듯한데, 다시 한 번 크게 불 러 보겠다. (크고 또박또박하게) 얘, 뚝아, 뚝아, 말뚝아!

말뚝이 : (말뚝이 장단에 맞춰 등장하면서 크고 명확한 소리로) 말뚝인지, 꼴뚜 긴지 대령했소! (말채찍으로 양반을 퉁긴 후, 말채찍을 좌우로 흔들며 허튼타령으로 소리한다)442 샌님, 샌님, 큰댁 샌님, 작은댁 샌님, 똥꿀댁 샌님!443 샌님을 찾으려고 이리저리, 저리이리, 다 찾 아보아도 못보겠더니, 여기 와서 만나보니, 안녕하고 절녕하

고, 무사하고 태평하고 아래 위가 (말뚝이 채를 샌님 얼굴에 뿌리듯이 던진다) 빠끔444합니까?445

샌　님 : (말뚝이를 혼내듯 다가서며) 네, 이놈! 네가 말뚝이가 분명하렷다.

말뚝이 : (샌님에게 다가서며) 네! 소인 말뚝이가 분명하옵니다.

샌　님 : (어이없음에 화를 내며) 에끼! 네 이놈, 양반을 만났으면 절을 하는 게 도리이거늘, 무엇이 어쩌고 어째? (부채로 말뚝이 머리를 때리려 하며) 아래위가 빠끔해?

말뚝이 : (재빨리 피하면서) 네 절이요? 절? 알지요 압니다. (채찍으로 방향을 가리키며) 서울로 일러도 새절, 덕절, 도곡사, 마곡사, 저, 물건너 봉원사, 과천의 관악사, 연주암(戀主庵) 연주대(戀主臺), 수원 용주사, 합천 해인사 (으스대며) 아, 이런 절 말씀입니까?

샌　님 : (타이르듯이) 이놈 누가 그런 절 말이더냐? 거기는 스님들이 불도를 닦는 곳이고, 너 제사도 안 지내봤냐?

말뚝이 : 제사요? (손사례를 흔들며 뒤돌아서서) 허! 우리 집에 그런 것 없소이다.446

샌　님 : 야, 이놈아. 절을 모르면 절을 배워야 되느니라.

말뚝이 : (어이없어하며) 샌님, 절도 다 배우나요?

샌　님 : (타이르듯이) 그럼, 모르면 배워야지!

말뚝이 : (우스꽝스럽게) 그럼, 대관절 절은 어찌 배웁니까?

샌　님 : 야, 이놈아 이리 오너라! (말뚝이가 성큼성큼 다가간다) 네놈은 내가 시키면 시키는 대로, 허(하)라면 하라는 대로 그 무엇이든지 빼놓지 말고 똑같이 따라서 하면은 절을 배울 수 있느니라.

말뚝이 : 그러니까 샌님이 시키면 시키는 대로, 허라시면 허라시는 대로 그 무엇이든지 빼놓지 말고 똑같이 따라서 하면은 절을 배울 수 있다 이 말이시죠. (양반에게 대들 듯 채를 들이대며) 그럼 절

한번 배워봅시다.

샌 님 : 그렇지, 그렇지! (뒤쪽을 가리키며) 자, 저만치 가서 서거라.

말뚝이 : (뒤쪽을 바라보며) 저만치요!

샌 님 : 그래, 그래!

말뚝이 : (뒤로 네 걸음을 걸어서 다섯 걸음째 뒤돌아선다)447

샌 님 : 자, 미륵님448을 가로로 잡아라.

말뚝이 : (가만히 생각하며) 미륵님입쇼!!

　　　　(생각난 듯) 아하! 그러니까 부채를 가로 잡으란 말씀이지요.

샌 님 : 오냐, 오냐, 부채를 가로로 잡아라. 번쩍 들어라.

말뚝이 : (큰소리로 따라하며) 번쩍 들어라.

샌 님 : (타이르며) 들어라 소리는 빼라.

말뚝이 : (비아냥거리며) 들어라 소리는 빼라.

샌 님 : (말뚝이를 달래며) 야, 이놈아 그런 소리는 안 하는 법이여.

말뚝이 : (더 큰소리로) 야, 이놈아 그런 소리는 안 하는 법이여.

샌 님 : (화가 나서 크게 소리 지르며) 허허, 이런 놈을 봤나!

　　　　(노친네는 샌님과 말뚝이 사이에서 눈치를 보며 어쩔 줄 몰라 한다)

말뚝이 : (더 크게 소리를 지르며) 허허, 이런 놈을 봤나!

샌 님 : 아니, 이놈이!

말뚝이 : 아니, 이놈이!

샌 님 : (화가 머리끝까지 치밀어서) 내가 당장 이놈을 혼내줘야겠다.

말뚝이 : (끝까지 비아냥거리며) 내가 당장 이놈을 혼내줘야겠다.

샌 님 : 야, 이놈아! (샌님과 말뚝이는 서로 뒤엉켜 씨름을 한다. 말뚝이가 샌님
　　　　을 들어서 땅에다 내동댕이친다) 아이쿠, 아이쿠, 엉덩이야, 이놈

양반이 시키는 대로 하지 않고 쌍놈이 양반 흉내를 내, 아니 나를 메다 꼰저! 이런 미련한 놈 같으니라고!

노친네 : (샌님을 일으키며) 여보, 영감, 저놈이 미련한 것이 아니라 영감이 미련했소. (당연하다는 듯이) 저 무식한 말뚝이 놈에게 시키면 시키는 대로, 하라면 하라는 대로 무엇이든지 빼놓지 말고 똑같이 따라 하랬으니, 이런 망신을 당하지 않소!

샌 님 : 야, 이놈아 네놈이 미련한 것이 아니라, 내가 미련했다. 무식한 네놈에게 시키면 시키는 대로, 하라면 하라는 대로 했으니. 그래 야 이놈아, 이리 오너라! (말뚝이는 주변을 경계하다 양반에게 다가간다) 첫판부터 다시 하자. 이번에는 나는 말을 하고 너는 피새집449은 벌리지 말고!

〈샌님과 말뚝이〉

말뚝이 : 피새집을 꽉 잡구(그)고.

샌 님 : (의아하게 묻는다) 야, 그런데 너 피새집이 뭔지 아느냐?

말뚝이 : (자신 있게) 그러니까 소인 놈의 주둥빼기를 꽉 꿰맨 다음에……

샌 님 : 그래, 따라만 하면 되느니라.

말뚝이 : 네! 알겠습니다. (뒤로 4걸음을 걸어서 다섯 걸음째 뒤돌아선다)450

샌 님 : 번쩍 들어라, (몸을 구부리며) 그리고 서서히 꾸부려라. (샌님과 노친네는 말뚝이에게 절을 한다) 그동안 별고 없으셨는지요. 절은 이렇게 하는 거다.

말뚝이 : (절을 받으며 말뚝이 채찍으로 샌님과 노친네의 어깨를 툭툭 치며) 오냐! 오냐! 그동안 모시고 가시고 잘 지냈느냐!

샌 님 : (깜짝 놀라 샌님 내외가 의관을 고치며) 에끼 이놈!! 아니, 양반에게 절을 받어! 이런 나쁜 놈 같으니라고.

말뚝이 : (샌님을 진정시키며) 샌님! 샌님! 진정하시고, 저 실은 그런 것이 아니옵고, 천하의 무식한 말뚝이 놈이 양반 샌님에게 절을 받으면 명도 길고 오래 산다고 해서 염치불구하고 절 한번 받아봤습니다요.

샌 님 : (황당하다는 표정으로) 에끼! 뭐, 명이 길어진다고……

말뚝이 : 샌님, 이번에는 소인 말뚝이 놈이 샌님한테 배운 대로 큰절을 한번 올리겠사오니 저, 노마님하고 나란히 서서 이놈 절 한번 받아보십시오. (뒤를 돌아 다시 5걸음451 물러선다) 번쩍 들었습니다! 차츰차츰 구부립니다. (노친네와 샌님에게 달려든다)번쩍 들었습니다. (노친네와 샌님에게 마구 달려든다) 구부립니다. 번쩍 들었습니다.

샌 님 : (말뚝이가 달려드는 것을 가로 막으며) 야, 이놈아 그만둬라 그만둬! 절 다 배웠다. 다 배웠어. 너한테 절 두 번 받다가는 옆구리 염창 나게 생겼다452.

말뚝이 : (거드럭거리며) 아니, 샌님 그 어렵다는 절을 소인 말뚝이가 다 배웠다 이 말씀이죠.

샌 님 : 그래, 그래. 다 배웠다 다 배웠어.

말뚝이 : (으스대며) 절 한번 배우기 되게 어렵구나. 어허!! 근데, 나 힘 들어서 양반 안 하것(겠)소. 그러나저러나 샌님! 샌님하고 소 인 놈이 여러 해포 만에 만났지 않습니까? 이렇게 ○○453에 와서 보니 이 만장(滿場)454 한가운데 그냥 들어갈 수 없잖습 니까? 우리가 예전에 재미있을 적에 추던 춤 있지요, 춤 한상 즐겁게 추고 들어가는 것이 어떻습니까?

샌 님 : (반갑게 동의하며) 그래! 그래, 너허(하)구 나하고 여러 해포455 만에 이렇게 만났으니 춤이나 한상456 추고 들어가자. 좋은 생각이다.

말뚝이 : 녹수(綠水)457 한삼(汗衫)에 심불로(心不老)458 저리, 저리 얼쑤! 절수!459

〈흥겹게 춤을 추는 샌님, 노친네, 말뚝이〉

(샌님, 노친네, 말뚝이가 서로 어울려 타령장단에 춤을 추다가 말뚝이가 노친네를 꼬여서 어깨동무하고 퇴장을 한다. 이를 보고 어리둥절한 샌님 앞에 피조리460 둘이 타령장단에 무동춤으로 등장하여 그 주위를 돌며 춤추다 나란히 서게 되면, 샌님이 피조리들의 행색을 보고 놀라면, 악사가 장단을 털어준다461)

샌 님 : 에이쿠나, 조카 딸년이 춤추러 나왔구나! 이것(년)들아 난잡히 놀지 말고 바로(일찍) 들어오너라! 나는 챙피스러워서 그만 들어가야겠다.

(샌님은 악사의 장단에 맞춰 퇴장한다.462 이때 피조리는 한쪽 자리에 나란히 서 있으며 4과장 먹중잡이로 이어진다)

🌐 4. 먹중잡이

(염불463 장단에 맞추어 먹중이 왼손에는 주장자(拄杖子)464를 짚고 다른 한손에는 부채로 얼굴을 가리며 등장한다. 먹중은 피조리에게 호감을 보이기 위하여 다양한 춤사위465로 꼬여내는 구애춤(求愛舞)을 선보인다. 이때 상좌466는 그 주변을 맴돌거나 절을 하며 쫓아다니며 먹중의 행태를 못마땅하게 여기며 살피듯 다닌다. 먹중이 피조리 둘을 데리고 한동안 춤으로 무르익어 갈 무렵 취발이가 입장한다467)

〈염불장단에 춤추는 먹중〉

취발이 : (한삼을 어깨춤 추듯 좌우로 흔들며, 텅텅걸음(한발뛰기)로 마당 가운데서 원468을 그리듯 크게 뛰어나오며) 어! 어라, 어라, 어라, 네미럴 꺼!469 안갑470내 똥독에 벌러덩 자빠졌다.

잽 이 : (구성지게 받아준다) 벌러덩 나자빠졌구나!

취발이 : 늙은 놈 집안에 젊은 놈 없어도 못 살고, 젊은 놈 집안에 늙은 놈 없어도 못 살지.471 늙은 놈이 집안을 웃씩(으썩) 떠났더니 저희끼리 말 잡아먹고 장구매고472 소 잡아먹고 북매고473, 안성474 가서 새 쇠 갈다가 후루룩 삐쭉 걸걸거리고 잘 노는구나.

잽 이 : 걸걸거리는구나.

취발이 : 아! 여보게

잽 이 : 어이!

취발이 : 내가 잠시 집을 썩 나서서

잽 이 : 그렇지.

취발이 : 홍제원(弘濟院)475 고개를 으씩 넘어갔더니

잽 이 : 갔더니

취발이 : 이렇다는 기생년들이 양쪽 무르팍에 앉아서 한잔 잡수 쪼르륵(굴러가는 소리로), 두잔 잡수 쪼르륵, 이리 삼배(三盃)를 마셨더니

잽 이 : 그렇지.

취발이 : 얼굴이 지지 벌 그렇게 생겼으니까 당산476 솔개비477가 내가 고기덩어리인 줄 알고, 이리 가도 훨훨478, 저리로 가도 훨훨 저리 저리 얼쑤, 절쑤!479

(취발이는 춤을 한판 멋지게 추고, 피조리들은 타령장단에 맞추어 무동춤을 춘다. 그리고 먹중은 취발이와 피조리들 사이에서 눈치를 보며 주변을 살피거나 취발이로부터 피조리들을 지키려는 동작을 취한다)

〈타령장단에 춤추는 취발이〉

취발이 : 얼럴럴럴 네기럴꺼! 아, 여보게.

잽 이 : 어이!

취발이 : 내가 춤을 한상 훨훨 추는데, 안암산480이 컴컴하고 훨훨 타
　　　　는 것이 무엇인고(가)?

잽 이 : 안암산이 컴컴하고 훨훨 타는 거?

취발이 : 그려!

잽 이 : 어이! 자네 그런 거 모르나?

취발이 : 난 모르지.

잽 이 : 참나! 저 뒷절 중놈이

취발이 : 그래서

잽 이 : 속가(俗家)481에 내려와서 지집(계집) 하나도 무엇 한데,

취발이 : 그려!

잽 이 : 둘씩 데리고 농탕(弄蕩)482을 치고 있다네.

취발이 : 아하! 저 뒷절 중놈이 속가(俗家)에 내려와서 계집 하나도 무엇 한데, 둘씩이나 데리고 농탕을 치고 있다고.

잽 이 : 그렇지!

취발이 : 허허! 여보게, 그놈이 내 형식483을 몰랐구나!

잽 이 : 자네 형식이 무엇인데?

취발이 : (으스대며) 내 형식이 무어냐고? 여기저기 싸다니며 한 푼, 두 푼 모아다가 갑자(甲子)484 거리 취발(取發)485내고 내세(來世)486 복(福)에 치부(致富)487하고 중놈 급살(急煞) 탕국 맥(먹)이는 취발이라 이른다.

잽 이 : 참, 그 이름 한번 변변488하구나!

취발이 : 똑똑하지, 그럼!

잽 이 : 그렇지!

취발이 : 아, 여보게!

잽 이 : 어.

취발이 : 내가 이놈을 한번 얼러489봐야겠다.

잽 이 : 그래, 한번 얼러 보거라.

취발이 : (크게 호통 치며) 아나 이놈 중아! 아닌 밤중이냐, 거리 노중이냐, 칠월 백중(百中)이냐, 허공 공중이냐, 보리 망중(芒種)490이냐?491 중이라 하는 건, 저 산중에서 불도(佛道)492나 외우고 부처님이나 위하는 것이지 속가에 내려와서 계집 하나도 무엇 한데 둘씩 데리고 농탕쳐! (한삼을 먹중 얼굴에 뿌리며 덤비면 먹중은 부채를 펴서 막아낸다. 그리고 취발이는 부채를 막는 동작에 놀라서 뒤로 나가떨어지고, 취발이가 먹중에게 대들면 먹중도 따라 덤빈다) 어이쿠, 이놈 봐라!

잽 이 : 어허!

취발이 : (취발이 먹중을 피하며) 아 여보게, 중놈이 덤빈다. 덤벼!

잽 이 : 어허! 댐(덤)비는구나!

취발이 : 아! 저놈이 속가에 내려와서 계집년 둘씩이나 데리고 농탕칠 때는 멋이 잔뜩 들었겄다.

잽 이 : 그렇지!

취발이 : 그러니, 저 중놈을 춤으로 한번 녹이겄다.

잽 이 : 춤으로 녹여본다.

취발이 : 무슨 춤으로 녹이느냐 하면은 금강산 춤으로 녹이는데, 금강산이 좋단 말은, 바람풍편 넌짓 듣고[493] (이때 상중은 미리 먹중의 지팡이를 챙기고, 먹중은 부채만 들고 취발이와 대무(對舞)를 한다)

취발이 : (먹중의 춤에 못 이겨) 아, 여보게!

잽 이 : 어이.

취발이 : 아니, 이 중놈이 나보다 춤을 십 배 이상 잘 추는데,

잽 이 : 어이! 그렇지!

취발이 : 가만 있자. 이놈이 춤을 추는 것을 보아 하니, 내가 이놈을 섣불리 달구었다가는 내가 쫓겨나게 생겼구나. 이번엘랑은 "달아 밝은 달아"로 장단을 바짝 몰아놓고[494] 한상 부셔 보는데.

잽 이 : 그렇지.

취발이 : 달아달아 밝은 달아, 이태백이가 놀던 달아![495]

(취발이와 먹중은 다시 대무(對舞)를 한다. 먹중이 취발이의 춤에 못 이겨 코를 때리고 퇴장한다. 이때 먹중은 퇴장하면서도 분을 삭이지 못하고 뒤를 돌아보며 화를 내고, 상중도 먹중을 따라 퇴장한다)

취발이 : 쉬이! 아, 여보게!

잽 이 : 어이!

취발이 : 아니, 나하고 같이 춤추던 중놈, 어디로 갔나?

잽 이 : 자네 아직 모르나.

취발이 : 난, 모르지!

잽 이 : 허허, 자네 춤에 못 이겨서, 저 뒷절 중놈이 춤을 추다가 말고, 부채로 자네 코를 딱 때리고 갔는데 그거 모르는가?

취발이 : (양손으로 코를 살피며) 뭐, 내 코를 딱 때리고 들어가.

잽 이 : 그래.

취발이 : (코를 만지작거리며 아픈 듯이) 아이쿠, 코야, 허연 코피가 굴건제복(屈巾祭服)496을 하고 내고내고497 나오는구나. (좌. 우 한 번씩 코를 잡고 크게 앞으로 한삼을 펴서 코피가 흐르는 동작을 표현한다) 우이푸시! 우이푸시! (한삼을 양손으로 뿌린다)

잽 이 : 야, 이 사람아. 코는 딱 때리고 들어간 지가 언젠데 굴관제복을 입고 허연 코피가 왜 쏟아져!

취발이 : (겸연쩍게) 아, 그렇지 어쩐지 좀 싱겁더라, 아, 여보게!

잽 이 : 어이!

취발이 : 그러나 저러나 중놈은 나한테 쫓겨났네만 (여기저기 살피며) 중놈이 데리고 놀던 계집이 안 보인다.

잽 이 : 어허, 자네가 데리고 놀게!

취발이 : (헛기침하며) 노는 것보다는 한번 찾아보려구 하네.

잽 이 : 그려 한번 찾아보게!

취발이 : 그려, 어느 쪽으로 갔는데?

잽 이 : 이쪽으로 돌아라. 홱!

취발이 : 아하! 이쪽으로 돌아라 홱! (피조리가 있는 한쪽 방향으로 외사위498로 돈다) 야! 여기 있구나, 여기 있어. (설레게 감탄하며) 잘생겼구나, 잘생겼다. 네가 요리 잘생겼으면 널 난 네 어미499는 얼마나 예쁘겠느냐? 아 여보게!

잽 이 : 어이!

취발이 : 내가 이 아이 잘생긴 근본을 일러 줄 것이니 어디 한번 들어볼 텐가?

잽 이 : 그래 어디 한번 들어볼 거나!

취발이 : (요리조리 살피며) 잘생겼다, 잘생겨! 이마는 됫박500이마요, 눈썹은 세(細)붓501으로 그린 듯하고, 눈은 비 오는 날 단장(短杖)502 구멍 같고, 코는 마늘쪽 거꾸로 붙인 듯하고, 입은 당사(唐絲)실503로 쪼르르 엮은 듯하고, 목고개가 흠씬 패고, 아랫배가 맬록하고 엉뎅이는 팡파짐하고, 모가지는 실래끼504 모가지, 절구통 배지, 새다리 정갱이, 마당발, 한배에 새끼 열다섯 마리씩은 거뜬히 낳것다.

(이때 피조리는 고개를 돌리며 부끄러운 표정을 짓는다)

잽 이 : (의아해하며) 여보게, 그건 다 뭘 하게?

취발이 : 그것을 갖다 다 뭘 하느냐고? 요거는 갖다가 이장, 저장 끌고 다니면서, 팔다 팔고 남는 거는 다 취발이 자식이다. (헛기침하며) 에헴! 중놈이 데리고 놀 때는 두 년이더니, 한 년은 못 보것다.

잽 이 : 저쪽으로 돌아라. 홱!

취발이 : 저쪽으로 돌아라. 홱! (반대쪽으로 돌아 피조리를 바라본다) 아하! 요기 있구나! 요것은 아까보다 더 예쁘구나! 이쪽으로 오너라. 참 잘생겼다. 잘 생겼어! 대전별감(大殿別監)505, 무예별감(武藝別監)506, 금부나장(禁府羅將)507이들이 수북하기만 한데

왜, 하필 중놈이 맛이더냐! (피조리의 머리를 툭 친다)

피조리 : (샐쭉 뒤돌아선다)

취발이 : 요것 봐라! 뺑긋 돌아서네!

잽 이 : 뺑긋 돌아서는구나!

취발이 : (타이르고 어르며) 네가 미워서 그런 게 아니라, 예뻐서 그런 것
이니 이쪽으로 돌아 서거라, 그래 옳지! 아, 여보게!

잽 이 : 어이!

취발이 : 중놈이 데리고 놀던 계집들을 이 취발이가 데리고 놀것다!

잽 이 : 어! 그거 좋은 생각이다.

취발이 : 저리 저리 얼쑤! 절쑤!508

〈피조리와 춤추는 취발이〉

(타령장단에 취발이는 피조리 둘을 양쪽 어깨에 안고 춤을 추다가 퇴장한다. 이후, 모든 잽이와 탈꾼들이 순서 없이 나와 합동무(合同舞)509를 추며 마무리한다)

〈합동무를 추는 탈꾼들〉

제**6**장

덧뵈기의
음악

본산대놀이 계통 탈놀이
음악의 특징

한국의 탈놀이는 여러 시기를 거치면서 변화해온 공연예술이다. 따라서 시대별로 환경별로 탈놀이의 음악 역시 탈놀이의 연행 및 전승과정에서 변화해 왔다.

왕의 행차 시 연행되는 행렬잡희는 이미 고구려 시대 고분벽화에서 발견되는데 안악 제3호 약수리 벽화무덤, 수산리 벽화무덤 등 다수의 고구려 벽화에 기록되어 있어서 고구려 행렬대의 규모와 악기편성을 짐작할 수 있게 한다.

고려시대 이색의 「산대잡극」 시에서는 산대잡극이 왕의 행차와 궁중에서 부계라는 임시 가설무대에서, 그리고 산대놀이를 위해 산대(山臺)를 세우고 그 산대 안에서 공연을 하거나 산대 주위의 땅에서 공연하고 있는 모습을 모두 표현하고 있다. 「산대잡극」 시의 묘사에 따르면 봉래산 같은 산대를 가설하고, 부계라는 가설무대에서는 헌선도라는 궁중 당악정재를 연주하고 교방여기들이 교방가무희와 처용무를 추고 있으며, 산대 아래에서는 긴 장대를 든 사람이 줄타기를 하고, 불꽃놀이를 하는 화려한 공연예술 연행의 모습을 자세히 묘사하고 있다. 고려시대 역시 궁중에서 주관하는 산대잡희의 연희자들을 궁중에서 관리했는데 교방여기, 곡예를 담당하던 창우, 배우들인 우인, 재인, 배우, 광대, 극자 등의 장르별 연희자들의 명칭이 있었고 고려 초에는 처용무를 추는 전문재인들을 화랑(花郞)으로 부르기도 했다(최윤영, 2004).

고려시대 교방여기는 궁중 공연문화에서 중추적인 역할을 했으며 선방(仙坊)으로 불리며 고려시대 중요한 음악인으로서 역할을 담당했다(최윤영, 2004). 고려시대 궁중음악은 왕의 전용 음악기관인 대악서(大樂署)와 궁중 연희나 의식을 위해 세운 관현방(管絃房)이 있었다. 관현방과 경시서의 악공들은 나라의 큰 잔치 때 대악서의 공인들과 함께 연행에 차출되었다. 관현방에는 판관이 있어서 악사와 공인들을 관리했다.

고려 후기 1308년에 궁중음악을 담당하던 전악서가 설치되었는데 후에 조선 건국 이후에도 전악서는 나례의식이나 산대희 등 국가행사의 음악을 담당했고, 아악서는 문묘제례 음악을 연주했다. 광해군 이후 인조 때까지 궁중정재는 전악서(장악원으로 개편) 소속의 여기뿐만 아니라 지방 곳곳에서 관아에 소속된 관기를 선발하여 궁중의 연행에 참가시켰다(박은영, 2008). 악생과 악공들은 조선시대 왕실의 행사가 있을 때 연주를 맡았던 전문 음악인들이었다. 이들은 나례청에 소속된 여기 및 무동들과 여러 행사에 동원되었다. 악공들은 쉬운 직업이 아니었고 항상 인원 수를 채우기 어려워서 차출해야만 했다. 조선 시대에는 산대놀이에 필요한 악사들을 무부계통의 악사 등으로 채웠다.

조선 후기의 군영 음악을 연구한 이숙희(2007)는 조선 후기 군영에서 사용한 악기 편성이 삼현육각이라고 주장하였다. 이는 취군가락을 연주하는 남사당의 덧뵈기가 악기 편성을 삼현육각으로 편성한 이유가 조선 후기 군영에서 사용한 악기 편성을 그대로 적용한 것이 아닌가 추측되는 측면이다.

무부들은 무업과 궁중의 전문재인으로 활동하면서 재인청이라는 자치기구를 조직하여 궁중음악과 민간음악의 가교역할을 하였다. 재인청에서는 판소리, 삼현육각잽이의 제례악과 연희악, 줄타기, 땅재주, 어릿광대 등 굿 음악과 전혀 다른 관청이 요청하고, 대중들이 원하는 음악들을 제작하였고 원래 굿판에서 연주되던 시나위 음악의 악기 편성인 피리, 대금, 해금, 장구, 북 등 삼현육각을 관청 행사에 맞게 취타곡, 길군악, 제례악 등으로 창안하였다(이영금, 2012).

재인청의 악사들은 평소에는 무업과 관청, 민가의 행사에서 활동하다가 중앙의 산대희, 나례희, 과거 급제자를 위한 문희연 등의 국가행사가 있을 때는 수백 명이 한양에 올라가야 했다. 광해군 때에는 중앙의 산대희 행사에 6백 명의 재인들이 동원되기도 했다.

임진왜란 이후 조선시대 산대놀이가 폐지되면서 궁중의 전문재인들은 민간이 운영하는 재인청으로 흘러들어갔고 일부는 무부들을 주축으로 지방이나 중앙관청의 각종 연희 행사에 참여하거나 판소리 명창, 악

사, 재인 등으로 활동하였다. 이보형(1990)은 경기 이남의 세습무 집안의 남자들인 '화랑이' 집단을 '창우집단'이라고 명명하면서 이들은 기능집단이자 혈연집단이면서 이익집단이라고 주장했다(이영금, 2012).

본산대놀이 계통의 탈놀이 음악 중 남사당의 덧뵈기는 타 탈놀이에 비해 다음과 같은 음악적 특성을 띠고 있다.

첫째, 반주음악하는 악대가 별도로 구성되며 악사들은 과장이 변경될 때 대사를 하는 등 공연에 적극적으로 개입한다.

둘째, 반주음악은 크게 삼현육각과 풍물놀이인데 이는 남사당의 덧뵈기가 본산대놀이 계통과 마을굿 계통의 탈놀이를 모두 수용한 영향으로 음악도 이에 따라 두 형태의 음악을 겸용해서 사용하고 있다고 추측한다.

셋째, 남사당의 덧뵈기에는 군영음악인 취군가락이 연주되고, 군영에서 사용하던 삼현육각의 악기편성을 그대로 사용하고 있다.

넷째, 1과장 마당씻이에서는 취군가락뿐 아니라 불교음악인 고사소리(비나리), 풍물 판굿 등 여러 시대를 거쳐 오면서 수용되고 변용된 다양한 음악들이 들어 있다.

다섯째, 타 탈놀이에 비해서 3~4과장은 샌님-노친네, 샌님-말뚝이, 먹중-취발이 등은 개인별 성악곡을 부르기보다는 재담의 비중이 높다.

여섯째, 전 과장에 성악곡과 기악곡이 적절하게 분산 배치되어 있는 구조이다.

모든 전통연희가 그렇듯이 남사당의 덧뵈기도 연희자의 역량이나 공연환경에 따라 음악을 변주하거나 가사의 내용이 변형되거나 대체하여 생동감있는 연행을 유도한다.

〈2018년 문진수본에 기록된 남사당의 덧뵈기의 음악〉

과정	성악곡	기악곡
입장		(덩덕궁이), 굿거리, 덩덕궁이
1과장	비나리	텅텅걸음, 덩덕궁이, 마당삼채, 굿거리, 고사소리 장단(덩덕궁이, 자진풍류), 자진가락(취군가락), 엎어빼기
2과장		덩덕궁이, 타령, 일채
3과장	말뚝이의 허튼타령 샌님의 죽장망혜가	굿거리, 타령
4과장		염불, 타령, 자진타령, 일채
합동무		일채, 타령, 자진덩덕궁이

02

덧뵈기
음악의 특징

가면무극(假面舞劇)에 사용되는 반주 음악의 구성은 삼현육각(三絃六角)과 풍물반주 두 가지의 방법으로 나뉘는데, 삼현육각은 중부이북 지방에서 주로 사용되며 풍물 반주형식은 주로 남부지방 가면무극에서 사용된다.

남사당의 덧뵈기는 본산대계열의 탈놀이를 계승하고 있다는 점에서 삼현육각510의 형식으로 반주음악의 구성을 지닌다. 피리, 젖대(대금), 북, 장고, 해금 등으로 이루어진 삼현육각에 쇠(꽹과리)와 징, 태평소가 함께 연주되며, 주요 장단으로는 염불장단과 타령장단 등을 바탕으로 음악적 요소를 구성한다.

각 과장에 나타난 음악 구성은 퍼레이드 형식의 입장에서는 덩덕궁이 또는 굿거리, 덩덕궁이511, 1과장 마당씻이는 일채(텅텅걸음), 덩덕궁이, 마당삼채, 굿거리, 고사소리 장단(덩덕궁이, 자진풍류), 자진가락(취군가락), 엎어빼기 등으로 이루어져 있고, 2과장 옴탈잡이는 덩덕궁이, 타령, 일채, 3과장 샌님잡이는 굿거리, 타령, 4과장 먹중잡이는 염불, 타령, 자진타령, 일채, 합동무에서는 일채, 타령, 자진덩덕궁이 등으로 구성되어 있다.

특히 1과장의 마당씻이는 일반 탈춤의 음악형식보다는 풍물 판굿과 고사소리(비나리)의 형식을 띠고 있다. 이는 다른 지역의 탈춤에서는 볼 수 없는 독창적인 공연 요소로 판굿의 음악형식에 상모 연희가 결합되어 다양한 풍물가락에 맞추어 극을 진행하고, 고사덕담의 소리가 더해져 음악적 구성을 통해 표현력을 극대화하기 위한 남사당패의 독특한 연희적 요소가 내재되어 있음을 보여준다.

이러한 덧뵈기에 나타난 음악 구성을 살펴보면 다음과 같다.

1. 입장

덧뵈기의 서곡은 전체 탈꾼들이 퍼레이드 형식으로 입장하며 자유로운 형식의 허튼춤과 자유춤, 배역춤 등으로 입장한다. 이때 장단은 덩덕궁이 장단을 연주한다. 하지만 1965년도 국립영화제작소에서 제작한 덧뵈기 영상에는 굿거리와 덩덕궁이 장단 모두를 연주하며 입장하였다.

2. 마당씻이

마당씻이는 다양한 연희적 요소가 두루 결합된 마당이다. 극(劇)을 중심으로 음악과 춤, 소리 등이 유기적으로 결합되어 진행된다. 특히 탈춤에 풍물적 요소가 강하게 드러난 독특한 공연양식을 지닌다. 음악적 요소로는 일채(텅텅걸음), 덩덕궁이(마당삼채), 굿거리, 자진가락(취군가락) 등을 연주한다.

1) 텅텅걸음(일채)

텅텅걸음은 흔히 일채라 불리는 장단으로 춤의 모양새를 소리와 장단으로 표현한 것으로 한 장단에 한 걸음씩 뛰어 나오는 입장춤에 쓰이는 장단이다.

악기	장단								
쇠	갱		갱		갱		갱		갱갱갱……
징	징		징		징		징		징징징……
장구	덩		덩		덩		덩		덩덩덩……
북	둥		둥		둥		둥		둥둥둥……

2) 덩덕궁이

지역에 따라 자진모리, 삼채 등으로 불리며 3소박 4박자로 구성된 장단이다. 빠르기에 따라 느린 자진모리, 자진모리, 자진자진모리 또는 느린 삼채, 삼채, 진삼채, 된삼채 등으로도 불린다. 일정한 속도에서 장단을 몰아가면서 긴장감을 고조시키며 선율의 흐름에 따라 다양하게 변화되는 특징을 지니기도 한다.

(가) 내는 가락

악기	장단											
쇠	갠		지	갯		지	갱		그라	개	갱	

(나) 본장단

악기	장단											
쇠	개	갱		개	갠	지	웃	갠	지	개	갱	
징	징											
장구	덩		더	궁	따		쿵	다	더	궁	따	
북	둥		두	둥		두	둥		두	둥		두

(다) 맺음가락

악기	장단											
쇠	개	갠	지	개	갠	지	갱		그라	개	갱	
쇠	개	갱		갱		그라	갱			객		
징	징											
징	징											
장구	덩		더	궁	따		쿵	다	더	궁	따	
장구	더	덩		더	덩		덩			딱		
북	둥		두	둥		두	둥		두	둥		두
북	두	둥		두	둥		둥			딱		

3) 마당삼채

덩덕궁이 장단에서 마당삼채로 빠르게 넘어가는 장단이다.

(가) 내는 가락

악기	장단											
쇠	갠		지	갯		지	갱		그라	개	갱	

(나) 본장단

악기	장단											
쇠	개	갱		개	갠	지	웃	갠	지	개	갱	
징	징											
장구	덩		더	궁	따		쿵	다	더	궁	따	
북	둥		두	둥		두	둥		두	둥		두

(다) 마당삼채

악기	장단											
쇠	갠		지	개	갱		갱		그라	개	갱	
	갠		지	개	갱		갱		그라	개	갱	
	갠		지	갯		갱	갱		지	갯		갱
		객		객		객		객		객		객
징	징											
	징											

장구	덩		더	궁	따		쿵	다	더	궁	따	
	덩		더	궁	따		쿵	다	더	궁	따	
	궁	따	따	쿵	따	따	궁	따	따	쿵	따	따
	궁	따	따	쿵	따	따	궁	따	따	쿵	따	따
북	둥		두	둥		두	둥		두	둥		두
	둥		두	둥		두	둥		두	둥		두

(라) 맺음가락

악기	장단											
쇠	갠		지	갯		지	갠		지	갯		지
	갠		지	갯		지	개	개	개	갱		
징	징											
	징											
장구	궁	따	따	쿵	따	따	궁	따	따	쿵	따	따
	궁	따	따	쿵	따	따	궁	따	따	쿵		
북	둥		두	둥		두	둥		두	둥		두
	둥		두	둥		두	둥		두	둥		

4) 취군가락(자진가락)

취군은 군악(軍樂)에서 군인들의 사기를 고취시키거나 사람들을 불러 모이게 하거나 행진할 때 사용하는 가락으로, 남사당에서는 자진가락과 같은 명칭으로 불려진다.

(가) 내는 가락

악기	장단															
쇠	그랑		그랑		갱		객		갱		갱		갱		객	

(나) 본장단

악기	장단															
쇠	갱		갱		갠	지	갯	지	갠	지	갯	지	갠	지	갯	지
	갱		갱		갠	지	갯	지	갠	지	갯	지	갠	지	갯	지
징	징								징							
	징								징							
장구	덩		덩		궁	따	쿵	기	궁	따	쿵	기	궁	따	쿵	기
	궁	따	쿵	기	궁	따	쿵	기	궁	따	쿵	기	궁	따	쿵	기
북	둥		둥		둥		두		둥		두		둥		두	
	둥		두		둥		두		둥		두		둥		두	

(다) 넘기는 장단

악기	장단															
쇠	그랑		그랑		갱		객									

(라) 엎어빼기

악기	장단															
쇠	갱		개	개		개	갱		개	개		개		개	갱	
	갱		개	개		개	갱		개	개	개	개		개	갱	

장단 (라) — 계속

악기													
징	징						징						
	징						징						
장구	덩	따	따	궁	따	쿵	따	구	궁	따	궁	따	쿵
	덩	따	따	궁	따	쿵	따	따	궁	따	궁	따	쿵
북	둥		두	둥		두	둥		두		둥		두
	둥		두	둥		두	둥		두		둥		두

(마) 다듬이장단+맺음장단

악기	장단															
쇠	그랑		그랑		갱		객		갱		개	개	갱		개	개
	웃	지	개	개	웃	지	개	개	웃	지	개	개	웃	지	개	개
	웃	지	개	갱	갱		객		그랑		그랑		갱		객	
	갠	지	갯	지	갠	지	갯	지	갠	지	갯	지	개	개	갱	
	갠				개	개	갱		갱							
징	징								징							
	징								징							
장구	덩		따	따	궁	따	쿵		덩		따	따	궁	따	쿵	
	덩		따	따	궁	따	쿵		덩		따	따	궁	따	쿵	
	궁	따	쿵	기	궁	따	쿵	기	궁	따	쿵	기	궁	따	쿵	
	덩				궁	따	쿵		덩							
북	둥		두		둥		두		둥		두		둥		두	
	둥		두		둥		두		둥		두		둥		두	
	둥		두		둥		두		둥		두		둥		두	
	둥				둥		두		둥							

5) 굿거리장단

흔히 12/8박자에 해당하는 장단으로 흥겹고 흥청거리는 리듬에 춤을 추기에 적당한 빠르기로 구성되어 있으며, 빠르기에 따라 느린 굿거리, 굿거리, 자진 굿거리 등으로 나눠지고 연주자의 호흡에 따라 장단이 다양하게 변화하는 특징을 지닌다.

(가) 내는 가락

악기	장단											
쇠	개개	갱	갱	갱		개	갱	그라	갱	갯	갱	

(나) 본장단

악기	장단											
쇠	갠	지	갠	갠	개개	갠	갠	갠지	갠지	갠	개개	갠
징	징											
장구	덩	다	기덕	궁	다	기덕	궁	다	기덕	궁	기덕	
북	둥			둥			둥		둥		둥	

(다) 맺음가락

악기	장단											
쇠	갠	지	갠	갠	개개	갠	개갱	그라	갠지	갠	갯	
징	징											
장구	덩	다	기덕	쿵	다	기덕	따쿵	궁	따구	궁	덩	
북	둥			둥			둥		둥		둥	

6) 고사덕담

고사덕담은 남사당패의 비나리의 은어로 선고사와 후고사(평조와 반맥이 512)로 나뉘며, 소리할 때 반주하는 반주 장단과 소리와 소리 사이를 이어 주는 사이가락과 소리를 마치고 맺는 자진가락 등으로 구성되어 있다.

(가) 반주장단

악기	장단											
쇠												
징	징		짓	징		짓	징		짓	징		짓
장구	궁	따	구	궁	따	구	궁	따	구	궁	따	구
북	둥		두	둥		두	둥		두	둥		두

(나) 사이가락(넘기는 장단)

악기	장단																
쇠	갱	갱	개	개	그	라	갱	개	개	갱	갱	그	라	갱	갱	개	개
징	징						징										
장구	덩	덩	다	다	궁	따	궁	따	따	쿵	궁	따	구	궁	덩	다	다
북	둥	둥			두	둥		둥		둥	둥	두		둥		둥	두

(다) 자진가락

악기	장단																
쇠	개	개	갱	개	개	그	라	갱	개	개	갱	갱	그	라	갱	갱	갯
징	징	징								징							
장구	더	구	덩	다	다	궁	따	궁	따	따	쿵	궁	따	구	궁	덩	
북	두	두	둥				두	둥		두	둥	둥		두	둥	둥	

위의 장단과 동일하며 고사덕담을 마치고 소리를 맺을 때 연주한다.

3. 옴탈잡이

마당씻이의 고사소리가 끝이 나면 배역들이 퇴장하고 바로 2과장이 시작된다. 마당씻이의 끝과 옴탈잡이의 시작이 서로 연결되어 꺽쇠의 쇠춤과 연주가 어우러져 시작한다. 이때 개인놀이에 맞춰서 덩덕궁이 장단을 다양하게 연주하며, 타령장단에 맞춰 옴탈과 꺽쇠가 춤을 춘다.

1) 덩덕궁이
앞의 장단과 동일하나 쇠춤에 따라 가락이 다양하게 변화하고 때에 따라서는 연주를 하지 않고 채발림 등을 한다.

2) 타령(打令) 장단
한국의 전통음악인 민속악과 정악 등에서 두루 사용되는 장단으로 흔히 허튼 타령장단이라 불리는데 덧뵈기(탈춤)의 전 과장에 걸쳐 가장 많이 사용되는 대표적인 장단이다. 굿거리와 마찬가지로 3소박 4박자의 보통 빠르기로 구성되어 있으며 춤과 함께 추임새를 붙여 흥겹게 연주하는 특징을 지닌다.

(가) 타령장단

악기	장단									
쇠	갠			갯		개	갱		갯	
징	징									
장구	덩			기덕		덕	덩		딱	
북	둥			딱		딱	덩		딱	

(나) 넘기는 장단[513]

악기	장단									
쇠	개	개	개	갯		개	갱		갯	
징	징									
장구	덩			기덕		덕	덩		딱	
북	둥			딱		딱	덩		딱	

3) 텅텅걸음(일채)

앞의 장단과 동일하다. 옴탈이 한발뛰기로 퇴장할 때 연주된다.

4. 샌님잡이

샌님과 노친네가 굿거리장단에 맞추어 춤으로 입장한다. 그리고 노친네, 샌님, 말뚝이가 어울려 타령장단에 춤을 추고 일채(텅텅걸음) 장단으로 샌님이 퇴장한다.

1) 굿거리

앞의 장단과 동일하나 샌님의 대사와 함께 장단을 털어준다.

2) 타령

앞의 장단과 동일하다. 샌님, 노친네, 말뚝이가 타령장단에 춤을 추고 말뚝이와 노친네가 퇴장할 때 피조리가 타령장단에 맞추어 등장한다.

3) 텅텅 걸음(일채)

앞의 장단과 동일하며, 샌님이 퇴장할 때 연주된다.

5. 먹중잡이

먹중이 염불장단에 맞추어 입장하고 피조리들은 먹중 장단에 맞추어 춤춘다. 이후 취발이와 먹중이 타령장단에 대무(對舞)하고 타령장단에 맞추어 취발이와 피조리가 퇴장한다.

1) 염불장단

악기	장단										
쇠	갱		개		딱	딱	갱		갱갱갱갱……	갱	개
징	징				짓	짓	징		징	짓	
장구	덩		쿵		따	따	쿵		더르르르……	쿵	
북	둥		두		딱	딱	쿵		두르르르……	둥	

2) 타령장단

앞의 장단과 동일하다.

6. 합동무

합동무에 나타난 음악적 구성은 텅텅걸음, 타령장단, 넘기는 장단, 덩덕궁이 등으로 앞의 장단과 동일하다.

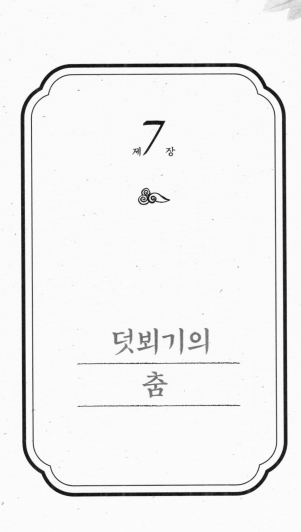

제 7 장

덧뵈기의

춤

01

본산대놀이 계통
탈놀이 춤의 특징

우리 탈춤의 자취는 선사시대 암각화에서도 나타난다. 고조선 지역인 홍산문화에는 옥과 뼈로 만든 탈 유물이 발견되기도 하므로 우리나라에서는 이미 탈과 탈놀이가 연행되었을 것으로 추측하고 있다. 당시 제천의식과 더불어 탈과 탈춤 및 각종 기예와 놀이들이 있었을 것이나 전해져 오는 자료는 많지 않다.

임재해(2009)는 우리나라의 탈놀이가 중국의 당과 송에서 기원한 것이 아니라 구석기시대부터 존재했으며 모든 탈놀이가 굿 문화에서 기원한 자생적인 고유문화라고 주장한다. 임재해는 상고시대부터 현재의 민속탈까지 각 시대별 사용한 탈의 재료, 탈 제작의 목적, 탈놀이의 종류에 대해 다음과 같은 역사적 전개과정이 있다고 한다.

〈탈과 탈춤 전승의 역사적 전개과정〉

탈과 탈춤 전승의 역사적 전개과정	탈놀이의 종류
구석기시대 : 돌과 뼈를 이용한 탈	신상탈
신석기시대 : 조개 탈과 암각화에 나타난 풍농기원 탈	주술탈
고조선시대 : 제의용 옥 탈과 뼈 탈	제의탈
고구려시대 : 나라 굿ㆍ국중대회에 쓰인 금동탈	굿탈춤
신라시대　 : 황창탈, 처용탈, 어무상심, 방상탈, 대면	처용탈춤
고려시대　 : 팔관회와 연등회 / 하회별신굿	산대놀이 하회탈춤
조선시대　 : 산대도감극, 산대놀이	산대놀이
현재　　　 : 지역별 자생적 민속탈놀이	민속탈춤

임재해(2009) 재구성

구석기시대부터 돌과 짐승의 뼈를 사용한 탈의 발견을 통해 우리 민족이 구석기시대부터 탈 연행을 했었을 것으로 추측하고 있다. 신석기시대에 탈놀이 흔적으로 발견된 조개 탈과 암각화에 등장하는 탈은 풍농을 기원하는 주술 목적의 탈이었다. 고조선시대의 탈은 '고조선 강 구역 안에 속해 있었던 요서지역의 홍산문화시대의 옥과 뼈로 만든 탈 유물이 널리 발견되었고, 옥탈은 기원전 3500년 전후의 유물이므로 고조선 이전부터 우리나라에서는 이미 구체적인 탈과 탈굿, 탈놀이가 있어왔다고 추측되며, 무당이 하늘에 제의를 위해 제의용 탈과 옥을 사용했을 것이다(임재해, 2009).'

신라시대에는 현악기가 널리 보급되었고 황창탈, 처용탈과 함께 어무상심[514], 방상탈, 대면[515] 등이 있었으며 공후(箜篌), 석경(石磬)이라는 타악기를 통해 가락연주가 가능했을 것으로며, 고인돌에서 발굴된 청동방울, 북, 뼈로 만든 피리 등 현악기, 타악기, 관악기를 통해 음악연주와 곡예 등 다양한 연행이 가능했다는 것을 알 수 있다. 이 시기 부여와 고조선, 고구려 일부에서 순금 탈, 금동 탈이 발견되고 있으므로 수준 높은 탈놀이 연행이 이루어졌을 것으로 추측한다.

〈고조선시대 탈〉

국립중앙박물관 소장   길림성박물관 소장

이후 신라시대부터 조선시대까지 산대놀이 계통의 탈놀이와 민가에서 마을굿 계통의 탈놀이가 각각 전승되어 내려오다가 임진왜란 이후 두 계통의 탈놀이가 상호 수용하고 변용되면서 민속탈놀이로 정착되어 온 것으로 연구되고 있다. 임재해(2009)는 모든 탈놀이가 굿문화의 일환이므로 '굿판 – 앞놀이 – 춤대목 – 극대목 – 춤대목 – 뒷놀이 – 굿판'이 탈춤 연행의 기본 틀이라고 주장한다.

그에 비해 김윤지(2013)는 조선 후기 의궤(儀軌), 읍지(邑誌)516, 세시기(歲時記)517의 자료 등을 통해 우리나라 전통 춤의 종류를 궁중춤, 교방춤, 민속춤의 3가지로 구분했다.

- 궁중춤은 '처용무', '학무(鶴舞)' '첨수무(尖袖舞)518', '검기무(劍器舞)', '관동무(關東舞)', '향장무519', '사자무' 등이 있다.
- 교방춤은 궁중으로부터 유입된 '포구락(抛毬樂)520', '무고(舞鼓)', '처용무', '향발', '아박(牙拍)', '연화대(蓮花臺)', '학무(學務)', '헌선도(獻仙桃)' 등이 있다.
- 민속춤은 '백중놀이', '회소무(會蘇舞)521' 등이 있다.

시대가 거듭될수록 궁중의 춤이 민간으로, 민간의 춤이 궁중의 춤으로 수용되기도 하고, 궁중의 연희를 담당하던 '관기'와 '전문재인'들과 비전문적이었지만 '농민'과 '중인'들의 춤도 층위 간 유통되면서 춤과 탈춤 구조 등이 변용되기도 했다. 신경숙(2000)은 당시 문화예술이 관(官)에 의해 주도되었으므로 '관과 여항', '수도와 지방' 간의 유통에 의해 서로 영향을 미쳐왔다고 주장한다. 박은영(2008)522은 '정재'를 "전통시대 제도적 문화권에서 주로 궁중에서의 무동이나 기녀, 지방 교방에서의 기녀들에 의해 공연되었던 종합예술로서의 악·가·무·희 종목을 가리키는 용어"로 정의하면서 조선시대 산대백희 중에서 '궁중정재춤'과 '교방정재춤'으로 나누었다.

- 궁중정재는 신라, 고려, 조선 등 3조에 걸쳐 왕실의 보호육성 아래

전래된 춤이 60여 종에 이르며, 박은영(2008)에 의하면 '오양선 정재, 포구락 정재, 아박 정재, 무고 정재, 수보록 정재, 몽금척 정재' 등 정재라는 용어를 쓰는 춤들이라고 정의했다. 손선숙(2008)은 현재 전승되어 온 궁중정재로는 '수연장, 장생보연지무, 제수창, 선유락, 영지무, 무고, 성택, 하황은, 박접무, 학연화대무, 아박무, 첨수무, 무산향, 춘광호, 포구락, 연화무, 봉래의, 쌍포구락, 하성명, 경풍도, 만수무, 첩승무, 오양선, 수보록, 헌천화, 가인전목단, 춘앵전, 처용무, 헌선도, 사선무, 학과 연화대와 처용합설무, 학무, 학연화대무' 등이 있음을 구체적으로 제시하고 있다.

- 궁중정재에서 산대놀이의 종목에 대해 전경욱(2003)은 '영산회상, 가곡, 12가사, 어룡만연지희, 불토해내기, 포구락, 사자무, 처용무, 유자희, 요요기, 판소리 단가, 판소리, 땅재주, 검무, 줄타기, 솟대타기, 홍패고사, 학춤, 바다귀신춤, 줄타기, 탈놀이, 방울받기, 귀신가면' 등이었다고 제시하고 있다.

- 궁중정재에서 교방정재 춤으로 민간이행 및 전파된 춤에 대해 전경욱(2003)은 '헌선도, 포구락, 연화대, 무고, 아박, 처용무, 학무, 몽금척, 향발, 검무, 항장무, 사자무, 관동무, 선유락, 관동무' 등이었다고 제시했다.

- 민속 춤에 대해 박은영(2008)은 '승무, 살풀이, 태평무, 한량무, 입춤, 농악, 탈춤, 산대놀이, 오광대, 강강술래, 승전무, 통영검무' 등이었다고 제시하고 있다. 사자무는 민간에서 궁중으로 전파된 춤이다.

이렇게 선행 연구자들이 날줄과 씨줄로 궁중 춤과 민간 춤과의 교류,

중앙과 지방과의 교섭과 유통 등 다양한 방식으로 전통 춤을 분석하고
자 하나 춤이라는 것이 현장예술이라 구체적인 사료들이 기록되거나 남
아 있는 것이 별로 없는 편이다.

선행연구자들의 구분에 의하면 원래 처용무는 민간의 개인사에 의
한 무용이 신라시대 궁중으로 유입되어 처용무라는 나례의식의 대표적
인 궁중무가 되었고, 신라시대 이후 산대(山臺)를 중심으로 하는 국가 주
관 산대놀이에서 연행되었던 나례의식 중에서 산대에 올라 노래하고 춤
추었던 관기들의 종목과 국왕 행차 시 거리행렬에서 연행하던 헌가(軒架)
와 정재 종목 등은 재인청 설립 후 재인청에서 관리·훈련되어 전승되
었으며, 산대(山臺) 아래에서 연행하던 탈놀이, 꼭두각시놀이 등의 전통
연극과 줄타기, 솟대타기, 대접돌리기 등의 묘기 등은 임진왜란 이후 애
오개, 녹번, 사직, 홍제동, 구파발, 노량진 산대놀이로 확장되었고, 장시
나 민가의 연행과 흥행을 담당하면서 마을굿 계통의 탈놀이와 수용되고
변용되는 과정을 거치면서 전승되어 왔다고 할 수 있다.

그럼에도 불구하고 남사당의 덧뵈기는 궁중정재 춤의 양식을 함유하
고 있는 듯 타 탈놀이에 비해 체계적이고 양식적이면서 또한 즉흥적이
다.

남사당의 덧뵈기의 춤은 크게 9개의 큰 틀로 이루어져 있는데 2과장
을 제외하고 1과장과 3~4과장의 춤의 비중이 적절하게 배치되어 있는
구조이다.

남사당의 덧뵈기 춤의 특징은 첫째, 남성적인 춤으로 오른쪽 발과 팔
을 함께 위로 들었다가 놓고 다음은 반대로 왼발과 왼손, 왼쪽 어깨를 위
로 들었다가 놓는 동작을 번갈아 한다. 이때 손은 아래쪽으로 늘어뜨리

면서 손발을 함께 몸의 안쪽으로 틀어서 내린다. 마치 땅을 다지기라도 하는 듯한 큰 동작을 취한다. 이외에도 좌우새, 나비춤, 연결체, 활개 치기 등 동작이 큰 춤들이 대부분이다.

둘째, 남사당의 덧뵈기가 다른 탈놀이와 다른 가장 큰 특징으로 1과 장에서 취군가락과 같은 군영가락이 등장하는데 이는 본산대놀이 계통의 탈놀이 계승의 흔적으로 왕의 행렬 시 고취악대의 흔적이거나 조선시대 판관 5명이 악귀들을 내쫓는 나례의식의 흔적이거나 혹은 조선시대 후기 포도청의 하급관리들이 산대놀이에 참여한 역사적 경험이 수용된 것일 수도 있지만 타 탈놀이에 비해 군사적 흔적이 남아 있는 편이다. 1과장에 입장하면서부터 '텅텅걸음'으로 등장한다. 또한 1과장에서 대결구도를 상징하듯이 '어르기'동작을 하기도 한다.

셋째, 춤 동작 자체가 재담에 어울리도록 재미있는 패턴을 보여주는데 '닭이똥사위'는 덧뵈기의 대표적인 춤사위로 닭이 똥을 누는 모습을 춤으로 표현한 것으로 춤사위만 보고도 웃음이 나오도록 표현되었다. '방아사위' 역시 방아깨비가 방아를 찧는 모양새를 흉내 낸 것이며, '앉을 사위' 역시 춤사위만 보면 뒷일을 보는 듯한 모습으로 관객들의 웃음을 자아낸다.

남사당의 덧뵈기는 일반 탈놀이들이 그러하듯이 기본적인 춤사위를 기준에 두고 상황에 따라서 연행자가 즉흥성을 발휘할 수 있다.

02

덧뵈기
춤의 특징

◉ 덧뵈기의 춤사위

덧뵈기에 나타난 춤사위의 연구는 나비춤과 닭이똥사위와 같은 대표적인 춤사위 명칭 말고는 따로 춤사위를 정리해 놓고 있지 않아 춤사위에 대한 연구가 제대로 이루어지지 않고 있음을 알 수 있다. 이에 덧뵈기의 기본무(基本舞)라 할 수 있는 합동무(合同舞)523의 진행 순서에 따라 춤사위의 명칭과 내용을 알아보고자 한다.

1. 합동무

덧뵈기의 합동무는 '입장춤—불림소리—합동춤—나비춤—너울질—팔걸이-쌍줄백이-앞을 사위-맺는 사위-퇴장' 등의 순서로 9개의 큰 틀로 이루어져 있다. 이를 세분화하여 4개의 장으로 나누어보면, 1장의 춤사위는 입장춤(텅텅걸음), 어르기, 좌우새, 나비춤, 연결체, 너울질, 닭이똥사위, 방아사위, 엿보는 사위, 맺는 사위, 2장은 나비춤, 활갯짓, 너울질, 제자리돌기, 쌍줄백이, 3장은 팔걸이, 너울질, 닭이똥사위, 4장은 앞을 사위, 나비춤, 제자리돌기, 인사, 퇴장 순으로 구분해 볼 수 있으며, 각각의 춤사위에 대한 내용은 다음과 같다.

1) 준비자세

양손을 가지런히 모으고 신호 장단을 기다리며 대기한다.

〈준비 자세〉

2) 입장춤(텅텅걸음)[524]

흔히 일채 또는 내드림 장단, 난타 등으로 불리는 장단으로 첫 박자에 한 발, 한손을 사용하여 뛰어나오는 입장 춤으로, 춤사위는 첫 박자에 오른 발을 내딛고 팔은 왼손에 좌우새를 해주며 좌, 우 번갈아 가면서 춤추고 장단이 빨라지면 제자리에서 돌며 멈춘다.

1	2	3	4	2	2	3	2	3	2	3	4	2	…	…	…	…
덩				덩				덩			덩		덩	…	…	…

3) 어르기

어르기는 불림소리[525]를 하면서 타령장단의 첫 박자에 맞춰 오금을 힘차게 주면서 오른손을 앞, 뒤로 번갈아가며 젖혔다 뒤집는 동작이다.

1	2	3	2	2	3	3	2	3	4	2	3
덩			딱			기	덩		딱	얼		쑤
녹	수	–	한	삼	에	심	불	–	로	–	–
저		리	저		리	얼		쑤	절		쑤

4) 발 올리기

첫 박자에 오른발을 크게 굴려서 직각으로 들어올리고, 다음에 왼발을 크게 굴려서 직각으로 들어올린다. 이때 발끝은 몸 안쪽으로 당기듯 세워준다. 춤의 진행순서는 '오른발-왼발-오른발-왼발' 순으로 진행한다.

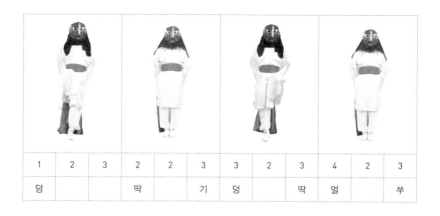

1	2	3	2	2	3	3	2	3	4	2	3
덩			딱		기	덩		딱	얼		쑤

5) 발 올리며 팔 들기

첫 박자에 오른발을 직각으로 감아서 들어올리면서 동시에 오른팔을 가볍게 들어주고, 다음에 왼발을 감아서 직각으로 들어올리면서 동시에 왼팔을 가볍게 들어준다. 이때 하체의 움직임은 절제된 춤동작으로 강한 움직임이라면, 상체의 팔놀림은 어깨에 힘을 뺀 상태에서 가볍게 움직이는 것으로 상, 하체의 움직임이 강, 약으로 적절한 호흡을 사용하는 동작으로 구성되는 특징을 지닌다. 춤의 진행방식은 오른발에 오른손, 왼발에 왼손을 들고 순차적으로 진행한다.

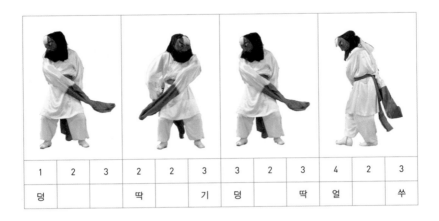

1	2	3	2	2	3	3	2	3	4	2	3
덩			딱		기	덩		딱	얼		쑤

6) 좌우새

첫 박자에 오른손을 왼쪽 허리춤 앞으로, 왼손은 오른쪽 허리춤 뒤로 번갈아 가며 앞, 뒤로 흔들어 주는 동작으로 따로 신호가 없어도 3장단[526]만에 다음 춤동작으로 넘어간다. 특히 마지막 장단에서는 오른쪽 방향으로 몸을 틀어 다음 춤동작을 미리 준비한다.

1	2	3	2	2	3	3	2	3	4	2	3
덩			딱		기	덩		딱	얼		쑤

7) 나비춤[527]

나비춤은 덧뵈기의 합동무에서 가장 대표적인 춤사위로 나비가 날갯짓을 하며 펄럭이는 모양을 흉내 낸 춤동작으로 덧뵈기 과장에서도 배역들이 대사와 함께 중간 중간 삽입해서 추는 주된 춤사위다. 나비춤의 춤사위는 한삼을 뿌리는 동작과 얼굴 가림(옆가림)사위, 허리 좌우 막음사위[528] 세 개의 동작으로 구성되어 있으며 타령장단의 첫 번째, 세 번째 박자에서는 한삼을 좌, 우로 뿌리고 두 번째, 네 번째 박자에서는 얼굴 가림사위에서 허리 좌우 막음사위로 마무리되는 복합 동작이다. 춤의 진행방향은 좌, 우 사선방향과 정면을 반복 진행하며 정면을 기준으로 좌측 사선 방향부터 춤의 진행방향이며 첫 번째 박자에서는 원을 중심으로 안쪽을 세 번째 박자에서는 밖을 바라보고 두 번째, 네 번째 장단에서는 정면을 응시하며 약간의 돋음과 함께 오금을 주는 형식으로 춤을 진행한다. 그리고 나비의 날갯짓을 한삼으로 표현하는 만큼 한삼을 강하게 뿌리면서도 마무리는 부드럽게 하며, 하체는 발을 90도 직각으로 들어 좌, 우로 움직이는 경직성과 투박함이 조화를 이루는 특징을 지녔다. 나비춤은 양팔을 뿌리고 다시 원상태로 돌아서 마무리짓는 형식으로, 춤의 진행은 왼쪽 방향으로 양팔을 벌려서 뿌리고, 오른발을 머리 사위로 감아서 얼굴막음사위와 좌우새로 마무리한다. 반대 방향도 같은 형식으로 진행된다.

패턴 1

1	2	3	2	2	3	3	2	3	4	2	3
덩			딱		기	덩		딱	얼		쑤

패턴 2

1	2	3	2	2	3	3	2	3	4	2	3
덩			딱		기	덩		딱	얼		쑤

8) 연결체

넘기는 신호 장단에 나비춤 첫 번째 동작과 같이 한삼을 뿌리고 두 번째
장단에 방향을 틀어 탈꾼들이 원안을 중심으로 돌아선다. 이때 들고 있던
오른발을 넉넉히 벌려 뿌려진 한삼을 어깨에 메고 너울질로 마무리 한다.

1	2	3	2	2	3	3	2	3	4	2	3
덩			딱		기	덩		딱	얼		쑤

9) 너울질 1

너울질은 오른팔을 어깨에 메고 왼팔을 벌려서 좌, 우로 팔을 늘리는 느낌으로 장단에 맞춰 손바닥을 뒤집고 젖히기를 반복하는 춤사위다. 이때 오금과 함께 고갯짓을 아래, 위 순서로 호흡한다.

1	2	3	2	2	3	3	2	3	4	2	3
덩			딱		기	덩		딱	얼		쑤

10) 닭이똥사위 1

닭이똥사위는 나비춤과 같이 덧뵈기의 대표적인 춤사위로 닭이 똥을 누는 모양새를 춤으로 표현한 춤사위다. 첫 번째 박자에 들고 있던 왼팔을 가슴 앞으로 쓸어오듯 감아주고 두 번째 박자에 메고 있던 오른팔을 풀어 왼손 위로 감아서 겹쳐주고 세 번째 박자에 오른손을 가슴 안쪽에서 밖으로 시계반대 방향으로 원을 그려 마무리한 다음 네 번째 박자에 닭이 똥을 누듯 "찍"하고 강하게 오금을 주며 똥 싸는 모양새로 마무리한다. 이때 왼손 위의 오른손을 감아주면 한삼이 왼손에 말려 매듭처럼 말리는 특징을 지닌다.[529]

1	2	3	2	2	3	3	2	3	4	2	3
덩			딱		기	덩		딱	얼		쑤

11) 방아사위

방아사위는 방아를 찧는 모양새를 흉내 낸 춤사위로 방아사위와 엿보는 사위[530]로 구성되어 있다. 전체 3장단으로 구성되어 있으며, '왼쪽-오른쪽-가운데' 순서로 진행되며 세 번째 장단은 맺는 사위다. 첫 번째 박자에 왼쪽방향으로 몸을 틀어 방아를 찧고 두 번째 박자에 양손을 쥔 상태

에서 얼굴 앞에서 쓸어내리며 훔쳐보는 동작을 반복한다. 오른쪽 방향
도 동일하게 진행된다.

1	2	3	2	2	3	3	2	3	4	2	3
덩			딱		기	덩		딱	얼		쑤

12) 맺는 사위[531]

맺는 사위는 방아사위와 연결체이며 동일한 춤동작으로 이루어져 있으
나, 세 번째 박자에 양팔을 벌려서 원의 진행 방향인 오른쪽으로 양손을
맺어준다. 이때 춤동작은 앞의 좌우새 마무리 동작과 동일하다.

1	2	3	2	2	3	3	2	3	4	2	3
더	더	더	딱		기	덩		딱	얼		쑤

13) 나비춤 1

위의 동작 나비춤과 같이 시계 반대방향으로 원을 그리며 진행한다.

14) 나비춤 2

위의 나비춤 1의 신호 장단에 따라 춤사위를 마무리하면, 탈꾼들은 원의 중심을 바라보며 제자리에서 나비춤을 한 장단 추고, 원의 중심으로 3장단 앞으로 진행한다. 이때 마지막 4번째 장단 3, 4번째 박자에서는 한삼을 뿌리고 난 뒤 왼쪽 어깨에 메고 왼발을 원 중심에 놓으며 몸을 숙여 나비춤을 맺는다.

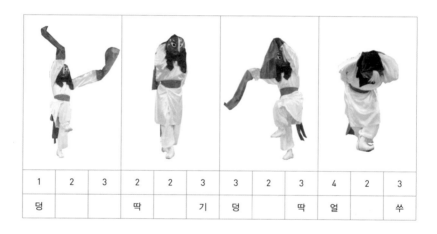

1	2	3	2	2	3	3	2	3	4	2	3
덩			딱		기	덩		딱	얼		쑤

15) 활개 치기[532]

원을 중심으로 진행했던 반대 방향으로 왼발부터 양팔을 강하게 휘졌으며 뒤로 물러선다. 발의 진행은 왼발, 오른발, 양발을 모아서 드는 동작으로 구성되어 있으며, 한 박자에 한 바퀴씩 원을 그리며 뒤로 나아가고

세 번째 박자에서는 한삼을 바닥에 강하게 뿌리며 네 번째 박자에서는
오른팔을 어깨에 메고 오른발은 높이 들어 동작을 마무리한다.

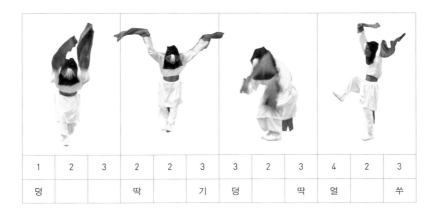

1	2	3	2	2	3	3	2	3	4	2	3
덩			딱		기	덩		딱	얼		쑤

16) 너울질 2

한 박자에 한 걸음씩 내딛으며 반시계 방향으로 원을 그리며 진행한다.
장단에 맞춰 고갯짓을 하며 손바닥을 젖혔다 뒤집어준다.

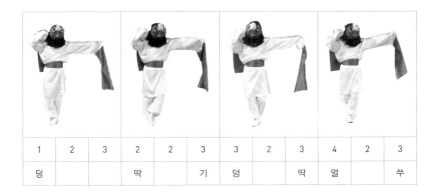

1	2	3	2	2	3	3	2	3	4	2	3
덩			딱		기	덩		딱	얼		쑤

17) 제자리 돌기

넘기는 장단의 신호를 듣고 앞의 동작 너울질을 반복하며 반시계 방향으로 돌아준다. 이때 한 장단에 반 바퀴씩, 180도씩 나누어 원 한 바퀴를 두 번에 나누어 돈다.

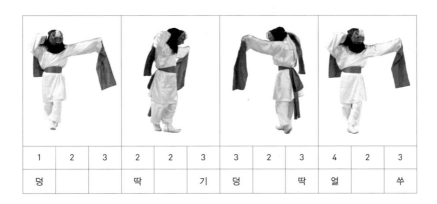

1	2	3	2	2	3	3	2	3	4	2	3
덩			딱		기	덩		딱	얼		쑤

18) 쌍줄백이

무대 정면을 중심으로 12시 방향과 6시 방향으로 탈꾼의 무리를 두 개로 쪼개어 반원을 그리며 두 줄로 짝을 지어 대무(對舞)한다.

1	2	3	2	2	3	3	2	3	4	2	3
덩			딱		기	덩		딱	얼		쑤

19) 팔걸이사위

짝을 지은 탈꾼들이 서로의 팔을 위, 아래로 걸어 밀착한 다음 시계 반대 방향으로 한 장단에 반 바퀴씩 돌아 두 바퀴 돌아 제자리에 서고 신호가 있을 때까지 너울질하며 대무한다.

1	2	3	2	2	3	3	2	3	4	2	3
덩			딱		기	덩		딱	얼		쑤

20) 닭이똥사위 2

앞의 10)번 춤사위와 동일한 방식으로 추어지나 방아사위의 경우 좌, 우측은 생략하고 가운데만 하며 진행방향으로 몸을 틀어 마무리한다.

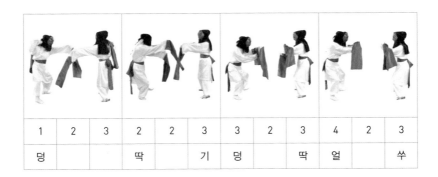

1	2	3	2	2	3	3	2	3	4	2	3
덩			딱		기	덩		딱	얼		쑤

21) 나비춤 3

앞의 나비춤 동작과 동일하나 열을 지어 탈꾼의 머리를 따라 쌍줄백이를 펼쳐 원을 만든다.[533]

1	2	3	2	2	3	3	2	3	4	2	3
덩			딱		기	덩		딱	얼		쑤

22) 앉을 사위

나비춤의 동작으로 하나에 한삼을 뿌리고 둘에 원안을 바라보며 한삼을 여미고 앉아준다. 다시 셋에 등을 돌려 원 밖으로 한삼을 재빨리 뿌리고 동일한 방법으로 앉아준다.

1	2	3	2	2	3	3	2	3	4	2	3
덩			딱		기	덩		딱	얼		쑤

23) 나비춤 4

위의 나비춤과 동일하며 반시계 방향으로 회전하며 춤을 춘다.

24) 제자리돌기

춤을 맺는 신호 장단에 따라 양팔을 벌리고 제자리에서 반시계방향으로
원을 돌아주며 원을 등지고 바깥을 바라보며 선다.

25) 인사

장단을 털어주면 탈꾼들은 원안을 바라보며 서로 인사하고, 다시 장단
을 털어주면 원을 돌아 관객을 바라보며 고개 숙여 인사한다.

26) 퇴장

덩덕궁이 장단에 맞추어 탈꾼들은 열을 지어 무대를 돌아 퇴장한다.[534]

1	2	3	2	2	3	3	2	3	4	2	3
덩		더	궁	더		궁	따	더	궁	따	

참고자료

- 강영철. 2005. 청룡사 감로탱. 감로上. 통도사 성보박물관 p.47
- 곽성영. 2013. 조선시대 감로탱 도상에 나타난 작법무 형태 연구.
- 권보나. 2015. 감로탱에 나타난 사당패 연희. 서울대학교 음악과 석사학위논문
- 김남희. 2012. 19세기 감로탱화와 풍속화의 비교연구. 미술교육연구논총. vol. 21 pp. 277-298
- 김남희. 2017. 조선후기 감로탱화에 나타난 민화적 요소 연구. 미술교육연구논총. vol. 49 pp. 105-130
- 김명수. 2015. 조선의 마지막 춤꾼 이동안. 경기도: 서해문집
- 김라희. 2016. 화성재인청춤의 전승과 특성 연구. 성균관대학교 석사논문
- 김웅기. 조선시대 감로탱화에 나타난 악기연구 – 18세기 감로탱화를 중심으로. 동국대학교 문화예술대학원 석사학위논문
- 김윤지. 2013. 조선 후기 전통춤의 교섭양상 연구. 한양대학교 박사학위논문
- 김은영. 2011. 한국의 국왕 행차와 전통연희, 고려대학교 박사학위논문
- 김화미. 2006. 조선시대 감로탱화 하단에 나타난 춤의 특징 연구, 숙명여자대학교 대학원 석사학위논문
- 김효정. 2010. 18세기 감로탱 연희패 등장의 다면적 의미 연구. 한국예술종합학교 석사학위논문
- 문진수. 2009. 상모춤의 프랙탈 미학. 움직임의 철학:한국체육철학회지. 17⑷. pp. 381-395
- 문진수 외 1인. 2011. 풍물굿에 나타난 기(旗)의 의미와 색채의식. 움직임의 철학: 한국체육철학회지. 19. pp. 235-250
- 문진수 외 1인. 2011. 한국춤에 내재된 장단의 미. 움직임의 철학:한국체육철학 회지. 19⑵. pp. 271-284

- 문진수 외 1인. 2013. 비보잉과 살판에 내재된 미적요소. 한국무용연구. 31(3). pp. 151-17

- 문진수. 2013. 덧뵈기 합동무 복식의 불교적 성향연구. 2013. 한국예술학연구. 42(3). pp. 1-20

- 문진수. 2013. 세계무형문화유산 남사당의 덧뵈기 미학. 움직임의 철학 : 한국체육철학회지 제21권 제2호. pp. 209-226

- 문진수 외 1인. 2013. 풍물춤에 내재된 음양사상. 40(1). pp. 67-88

- 문진수 외 1인. 2014. 남사당놀이 연구의 성과와 과제 1956년부터 2012년까지를 중심으로. 한국사회체육학회지. 58(1). pp. 13-22

- 문진수. 2015. 발상모춤에 내재된 미적요소, 무용예술학연구. 55(4). pp. 35-49

- 문진수. 2017. 남사당놀이에 내재된 춤적 요소와 가치연구. 무용역사기록학. 45. pp. 103-130

- 박은영. 2008. 조선 후기 궁중교방 정재 및 민속무용의 상호교섭과 변모양상. 한국문학과 예술 1. pp. 43-84

- 박화진. 2010. 조선시대 민중의 이국관과 풍속상 - 지옥계불화 감로탱화를 중심으로. 동북아문화연구 제25집 pp. 27-49

- 백형화. 1976. 나례와 나례무고, 나례무 형성과정을 중심으로. 이화여자대학교 대학원 석사학위논문

- 사진실. 1997. 조선시대 서울지역 연극의 공연상황연구. 서울대 박사학위논문

- 사진실. 1998. 산대의 무대양식적 특성과 공연방식, 한국구비문학회, 구비문학연구 제7집. pp. 349-373

- 서연호. 1997. 한국전승연희의 현장연구. 서울:집문당

- 서연호. 1987. 산대탈놀이. 열화당

- 손선숙. 2008. 궁중정재 사진, 한국문학과 예술. 3. pp. 197-220

- 손태도. 2002. 본산대 탈놀이패에 대한 시각. 한국공연문화학회. 고전희곡연구. pp. 135-177

- 손태도. 2003. 광대의 가창 문화. 집문당. p. 35

- 송지원. 2018. 조선시대 산대의 역사적 전개. 숭실대학교 한국문학과예술연구소.

한국문학과 예술 28. pp. 121-155

- 신경숙. 2000. 19세기 연행예술의 유통구조. 어문논집. 43

- 심우성a. 1968. 무형문화재 조사보고서 제40호(남사당). 문화재관리국

- 심우성b. 1969. 남사당패연구. 서울:동문선

- 심우성. 2012. 남사당패 연구. 서울:동화출판공사

- 윤아영. 2005. 조선전기 나례와 그에 수반된 악가무의 형태에 관한 연구. 온지논 총 13호. pp. 223-252

- 윤주필, 1995. 조선전기 연희시에 나타난 문학사조상의 특징. 단국대학교 동양학 연구소

- 월인. 199. 퇴계원산대놀이. 퇴계원산대놀이보존회

- 이건미. 2016. 근대 이후 화성재인청 이동안류 춤의 전승과 변형과정에 관한 연 구. 대한무용학회. 대한무용학회 논문집. Vol/ 74. No. 6. pp. 113-134

- 이두현. 1979. 한국의 가면극. 일지사

- 이병옥. 1982. 송파산대놀이 연구. 집문당

- 이보형. 1990. 창우집단의 광대소리 연구—육자백이 토리권의 창우집단을 중심으 로. 고대 민속문화연구소. p. 84

- 이영금. 2012. 조선 후기 전주 재인청 무부들의 판소리 활동—전주 재인청과 전주 아전을 중심으로. 국어문학 53. pp. 97-126

- 이숙희. 2007. 조선후기 군영악대. 태학사. p. 193

- 임재해. 2009. 탈춤 기원론의 쟁점과 상고시대 탈춤문화의 뿌리. 한국민속학 50. pp. 577-628

- 임형택. 1992. 이조시대 서사시 하. 창작과 비평사

- 임혜정. 2016. 가면극 음악구성의 원리— 본산대놀이계통 가면극을 중심으로. 공 연문화연구. 33. pp. 97-128

- 장휘주. 2004. 사당패의 집단 성격과 공연 내용에 대한 사적 고찰. 한국음악연구 35. pp. 225-240

- 전경욱. 1997. 탈놀이의 역사적 연구. 구비문학연구 5권. 183-242

- 전경욱. 1998. 한국가면극 그 역사와 원리. 열화당

- 전경욱. 2000. 서울의 본산대 놀이와 그 놀이꾼, 사재동 편, 한국희곡 문학사의 연구Ⅵ. 중앙인문사

- 전경욱. 2001a. 한국 산악백희의 놀이꾼. 한국 고전희곡학회 하계 학술회의 발표문

- 전경욱. 2001b. 본산대 놀이와 북방 문화. 민속학 연구 8호. 국립민속박물관

- 전경욱. 2003. 조선시대의 각종 행사와 각 지방의 연희문화. 민속학연구. 13. pp. 249-285

- 전경욱. 2004. 한국의 전통연희. 학고재

- 정명희. 2020. 조선 15~17세기 수륙재에 대한 유신의 기록과 시각 매체. Korea. Journal of Cultural Heritage Studies Vol. 53 No. 1. pp. 184-203

- 정성숙. 2007. 재인계통 춤의 특징과 무용사적 가치연구. 미간행 박사학위논문. 성균관대학

- 정형호. 1995. 한국가면극의 유형과 전승원리 연구. 중앙대학교 박사학위논문

- 정형호. 2008. 한국전통연희 전승과 미의식. 민속원

- 정형호. 2001. 양주별산대놀이. 화산문화

- 조동일. 1976. 탈춤의 역사와 원리. 홍성사

- 조원경. 1955. 나례와 가면무극. 학림 4. 연희대 문과대 사학연구회

- 차수정. 18세기 조선후기 감로탱화에 나타난 무용장면의 형태와 유형 연구. 움직임의 철학:한국체육철학회지. 제15권 제1호

- 차영수. 1999. 조선후기 불화에 나타난 해금 연구 – 감로탱화를 중심으로. 동국대학교 문화예술대학원 석사논문

- 최상수. 1985. 산대 · 성황신제 가면극의 연구. 성문각

- 최윤영. 2004. 산대잡극의 공연양상 연구. 한국연극학 제24호. p 33-58.

- 점구방지진(鮎具房之進). 花郞放 · 白丁放 · 奴婢放. 민속원 영인(1992)

- 추엽륭(秋葉隆). 1948, 서연호(1987). 산대 탈놀이. 열화당

- 추엽륭(秋葉隆). 1954. 심우성 역(1993). 조선 민속지. 동문선

- 한기숙. 1989. 남사당 덧뵈기 춤에 관한 연구. 중앙대학교 예술대학원

각주노트

1   본때뵈기 : 수련자 본인이 가지고 있는 기술을 하나로 연결시켜서 자유자재로 표현하는 자기 수련과정이다. 이러한 본때뵈기에는 붙뵈기와 막뵈기가 있다.

2   붙뵈기 : 기술들을 연결시켜 순서를 정해놓은 정형화된 기술로서, 앞의 거리 여덟 마당, 뒤의 거리 네 마당, 별거리 한 마당, 육모거리 네 마당으로 구성되어 있다.

3   막뵈기 : 일정한 보법과 기술의 제한 없이 택견의 수를 펼쳐 보이는 기술이다.

4   덧뵈기 : 외유내강의 부드러운 몸놀림과 탄력적이고 아름다운 발질을 구사하기 위한 수련방법을 말한다. 덧뵈기 기술은 상대방의 어깨를 붙들고 다리를 들어올려 상대의 어깨 위에 얹는 등 상대를 탐색하고 살피는 유연함, 냉정함, 융통성이 필요하므로 남사당의 덧뵈기와 같은 의미로 사용되고 있다.

5   사전적 의미로 '추적하여 잡아온다'는 뜻으로 강제성을 띤다.

6   가배 : 신라 유리왕 때 한가윗날에 궁중에서 하는 놀이의 일종

7   우란분재 : 음력 7월 15일에 행하는 불교 행사의 하나

8   문희연 : 사대부가의 과거 급제 축하 잔치

9   수륙재 : 불교에서 물과 육지를 헤매는 영혼과 아귀를 달래는 종교행사

10   내농작 : 정월 보름날에 궁중이나 민가에서 볏짚으로 이삭처럼 만들어 풍년을 기원하는 행사

11   황금을 토하는 함리라고 불리는 외눈박이 물고기가 비목어로 변하고, 비목어가 다시 용으로 변신하는 대형 환술이자 동물가장가면연희이다.

12   포구락 : 대형 궁중무로 포구문을 중앙에 두고 무용수가 좌우 양쪽으로 갈라져서 문 상부에 뚫린 풍류안이라는 구멍에 차례대로 공을 던져서 승부를 가리는 춤이다. 채구가 구멍에 들어가면 상으로 꽃을 받고, 만약 들어가지 못하면 벌로 뺨에다 먹칠을 한다.

13   2009년 10월 9일, 민동용 기자, '한국판 초대형 야외공연 산대희 220년 만에 재현' 동아A.com

14   임석재. 양주별산대희. 협동 44-45. 대한금융조합연합회. 1954

15   조동일. 양주산대놀이. 1957

16   김성대. 양주별산대놀이 연희본 / 심우성. 한국의 민속극. 창작과 비평사. 1975

17 자료UCI: RIKS+CRMA+KSM-WZ.1930.1100-20160331.OGURA_253

18 송석하(1904~1948)가 「한국민속개관」에서 주장(한국민속대백과사전 본산대패 편)

19 영조실록 12년 1월 8일(계묘)

20 鮎具房之進. 1992. 민속원 영인. p186-187

21 추엽륭(1948)은 1930년대 양주별산대는 아현산대를 모방했다고 주장한다.

22 최상수(1985)

23 군 재인청의 우두머리

24 취군가락은 군악(軍樂)에서 군인들의 사기를 고취시키거나 사람들을 불러 모이게 하거나 행진할 때 사용하는 가락으로, 여기에서는 덩덕궁이 다음에 연주되는 장단으로 남사당에서는 자진가락이라는 명칭으로 사용되며, 속도가 빠르고 흥겨워서 대부분 연주의 대미를 장식하는 가락으로 사용된다.

25 취군가락은 군악(軍樂)에서 군인들의 사기를 고취시키거나 사람들을 불러 모이게 하거나 행진할 때 사용하는 가락으로, 여기에서는 덩덕궁이 다음에 연주되는 장단으로 남사당에서는 자진가락이라는 명칭으로 사용되며, 속도가 빠르고 흥겨워 대부분 연주의 대미를 장식하는 가락으로 사용된다.

26 전라도 지역 일부에서는 '일광놀이'라 하여 상쇠가 꽹과리를 잃고 그것을 찾는 과정을 극화하는 대목이 있다. 이는 풍물굿패와 마을 공동체가 꽹과리를 빛과 생명으로 인식하는 것으로, 이를 잃은 상태는 죽음, 무질서, 어둠의 세계이고 다시 찾은 상태는 생명과 질서, 광명의 세계가 된다. 또한 명칭에서도 '광쇠', '깽쇠', '꽝쇠', '꽹과리' 등으로 불리는데 '광'은 빛을 상징하는 '光'자를 나타낸 것이며, '깽', '꽝' 등은 천둥, 번개의 의성어이기도 하다. 그리고 상쇠의 등 뒤에 붙이는 일광월광은 해와 달을 상징하고, 머리에 쓴 전립의 하얀 부포는 해, 광명, 흰빛의 상징이다.(박성수외 9명, 2009)

27 상쇠는 굿판을 책임지는 총책으로 준비, 기획, 연희, 마무리까지 일관성 있게 추진하는 기획자이자 지휘자다. 또한 동제에서는 제관이 되고, 당제에서는 신관이 되기도 하며, 진풀이에서는 군관이 되기도 한다. 따라서 상쇠는 총체적인 지도자로 신을 받들고, 주재(主宰)하며 정치적으로 수장(首長)의 역할을 맡은 자라 할 수 있다.

28 북청사자놀음에 나오는 양반의 하인 이름으로 '꺽쇠' 또는 '꼭쇠'로 같은 말로 불린다.

29 가령 '임꺽정'의 경우를 살펴보면 '체구가 크고 거친 사람'으로 풀이된다.

30 '곰뱅이 트다'라는 말은 '남사당패가 마을이나 특정 장소에 들어와서 놀이를 벌여도 좋다는 허락을 받는다'라는 뜻이다.

31 남사당놀이 종목(풍물, 버나, 살판, 줄타기, 덧뵈기, 꼭두각시)을 담당하는 분야별 우두머리를 뜻한다.

32   땅재주의 우두머리

33   버나놀이의 우두머리

34   가면무극의 우두머리

35   꼭두각시 인형극의 우두머리

36   공연에 소요되는 짐 등을 싣고 다니는 사람들

37   가락을 연주하다 변화를 주기위해 잠시 내는 가락을 말한다.

38   악사를 '잽이'라고도 부른다. 덧뵈기에서는 '잽이'가 극을 이끌어가면서도 극에 적극적
      으로 개입하며 극을 진행한다.

39   주장자(拄杖子)는 스님이 들고 다니는 지팡이로 불교에서는 법통의 맥을 잇는 상징
      물이다.

40   "안암산이 훨훨 타는 게 무엇이냐?"라는 표현으로 관계가 심상치 않음을 설명한다.

41   정일파 구술(1960년 6월 28일)

42   심우성, 『남사당패 연구』(서울: 동화출판공사, 1980), 151~152쪽

43   2001년 이후 현재까지 보유자 박용태의 지도로 한유진, 서경아, 선동수, 서희연, 이
      유빈, 이지원, 허정현, 김수정, 최귀란, 김종우 등 다수의 이수자 및 전수자가 전승교
      육을 받고 있다.

44   김세중, 「한국가면극 춤사위연구—덧뵈기에 關한」(중앙대학교 대학원 석사학위논문,
      1972), 23쪽

45   심우성a, 『남사당』 [문화재 관리국, 『무형문화재 조사보고서 40호』(문화재관리국, 1968)
      161~207쪽.]; 심우성b, 『남사당패 연구』(동문선, 1968); 심우성c, 『남사당패 연구』(동화
      문화출판사, 1974); 김세중, 「한국가면극 춤사위연구—덧뵈기에 關한」(중앙대학교 대학원
      석사학위논문, 1972); 심우성d, 『남사당놀이』(서울: 화산문화, 2000); 한기숙, 「남사당 덧
      뵈기춤에 관한 연구」(중앙대학교 예술대학원 석사학위논문, 1989); 박용태 · 양근수, 『박
      첨지가 전하는 남사당놀이』(앰에드, 2008); 김세하, 「세계무형문화유산 남사당 덧뵈기
      의 재담원문 변화양상 고찰」(중앙대학교 대학원 석사학위논문, 2010); 김세하 · 남상문 ·
      황동열, 『남사당놀이구조와 덧뵈기재담해석』(선인, 2011)

46   문진수, 「세계무형문화유산 남사당의 덧뵈기 미학」, 『한국체육철학회』 21-2호(한국체
      육철학회지, 2013), 209~226쪽; 문진수b, 「덧뵈기 합동무 복식의 불교적 성향 연구」,
      『무용예술학』 42-3호(무용예술학연구, 2013), 1~20쪽; 문진수c, 「남사당놀이에 내재된
      춤적요소와 가치연구」『무용역사기록학』 45호(무용역사기록학회, 2017), 103~130쪽

47   문진수, 「세계무형문화유산 남사당의 덧뵈기 미학」, 『한국체육철학회』 21-2호(한국체

육철학회지, 2013), 216쪽

48 심우성, 『남사당』, [문화재 관리국, 『무형문화재 조사보고서 40호』(문화재관리국, 1968) 199쪽]

49 본 연구에서는 배역의 연행양상을 분류하고 비교하는데 편의를 제공하고자, 현재 불리는 명칭을 사용하여 논의하고자 한다. 남사당은 교육자에 따라 배역에 따른 명칭이 혼용되어 사용하고 있으나 보유자 박용태의 증언(1997년 무형문화재 전수회관)에 따라 '꺽쇠(꽹과리), 장쇠(장구), 멍쇠(징), 먹쇠(북)'으로 기록한다.

50 덧뵈기에서의 기본 복이라 함은 장삼과 한삼이 분리되지 않는 일체형으로 기본무(합동무)를 진행할 때 입는 것으로 탈복의 바탕은 흰색이고 소매 부분은 빨간 색으로 구성되어 있다.

51 대지팡이 짚고 짚신 신고 자연 속에 들어가 아름다운 자연을 즐기는 내용으로, 중국의 유명한 고사와 인물들의 나열로 이루어졌다. (자료출처: 네이버 지식백과)

52 문진수, 「남사당놀이에 내재된 춤적요소와 가치연구」, 『무용역사기록학』 45호(무용역사기록학회, 2017), 119쪽

53 심우성, 『남사당』, [문화재 관리국, 『무형문화재 조사보고서 40호』(문화재관리국, 1968) 199쪽]

54 가면을 쓰고 역귀를 쫓는 사람 또는 관명(官名)을 말함. 방상씨 가면의 특징은 눈이 네 개인데 위쪽은 이승, 아래쪽은 저승을 바라본다고 함

55 예전에는 멍쇠나 먹쇠는 탈을 따로 제작하지 않고 잡탈을 겸용하여 사용하였다고 한다(남사당놀이 보존회 박용태보유자 증언). 현재는 배역별로 탈을 제작하여 사용한다.

56 종이탈의 경우 연행이 끝나면 태우는 것이 일반적이지만, 나무탈은 통풍이 잘 되는 상자에 보관하였다가 다음에 다시 사용한다.

57 임재해, 『한국민속과 오늘날의 문화』, 지식산업사, 1994, p. 97

58 나무를 섬세하게 파내어 탈의 조형을 입체적이고 자연스럽게 만들 수 있는 특징을 지닌다.

59 박용태 증언(남사당놀이 보유자, 1996년)

60 박용태 증언(남사당놀이 보유자, 1976년 8월에 정리)

61 남사당놀이보존회 보유자 박용태는 1996년 남사당 6종목의 연행과정 및 사진 자료 등을 그의 제자 문진수(현재 남사당 이수자)에게 정리를 요청하여 자료를 체계화한 내용으로 덧뵈기 탈의 제작과정과 형태 등을 나타낸 것이다.

62 유학자

해설부분도 영상의 일부로 그대로 옮겨 적었다.

64 장쇠가 아닌 먹쇠(징)가 바로 곁에서 다시 다가온다. 현재 대본과 비교해보면 진행과 정상의 착오나 중복으로 볼 수 있다.

65 현재는 태평소는 마당에 등장하지 않고 악사 석에서 반주한다.

66 꺽쇠가 원진을 구성하고 나머지 4명이 꺽쇠를 둘러싸고 돌아준다. 이때 꺽쇠는 가운데에서 상모를 돌리며 개인기를 펼친다.

67 퇴장하는 순서는 꺽쇠, 먹쇠, 장쇠, 멍쇠, 태평소 순으로 열을 지어 퇴장한다.

68 마당씻이의 탈꾼 전체가 퇴장하고 다시 꺽쇠가 등장한다. 이때 마당씻이에서 착용했던 상모를 벗고 나온다.

69 옴탈이 널따란 벙거지를 머리에 쓰고 나온다. 현재 남사당에서 사용하는 옴탈의 벙거지는 머리를 간신히 덮을 정도로 작다.

70 옴탈이 퇴장할 즈음에 타령 장단을 굿거리장단으로 자연스럽게 바꾸어 연주한다.

71 대지팡이 짚고 짚신 신고 자연 속에 들어가 아름다운 자연을 즐기는 내용으로, 중국의 유명한 고사와 인물들의 나열로 이루어졌다(자료출처: 네이버 지식백과).

72 덧뵈기의 대본 채록은 최초 1996년 보유자 박용태의 구술증언과 교육내용을 틈틈이 정리한 것으로 5차에 걸쳐 완성하였고, 2018년 최종 정리하였다.

73 '마당+씻이'의 합성어로 마당을 깨끗이 씻는다는 뜻으로, 연행 장소인 판을 정화(淨化)하며 사악한 기운을 물리치고 경사로운 곳으로 나아가는 벽사진경(辟邪進慶)의 의미이자, 상서롭지 않은 것을 물리치고자 하는 불제불상(祓除不祥)의 바람이 담겨져 있다.

74 배역에 따른 배역춤 및 자유롭게 춤을 추며 열을 지어서 입장한다.

덩덕궁이 〈내는 가락〉

배역	장단											
쇠	갠		지	갯		지	갱		그라	개		갱	

〈본장단〉

배역	장단										
꺽쇠	개	갱		개	갠	지	웃	갠	지	개	갱	
멍쇠	징											
장쇠	덩		더	궁	따		쿵	다	더	궁	따	
먹쇠	둥		두	둥		두	둥			두	둥		두

〈맺음가락〉

배역	장단											
꺽쇠	개	갠	지	개	갠	지	갱		그라	개	갱	
	개	갱		갱		그라	갱			객		
멍쇠	징											
	징											
장쇠	덩			더	궁	따		쿵	다	더	궁	따
	더	덩			더	덩		덩			딱	
먹쇠	둥			두	둥		두	둥		두	둥		두
	두	둥			두	둥		둥			딱	

75 　북청사자놀이에서는 '꺽쇠'와 '꼭쇠'를 같은 의미로 해석한다. 이는 남사당패의 우두머리를 '꼭두쇠'라고 칭하는 것처럼 '꺽쇠'는 '꼭쇠'의 '꼭쇠=꺽쇠' 즉, 같은 의미로 해석할 수 있으며 이는 우두머리를 칭하는 명칭이다.

76 　덩덕궁이 맺음 장단(개갱-/갱-그라/갱--/객--)을 치면 극(劇)이 진행된다.

77 　"어라 어라 네기럴꺼"는 "얼럴럴럴 네기럴꺼"와 혼용하여 사용하는 것으로, "쉬이", "에헴" 등과 같이 판을 집중시킬 때 사용하거나 특별한 의미 붙이는 추임새다(박용태 증언, 국가무형문화재 제3호 남사당 보유자).

78 　"불러보자"는 "놀아보자"와 같은 의미다.

79 　'장쇠'는 장구를 치는 잽이를 뜻한다. 따라서 배역에 나타난 '쇠'는 잽이(꺽쇠=쇠잽이, 장쇠=장구잽이, 먹쇠=북잽이, 멍쇠=징잽이)를 칭하는 말이다.

80 　'텅텅 걸음'은 한 장단에 한걸음씩 뛰어 나오는 것을 춤과 소리로 표현한 것으로 오른발에 왼손을 시작으로 장단에 맞추어 입장하는 춤(입장춤)이다.

악기	장단							
쇠	갱		갱		갱		갱	갱갱갱……
징	징		징		징		징	징징징……
장구	덩		덩		덩		덩	덩덩덩……
북	둥		둥		둥		둥	둥둥둥……

81 　괄호 안에 대본은 극적 표현을 위하여 소리 나는 대로 표기함을 일러둔다.

82 　장구(羯鼓)를 뜻하는 은어로 장구통에 개가죽을 씌워서 만든 것을 의미한다.

83 　경기도 안성군 서운면 청룡리 근동지명

84 　꽹과리를 부르는 다른 말로는 꽹매기, 광쇠(廣釗), 깽새기 라고도 부른다.

85 　"그러고저러고"는 "그러나 저러나"와 같은 의미로 사용한다.

배역	장단											
꺽쇠	갠		지	갯		지	갱		그라	개	갱	

〈본장단〉

배역	장단											
꺽쇠	개	갱		개	갠	지	웃	갠	지	개	갱	
	개	개	개	웃	갠	지	갱		그	라	개	갱
장쇠	덩		더	궁	따		쿵	다	더	궁	따	
	더	구	더	궁	따		쿵	다	더	궁	따	

〈맺음가락〉

배역	장단											
꺽쇠	개	갠	지	개	갠	지	갱		그라	개	갱	
	개	갱		갱		그라	갱			객		
장쇠	덩		더	궁	따		쿵	다	더	궁	따	
	더	덩		더	덩		덩			딱		

87 풍물을 연주하기 위한 최소의 치배(쇠, 징, 장구, 북) 단위를 구성하고자 하는 말이다.

88 친구들을 불러 치배(쇠, 징, 장구, 북)를 구성하고자 한다.

89 먹쇠는 개가 '먹먹' 짓는 것을 흉내 내서 붙여진 명칭으로 북잽이를 뜻한다(박용태 증언, 국가무형문화재 제3호 남사당 보유자).

90 멍쇠는 징소리가 "멍~~" 하고 난다고 하여 붙여진 명칭으로 징잽이를 뜻한다(박용태 증언, 국가무형문화재 제3호 남사당 보유자).

91 먹쇠와 멍쇠가 동시에 텅텅 걸음으로 한 장단에 한 걸음씩 반원을 그리며 입장한다.

치배	장단								
쇠	갱		갱		갱		갱		갱갱갱
징	징		징		징		징		징징징
장구	덩		덩		덩		덩		덩덩덩
북	둥		둥		둥		둥		둥둥둥

92 주로 꺽쇠와 먹쇠, 장쇠와 멍쇠가 마주본다, 이는 장쇠와 먹쇠가 대립구도를 형성할 수 있도록 무대에서 자리를 배치하기 위함이다.

93 "무슨 짐승일까"는 "뭣 하는 사람(놈)인가" 즉 무엇 하는 사람인지를 묻는 말이다.

94 못생긴(못남, 형편없음 등) 것을 뜻한다.

95 내가

96 냄새가 심해서 출입을 안 하겠다는 것으로, 못나서 밖에도 안 나가겠다는 뜻이다.

97 여기에 나온 이유를 설명한 것으로 실력으로 남사당패를 누를 자신이 있다는 말과 남사당패가 그 만큼 뛰어나다는 뜻을 표현하고 있다.

98 장단을 연주하라고 내는 '불림소리'. '불림소리'란 탈춤에서 춤과 장단을 부르는 소리를 말한다. 꺽쇠, 장쇠, 먹쇠, 멍쇠가 서로 어울려 덩덕궁이 장단을 연주하며 춤을 춘다.

99 덩덕궁이 〈내는 가락〉

배역	장단									
꺽쇠	갠		지	갯		지	갱		그라 개	갱

〈본장단〉

배역	장단									
꺽쇠	개	갱		개	갠	지	웃	갠	지	개	갱
멍쇠	징										
장쇠	덩			더	궁	따		쿵	다	더	궁	따
먹쇠	둥			두	둥			두	둥			두	둥			두

〈맺음가락〉

배역	장단										
꺽쇠	개	갠	지	개	갠	지	갱		그라	개	갱
	개	갱		갱		그라	갱			객	
멍쇠	징										
	징										
장쇠	덩			더	궁	따		쿵	다	더	궁	따
	더	덩		더	덩		덩			딱	
먹쇠	둥			두	둥			두	둥			두	둥			두
	두	둥		두	둥		둥			딱	

100 아무리 바빠도 갖추어야 할 형식(격식)이 있다는 것으로, 무엇인가 제대로 이루어지지 않았음을 뜻한다.

101 취군은 군악(軍樂)에서 군인들의 사기를 고취시키거나 사람들을 불러 모이게 하거나 행진할 때 사용 하는 가락으로, 남사당에서는 자진가락에서 주로 연주한다.

102　장단을 빨리 치라고 내는 소리

103　취군가락 〈내는 가락〉

배역	장단															
꺽쇠	그랑		그랑		갱		객		갱		갱		갱		객	

〈본장단〉

배역	장단															
꺽쇠	갱		갱		갠	지	갯	지	갠	지	갯	지	갠	지	갯	지
	갠	지	갯	지	갠	지	갯	지	갠	지	갯	지	갠	지	갯	지
멍쇠	징								징							
	징								징							
장쇠	덩		덩		궁	따	쿵	기	궁	따	쿵	기	궁	따	쿵	기
	궁	따	쿵	기	궁	따	쿵	기	궁	따	쿵	기	궁	따	쿵	기
먹쇠	둥		둥		둥		두		둥		두		둥		두	
	둥		두		둥		두		둥		두		둥		두	

〈넘기는 장단〉

배역	장단												
꺽쇠	그랑		그랑		갱		객						

〈엎어빼기〉

배역	장단												
꺽쇠	갱		개	개		개	갱		개	개		개		개	갱	
	갱		개	개		개	갱		개	개	개	개		개	갱	
멍쇠	징								징							
	징								징							
장쇠	덩	따	따	궁	따	쿵		따	구	궁	따	궁	따	쿵		
	덩	따	따	궁	따	쿵		따	따	궁	따	궁	따	쿵		
먹쇠	둥	두		둥		두	둥		두		둥		두			
	둥	두		둥		두	둥		두		둥		두			

배역	장단															
꺽쇠	그랑		그랑		갱		객		갱		개	개	갱		개	개
	웃	지	개	개	웃	지	개	개	웃	지	개	개	웃	지	개	개
	웃	지	개	갱	갱		객		그랑		그랑		갱		객	
	갠		지	갯		지	갠		지	갯		지	개	개	갱	
	갠				개	개	갱		갱							
멍쇠	징								징							
	징								징							
장쇠	덩		따	따	궁	따	쿵		덩		따	따	궁	따	쿵	
	덩		따	따	궁	따	쿵		덩		따	따	궁	따	쿵	
	궁	따	쿵	기	궁	따	쿵	기	궁	따	쿵	기	궁	따	쿵	
	덩				궁	따	쿵		덩							
먹쇠	둥		두		둥		두		둥		두		둥		두	
	둥		두		둥		두		둥		두		둥		두	
	둥		두		둥		두		둥		두		둥		두	
	둥				둥		두		둥							

104 덩덕궁이 〈내는 가락〉

배역	장단												
꺽쇠	갠			지	갯		지	갱			그라	개	갱	

〈본장단〉

배역	장단											
꺽쇠	개	갱		개	갠	지	웃	갠	지	개	갱	
멍쇠	징											
장쇠	덩			더	궁	따		쿵	다	더	궁	따
먹쇠	둥		두	둥		두	둥		두	둥		두

〈마당삼채〉

배역	장단												
꺽쇠	갠			지	개	갱		갱		그라	개	갱	
	갠			지	개	갱		갱		그라	개	갱	
	갠			지	갯		갱	갱		지	갯		갱
		객		객		객		객			객		객

멍쇠	징											
	징											
장쇠	덩			더	궁	따		쿵	다	더	궁	따
	덩			더	궁	따		쿵	다	더	궁	따
	궁	따	따	쿵	따	따	궁	따	따	쿵	따	따
	궁	따	따	쿵	따	따	궁	따	따	쿵	따	따
먹쇠	둥			두	둥			두	둥			두
	둥			두	둥			두	둥			두

〈맺음가락〉

배역	장단										
꺽쇠	갠		지	갯		지	갠		지	갯		지
	갠		지	갯		지	개	개	개		갱	
멍쇠	징											
	징											
장쇠	궁	따	따	쿵	따	따	궁	따	따	쿵	따	따
	궁	따	따	쿵	따	따	궁	따	따	쿵		
먹쇠	둥			두	둥			두	둥			두	둥			두
	둥			두	둥			두	둥			두	둥			

105 한바탕 신명나게 연주하고 나니까.

106 굿거리장단을 연상(묘사)시키기 위하여 은유적으로 표현함

107 굿거리를 연상시키는 최종 단어로 사용됨. 이는 남사당 은어에서처럼 비슷한 말을 사용하거나, 단어를 거꾸로 부른다거나, 속어로 사용하는 것들과 유사하다.

108 굿거리 〈내는 가락〉

배역	장단										
꺽쇠	개개	갱	갱	갱		개	갱		그라	갱	갯	갱	

〈본장단〉

배역	장단											
꺽쇠	갠		지	갠	갠	개개	갠	갠	갠지	갠지	갠	개개	갠
멍쇠	징												
장쇠	덩	덩 따	쿵	덩	덩 따	쿵	덩	덩 따	쿵 따	쿵	덩		
먹쇠	둥		둥			둥		둥		둥			

〈맺음가락〉

배역	장단											
꺽쇠	갠		지	갠	갠	개개	갠	개갱	그라	잰 지	갠	갯
멍쇠	징											
장쇠	덩	덩 따	쿵	덩	덩 따	쿵	덩	덩 따	쿵 따	쿵	덩	
먹쇠	둥			둥			둥		둥		둥	

덩덩궁이 〈내는 가락〉

배역	장단								
꺽쇠	갠		지	갯		지	갱	그라	개	갱

〈본장단〉

배역	장단									
꺽쇠	개	갱		개	갠	지	웃	갠	지	개	갱
멍쇠	징										
장쇠	덩		더	궁	따		쿵	다 더	궁	따	
먹쇠	둥		두 둥		두 둥		두 둥			두

〈마당삼채〉

배역	장단											
꺽쇠	갠		지 개	갱		갱		그라 개	갱			
	갠		지 개	갱		갱		그라 개	갱			
	갠		지 갯		갱	갱		지 갯		갱		
		객		객		객		객		객		객
멍쇠	징											
	징											
장쇠	덩		더 궁	따		쿵	다 더	궁	따			
	덩		더 궁	따		쿵	다 더	궁	따			
	궁	따	따	쿵	따	따	궁	따	따	쿵	따	따
	궁	따	따	쿵	따	따	궁	따	따	쿵	따	따
먹쇠	둥		두 둥		두 둥		두 둥			두		
	둥		두 둥		두 둥		두 둥			두		

〈맺음가락〉

배역	장단											
꺽쇠	갠		지	갯		지	갠		지	갠		지
	갠		지	갯		지	개	개	개	갱		
멍쇠	징											
	징											
장쇠	궁	따	따	쿵	따	따	궁	따	따	쿵	따	따
	궁	따	따	쿵	따	따	궁	따	따	쿵		
먹쇠	둥		두	둥		두	둥		두	둥		두
	둥		두	둥		두	둥		두	둥		

자진가락 〈내는 가락〉

배역	장단														
꺽쇠	그랑		그랑		갱		객		갱		갱		갱		객

〈본장단〉

배역	장단															
꺽쇠	갱		갱		갠	지	갯	지	갠	지	갯	지	갠	지	갯	지
	갱		갱		갠	지	갯	지	갠	지	갯	지	갠	지	갯	지
멍쇠	징								징							
	징								징							
장쇠	덩		덩		궁	따	쿵	기	궁	따	쿵	기	궁	따	쿵	기
	궁	따	쿵	기	궁	따	쿵	기	궁	따	쿵	기	궁	따	쿵	기
먹쇠	둥		둥		둥		두		둥		두		둥		두	
	둥		두		둥		두		둥		두		둥		두	

〈넘기는 장단〉

배역	장단														
꺽쇠	그랑		그랑		갱		객								

〈엎어빼기〉

배역	장단													
꺽쇠	갱		개	개		개	갱		개	개		개		개	갱
	갱		개	개		개	갱		개	개	개	개		개	갱
멍쇠	징						징								
	징						징								

장쇠	덩		따	따	궁	따	쿵		따	구	궁	따	궁	따	쿵	
	덩		따	따	궁	따	쿵		따	따	궁	따	궁	따	쿵	
먹쇠	둥		두		둥		두		둥		두		둥		두	
	둥		두		둥		두		둥		두		둥		두	

〈다듬이장단+맺음장단〉

배역	장단															
꺽쇠	그랑		그랑		갱		객		갱		개	개	갱		개	개
	옷	지	개	개	옷	지	개	개	옷	지	개	개	옷	지	개	개
	옷	지	개	갱	갱		객		그랑		그랑		갱		객	
	갠		지	갯		지	갠		지	갯		지	갠		지	개	개	갱
	갠			개	개	갱		갱								
멍쇠	징						징									
	징						징									
장쇠	덩		따	따	궁	따	쿵		덩		따	따	궁	따	쿵	
	덩		따	따	궁	따	쿵		덩		따	따	궁	따	쿵	
	궁	따	쿵	기	궁	따	쿵	기	궁	따	쿵	기	궁	따	쿵	
	덩				궁	따	쿵		덩							
먹쇠	둥		두		둥		두		둥		두		둥		두	
	둥		두		둥		두		둥		두		둥		두	
	둥		두		둥		두		둥		두		둥		두	
	둥				둥		두		둥							

109 　엎어치나 매치나 앞, 뒤가 똑같다는 뜻으로 앞, 뒤 장단이 하나의 쌍으로 연주되는 것을 말한다. 지역에 따라서는 '두마치', '덮어빼기', '어퍼배기' 등의 이름으로도 불린다.

110 　비나리는 흔히 고사반, 고사덕담으로 불리며, 남사당패의 고사소리의 은어로 '빌다', '바라고 원하다'의 뜻으로 축원을 염원하는 제의적 성격의 소리로 선고사와 후고사(뒷염불)로 이루어진다. 덩덕궁이 장단으로 내주고 맺으면 소리가 시작된다.

덩덕궁이 〈내는 가락〉

배역	장단										
꺽쇠	갠			지	갯			지	갱		그라	개		갱	

〈본장단〉

배역	장단											
꺽쇠	개	갱		개	갠	지	웃	갠	지	개	갱	
	개	개	개	웃	갠	지	갱		그 라		개	갱
장쇠	덩			더	궁	따		쿵	다	더	궁	따
	더	구	더	궁	따		쿵	다	더	궁	따	

〈맞음가락〉

배역	장단											
꺽쇠	개	갠	지	개	갠	지	갱			그라	개	갱
	개	갱		갱		그라	갱			객		
장쇠	덩		더	궁	따		쿵	다	더	궁	따	
	더	덩		더	덩		덩		딱			

111   선고사는 절걸립패나 제례에서 유래된 것으로 보이고, 대체로 자진모리(덩덕궁이)에 산세풀이, 살풀이, 액풀이, 삼재풀이, 호구노정기 등의 사설이 주요내용이다. 산세풀이는 천지생성과 치국잡기로 이어지고, 살풀이는 인간세상의 나쁜 기운을 풀어내고, 삼재풀이는 인간의 복락과 관계를 설명하고, 호구별상노정기는 전통적인 질병관과 운명관을 설명하고 살은 풀고, 액은 달거리로 막고, 삼재는 음양오행 법으로 막고, 병과 불행이 없도록 기원한다.

112   터(자리)를 잡고 사람이 성장하는 과정을 말함. 삼신풀이와 내용이 간혹 섞여 있어 창자(唱者)에 따라 고사소리가 자유롭고 다양하게 진행되고 있음을 알 수 있다.

113   이날, 오늘을 뜻함

114   현재 우리가 살아가는 세상을 이르는 말이다.

115   수미산(須彌山)의 남쪽 바다 가운데에 있다는 섬으로, 인간세계를 나타내는 말로 현세를 의미한다. 불가(佛家)에 따르면 '남섬부주(南贍浮洲)'는 무한한 공덕을 지을 수 있는 땅'을 의미한다.

116   불교의 세계관에 따르면 수미산 주변에 네 곳의 땅이 있는데, 그 가운데 남쪽에 있는 땅을 이르는 말이다. 이곳에만 인간이 산다고 알려져 있다. 염부(閻浮)라는 수목이 많이 자라는 곳이라서 염부주라고도 한다. 본래 염부는 인도에서 흔히 볼 수 있는 것이므로 남섬부주는 불교의 발생지인 인도를 상징하는 말로 추정된다. 그밖에 나머지 세 곳의 땅은 동쪽의 동승신주(東勝身洲), 서쪽의 서구부주(西瞿浮洲), 북쪽의 북구로주(北俱盧洲)이다. 이들 가운데 가장 훌륭한 곳은 북구로주로서 승처(勝處)라고도 불린다.
〈자료출처 : [네이버 지식백과] 남섬부주 [南贍浮洲] (두산백과)〉

117 발해(渤海)의 동쪽이라는 뜻으로, 예전에 '우리나라'를 이르는 말이다.

118 1392년 이성계가 고려를 무너뜨리고 세운 나라

119 풍수지리에 근거한 명당 터에 조선이 개국하여 팔도를 분정하게 된 것을 말함

120 이성계가 조선국을 세우고 한양에 도읍을 정함을 뜻함.

121 중부 지역에서 말하는 삼십 칠관은 조선 시대 경기도의 관아 수가 서른 일곱이 있었다는 말로 시대에 따라 삼십 육관일 때 또는 삼십 팔관이 있었을 때도 있었음〈자료출처 : [네이버 국어사전]〉

122 큰 고을 또는 큰 고을의 원에는 문묘(文廟)에서 좌우(左右) 양무(兩廡)가 있기 때문에 생긴 말

123 어디로 갈지 모르는 것

124 다른 곳으로 옮기거나 머물러 주둔하는 것

125 주거하며 머물러 사는 것

126 점술(점술)이나 토속신앙(土俗信仰), 축원문 등에서 남자가 태어난 해를 이르는 말

127 장소, 위치, 지명 등을 나타내는 말

128 '여자가 태어난 해'를 뜻하는 것으로, 축원문에서 여자를 이르는 말이다.

129 자신을 낮추어 부르는 말

130 위로는 남자

131 아래로는 여자

132 설동자의 '설'은 '서다'라는 뜻의 '선'을 뜻하는 것으로, 입동자(立童子)를 뜻한다.

133 잠깐 사이에 빠르게 성장하는 모습을 의미함

134 노심초사(勞心焦思) 마음을 쓰고, 애태우는 것

135 서해바다 조수일 듯, 고요하고 잔잔하게 자라는 것을 의미함

136 동해바다의 거칠고 사나운 파도치듯 자라는 것을 의미함

137 오이의 준말

138 오이가 잘 자라는 시기(늦봄이나 초여름)이므로 하루가 다르게 무럭무럭 성장한다는 것을 의미함

139 목화는 7월말부터 꽃이 피기 시작해서 서리가 내릴 때 까지 꽃을 피운다. 인생의 사계(四季)와 생로병사(生老病死)에서 무탈하게 잘 자라하는 것을 의미한다. 또한 세시 풍속의 혼례에서 신부 가마에 가마 안 방석 밑에는 숯과 목화를 놓아두는데, 숯은 액

을 쫓고, 목화는 자손 번창을 기원한다. 이처럼 아무 일 없이 자손대대 번창하기를 기원하는 의미를 지닌다.

140 경기도 양평군의 중서부에 위치한 산

141 본래 미지산(彌智山)으로 조선을 개국한 이태조가 등극하면서 '용이 드나드는 산'이라는 뜻의 용문산으로 바꿔 부르게 되었다는 유래한다. 미지(彌智)는 미리의 완성형이며, 미리는 용의 새끼로 큰 인물이 될 것을 의미함

142 '거들다'의 활용형으로 남이 하는 일을 함께하면서 돕는 것을 말한다.

143 꾕일(일요일), 반꾕일(토요일)을 뜻하는 전라도(전남)의 방언으로 '휴일(休日)'을 뜻함

144 〈넘기는 장단〉 이후 동일하게 연주한다.

악기	장단																				
쇠	당		당	그라	당	웃	그라	다	다	당		웃	당	그라	당	그	당	그	다	다	당
징	징										징										
장구	덩		덩	따	따	궁	따	궁	따	따		따	궁		궁	따	구	궁		더	구	덩
북	둥		둥	두	둥		둥		둥			두	둥		둣			둥		둥		

악기	장단																		
쇠	다	다	당		다	다	웃	그라	다	다	당		웃	당	그라	당	그	당		당	둣
징	징											징									
장구	더	구	덩		따	따	궁	따	궁	따	따		따	궁		궁	따	구	궁		덩	다
북	둥		둥		두	둥		둥		둥			두	둥		둣			둥			

145 액(厄)이나 살(煞)을 풀이하는 소리

146 해 떠오르는 년(年)

147 작년같이 해 떠오르는 년(年)

148 '꿈결 같이'와 같이 쓰임

149 찰나(刹那)와 같이 사람의 육안으로 느낌으로 상상할 수조차도 없는 엄청난 속도로 일순간(한해)을 보낸 것을 말함

150 올해

151 신년(新年)과 같은 말로 새해를 뜻함

152 '나이'를 나타내는 용어로, 사람의 명(命)에서는 행년(行年)이라는 표현을 주로 사용하고, 국조(國祚)나 기타 운(運)을 헤아릴 때에는 기년(紀年)이라는 표현을 주로 사용한

다. 중궁을 제외하고 8궁에 당사자의 당해나이를 정하는 것으로, 사주풀이를 할 때 중요한 역할을 한다.

153 여럿 가운데 하나를 고르고 선택하는 것

154 예전에는 살이나 액을 푸는 굿이 주로 거리에서 많이 행해진데서 붙여진 말

155 이웃지간에 좋은 일을 훼방 놓거나, 다른 사람을 해하는 살(煞)

156 불로 인한 재난이나 불이 나서 입는 재앙

157 멀고 가까움을 이르는 말로, 먼 곳의 사람과 가까운 데 사람의 왕래(往來)하는 사이를 이르는 말이다.

158 서로 왕래하는 사이

159 원근도중에 '객사살'이요, 친구벗님네 '이별살'이 합쳐진 말

160 몽(蒙)은 상을 당하다는 뜻으로, 부모상(父母喪)을 당하여 상복(喪服)을 입는 것을 말함

161 굿을 하는 무당이나 판수 등의 대명사로 굿이나 독경을 해주고 받은 복채를 통해 흘러드는 살을 말한다.

162 점을 봐주는 값으로 점쟁이에게 지불하는 돈을 말함

163 남녀 부부사이

164 남편 없이 아내 혼자서 거처하는 방에 드는 살로 부부사이의 액살(縊殺)을 뜻함

165 부엌의 벽 중간에 그릇이나 도구 등을 올려놓게 한 선반

166 찬장에 드는 살

167 집을 지키는 가신(家神)으로 가정을 지키는 신의 하나이다. 특히 집의 건물을 수호하며, 가신(家神) 가운데 맨 윗자리를 차지한다.

168 막대에 끈을 매어 벽에 매어 옷을 걸 수 있게 만든 막대

169 낡고 해어져서 입지 못하게 된 옷, 이불, 천, 헝겊 조각 따위를 이르는 말

170 잘게 쪼개지거나 깨뜨려짐

171 산에 올라가 산짐승 등에게 물려죽는 것으로 인간의 도리를 벗어난 사람을 벌하는 것

172 들판에서 일하거나 이동 중에 생기는 액운

173 마을 어귀에는 고목(古木)이나 바위 또는 둥그렇게 쌓아올린 돌무더기로 형상화된 서낭당이 있어 사람들이 오가며 서낭신에게 무사태평을 기원함

174 모가 지거나 구부러져 돌아가는 자리

175 서낭(성황신)은 동네의 경계를 지켜주고 경제를 풍부하게 해주며, 질병과 나쁜 액운을

막아주는 수호신인데 이를 섬기지 못해서 생기는 액운

176 '나룻배'는 '나루'와 '배'로 나뉘고, 다시 '나루'는 다시 '날'과 '우'로 나뉜다. '날으다'의
     어근 '날'과 명사형 접미사 '우'가 만나, '나르다'가 된다. '나르다'의 옛말은 '날(ㅏ는 아
     래아)으다'로 '나루'란 '나르는 것'이라는 말한다. 즉, '나룻배'는 뭔가를 실어 '나르는
     배'라는 뜻이다.

177 '거룻배'는 '걷다'의 어근 '걷'과 '우'가 만나 '거루'에 '배'가 붙은 말로 '돛을 걷은 배'라는
     뜻으로 '동력이 없는 배'라는 뜻이다.

178 풍어(豊漁)와 안녕을 기원하는 것으로, 뱃사람들은 배 내부 한곳에 배 서낭을 모셔두
     고 항해 안전과 풍어를 소망하기도 함

179 서낭당 앞에 쌓아 두운 돌탑

180 하늘에 천둥과 같이 벼락을 맞는 살로, 급살(急煞)이라고도 함

181 대지(大地)나 토지(土地) 또는 그 힘을 관장하는, 지신(地神)을 노엽게 하는 살

182 액운이 없어지도록 음식을 바치고 제를 지내는 것

183 제수(祭需)를 진설(陳設)하는 상(床)

184 음력 정월 열 나흗날 밤에 신수가 나쁜 자식을 위하여 어버이가 일종의 액막이로 냇
     물에 징검다리를 놓는 일

185 사라지고 멸하여 없어지는 것

186 헤아릴 수 없는 많은 일들

187 매우 상서롭고 좋음

188 소원하여 원하는 바를 이룸

189 소원을 비는 것

190 '호구'는 외국을 뜻하는 것으로, 떼놈(중국)을 뜻한다. 역병(疫病)의 근원지가 중국으
     로 넘어오는 것을 말함. 호구별상의 명칭은 외국과의 교역이 잦은 지역에서 주로 쓰
     인다.

191 '떼대국'을 소리 나는 대로 발음한 것으로 현(現) 중국을 비하하는 말. 또는 대한국
     의 와음

192 한인(桓仁)께서 천산에서 데려온 선남선녀 800인과 함께 한국(桓國)을 세우고, 제족들
     을 구별하여 구한(九桓)이라 이름하여, 형제 아홉으로 구한(九桓)을 다스리고, 풍백·
     우사·운사의 나라를 열고, 대한국(大桓國)에 소한국(小桓國) 12나라(비리국, 양운국, 구
     막한국, 구다천국, 일군국, 우루국, 객현한국, 구모액국, 매구여국, 사납아국, 선비국, 수밀이
     국) 아홉 족속이 다 모여 환인(桓仁)을 환화(桓花)로 둘러 쌓인 곳에 앉히고 높이 임금

으로 추대하여 드디어 역사가 시작된 것을 말함

193 약소국(弱小國)이 강대국(중국)의 침략을 막고 상호존중관계를 유지하기 위하여 정기적으로 예물을 바치는 행위를 말함

194 천연두 즉, 마마(痘疫)를 주하는 신령으로 매우 심술 맞고 변덕도 심한 신이다. 별상 (別相)은 별도의 주상이란 의미에서 임금의 다음 서열에 가는 별도의 임금이라는 뜻이다. 천연두를 두려워했던 백성들은 이 병의 이름도 직접 부르지도 못하고 '손님', '마마', '별성' 등으로 불림

195 천연두를 일상으로 이르는 말이다.

196 53분은 선재동자가 53명의 선지식을 만나 지혜를 구하는 것으로 '화엄경(입법계품)'에서 문수보살이 선재동자에게 가르침을 주는 이야기에서 유래했다. 문수보살이 선재동자에게 53명의 선지식을 구하고 공경하고 공양을 하면 깨달음을 얻게 된다는 것을 말함

197 바람결에 넌지시 듣고(가만히 듣고)

198 돌아오는 길에

199 3人, 세 분을 뜻함

200 뛰어난 말솜씨

201 말솜씨가 능숙한 것을 말함. 또는 호견손님→호변(好辯)손님으로

202 또는 활량손님. 무관(武官)의 반열에 오른 사람(무반)을 뜻함

203 문과(文科) 출신의 관리로 글을 잘 다루는 문신(文臣)

204 관세음보살, 대세지보살, 지장보살을 말함

205 복을 뜻한다.

206 나무의 뿌리처럼 자손대대 번창하고, 바위처럼 불변하며 긴 수명을 누리라는 뜻

207 저승길에서 '이물 사공'을 뜻하는 것으로 배에서 앞머리를 뜻한다.

208 청색 깃발로 우환을 의미하며 신장을 뜻한다.

209 저승길에서 '저물 사공'을 뜻하는 것으로 뱃머리에서 뒤를 뜻한다.

210 붉은 깃발로 재수를 의미하며 산신을 말함

211 황천길 가는 뱃길을 뜻함

212 기(旗)의 형식과 내용에 따라, 청기(역질 물리침), 홍기(역질이 들어옴) 중에 무엇을 들었느냐에 따라 역질(疫疾)이 들고 역질(疫疾)이 물러남을 나타낸다.

213 이리저리 쏠리면서 나는 소리

214 황천강(黃泉江)을 거슬러 올라가는 것

215 아미타불은 본래 국왕으로서 발심 출가하여 호를 법장이라고 하였는데, 세자재왕불
(世自在王佛)에 큰 원을 세우고, 오랫동안 수행을 하여 그 결과 아미타불이 되어 지금
극락세계에서 중생을 교화하며, 항상 법을 설한다.

216 累代(누대), 대대로, 여러 대, 여러 대에 걸쳐. 여러 대에 걸쳐 아미타불의 극락세계에
서 중생을 교화하고 법을 설한다는 뜻

217 관세음보살, 용수보살(龍樹菩薩), 다라니(陀羅尼)보살, 금강장(金剛藏)보살, 허공장보살
(虛空藏菩薩) 등 6대 보살을 말한다.

218 육광보살(六光菩薩)이 노를 저을 만큼 큰 배를 뜻하는 것으로 배의 크기 보다는 육광
보살의 복과 덕의 크기를 말함

219 붓대를 놀리는 것으로 글이나 그림을 그리는 것을 뜻함

220 뱃사공의 우두머리를 말함

221 비를 머금은 검은 구름

222 배를 띄우기 위해 닻을 들고 돛을 높이 달아 순항하는 것으로, 밀물 때 동호(東湖)로
갔다가, 썰물 때 서호(西湖)로 간다.

223 '호구별상'과 같이 중국에서 들어오는 것으로 중국의 양쯔강 이남지역을 뜻함

224 해가 지는 쪽으로

225 하루 또는 시작되는 첫날

226 왕의 통치 영역이 미치는 범위 또는 나라, 영토 등을 뜻함

227 들어가는 입구, 어귀

228 평안북도의 지역 지명을 말함

229 평안도의 행정구역으로 수천은 순천의 와음된 표현으로 평안남도의 지명을 나타
낸다.

230 외지인(外地人)이 많은 지역으로 임명직이고 바뀌는 곳을 뜻함

231 큰 고을 또는 큰 고을의 원에는 문묘(文廟)에서 좌우(左右) 양무(兩廡)가 있기 때문에
생긴 말

232 인물을 찾아내는 것

233 대동강 유역은 역사적으로 동해안의 원산만을 잇는 선을 중심으로 남과 북의 양
국 세력이 경계와 대치하는 긴장지역이다. 여기서는 강남에서 들어오는 유입 경로
를 뜻한다.

234 황해도 지역의 내륙과 해안지방을 막론한 여러 고을을 뜻함

235 지명(地名)이지만, 남쪽에 있는 큰 강을 의미함

236 개성은 지역적으로 정착민이 거주하는 곳으로 내직이나 머무는 곳을 뜻함

237 '달리다'의 경상도 말로 나를 의미하는 '내'와 방향이나 일 등 진행을 나타내는 '달리다(나가다)'가 결합된 합성어다.

238 조선시대에는 한성부 북부 연은방 지역으로 지금의 은평구(서대문)로 한양으로 들어오는 관문의 역할을 설명한다.

239 서대문구 현저동과 홍제동 사이에 있는 고개로, 조선시대 의주와 통하는 주요 교통로였고 한양과 서대문 외곽을 연결하는 주요 고개다.

240 모화관(慕華館) 앞에 있는 문(門)으로, 조선시대 청나라와 명나라 사신들을 영접하던 곳이다.

241 모화문(慕華門)은 모화사상에서 중국을 사모하는 사상이 팽배해서 영은문(迎恩門, 사신을 맞이하는 중국의 은혜를 환영하는 문)을 지나 모화관 앞 모화문까지 임금이 사신을 맞이하는 치욕적인 역사가 숨겨져 있다. 축원 고사덕담에서의 '모화문이 거꾸러지고'는 또는 '모화문이 걸어지고'는 치욕스런 역사를 떨쳐버리려는 '민중의 뜻', '민중의식'이 고스란히 담겨져 있다.

242 개성에서 파주, 일산, 무학재를 통해 한양으로 넘어오는 과정에 독립문을 마주하는 것

243 큰 수도(首都)를 비유적으로 이르는 말로 나라의 중앙 정부가 있는 곳

244 수많은 사람을 뜻함

245 사람이나 물건, 의견(뜻) 등을 소중히 간직한 공간이나 자리

246 아주 뛰어난 사람을 일컫는 말. 또는 중국에서 성인이 나올 때 나타난다는 상상의 동물을 나타냄

247 '소림'이란 '웃음의 숲'이라는 뜻으로, 나무가 모여 숲을 이루듯 함께 어울려 사는 것을 말함

248 소실신두(시루의 와음). 빛깔이 어둡고 옳지 못하며 엉큼한 질병

249 마마(媽媽)를 앓기 시작(始作)한 지 열사흘 만에 두신을 전송(傳送)하는 일. 귀신(鬼神)에게 밥을 차려 주고 경문(經文)을 읽은 뒤에 귀신(鬼神)을 내보냄. 해나 괴로움을 끼치는 사람을 덧들이지 않고 고이 내 보내는 것(자료출처: 네이버 한자사전).

250 시간, 수효, 거리 등 일정한 한도를 채울 정도이거나 그보다 조금 더 남는 듯

251 오빠와 누이동생을 말하는 것으로 매우 가까움을 뜻한다. 『화랑세기』12세 보리공(菩利公)조에 사도 태후가 웃으며 지난날 형매가 지금은 부처(夫妻)가 되었다는 말로, "公常於太后宮負萬龍而遊 故吉禮畢 而萬龍請負于公 公喜許之 太后笑曰 昔兄妹而今夫妻也 妻不當如是 叔明曰 夫妻而兄妹也 何妨乎 遂命公負妻而朝太后 公與娘主朝? 負而進之 時人美之(공은 늘 태후궁에서 만룡을 업고 놀았다. 그러므로 길례가 끝나자 만룡이 공에게 업어줄 것을 청하자, 공이 기뻐하며 허락했다. 태후가 웃으며 "지난날 형매(兄妹)가 지금은 부처(夫妻)가 되었다. 처는 이와 같으면 안 된다" 했다. 숙명이 "부처이자 형매입니다. 무슨 잘못이 있겠습니까?" 했다. 마침내 공에게 처를 업고 태후를 뵈러 가도록 명했다. 공과 더불어 낭주가 (태후)를 뵈러 업고 나아가니, 당시 사람들이 아름답게 여겼다)" 화랑세기에 기록되어 있다(출처: 한국컨텐츠진흥원).

252 불교의식의 일반적인 진행절차는 신앙의 대상을 의식도량에 봉청(奉請 : 오시도록 청함)하고 그들에게 권공(勸供 : 음식물을 들 것을 권함)한 뒤 소원을 아뢰고, 신앙의 대상을 다시 돌려보내는 의식을 행하게 되는데, 다시 보내는 의식을 배송이라고 한다(자료출처: 한국민족문화대백과사전).

253 인간의 명(命)과 복(福)을 주재하는 삼신의 내력을 풀어주는 소리

254 행정구역의 면(面)을 나타냄

255 고사소리 하는 장소의 행정구역을 군, 면, 동 등의 지명을 넣어 부른다.

256 신과의 인연을 뜻하는 말로, 무당의 인연을 맺는 것은 인간사 인연의 작용이 아닌 신을 중심으로 한, 신과 사람 사이를 중계하는 과정에서 이루어지는 만남을 말한다. 따라서 신을 찾아가는 과정에 만나는 인연을 뜻한다(참고로 축원 고사덕담에서 불리는 '이운(運)지고 시(저)운(運)져서)'로 기록되어 운수(運數)풀이로 해석되어 사용되고 있지만, 이는 '인연 짓고 신연지어'의 와음(訛音)된 표현이다).

257 지금의 선비, 선배, 우선이 되는 것

258 예전의 선비, 후배, 뒤에 따라오는 것

259 앞, 뒤로 막힘없이 귀신을 쫓는 일

260 천문학(天文學)에서 하늘의 별자리를 28자리로 나눈 것이다. 28자리는 동(東)에는 각(角), 항(亢), 저(氐), 방(房), 심(心), 미(尾), 기(箕), 북에는 두(斗), 우(牛), 여(女), 허(虛), 위(危), 실(室), 벽(壁), 서(西)에는 규(奎), 루(婁), 위(胃), 묘(昴), 필(畢), 자(觜), 삼(參), 남(南)에는 정(井), 귀(鬼), 유(柳), 성(星), 장(張), 익(翼), 진(軫)으로 이십팔수(二十八宿) 자리로 나눈 것

261 과거, 현재, 미래를 아울러 이르는 말

262 삼천(三天)은 발음상 동음이어로 삼천(三千)으로 풀 수 있는데, 삼천(三千)은 우리나라의 크기를 상징하는 삼천리(三千里)의 의미로 삼천리강산 즉 조선을 의미한다.

263 귀신을 쫓는 것

264 부녀자가 거처하는 곳을 점잖게 이르는 말

265 현재 왕위에 있는 임금

266 온천 안에서 가장 뜨거운 곳

267 온천 물 가운데 가장 온도가 낮은 곳

268 북두칠성의 준말

269 오래된 몸(늙은 몸)이나, 오래된 시간으로 조상을 거슬러 올라가는 것

270 쇠붙이나 놋쇠로 만든 숟가락

271 의지할 곳 없이 외롭고 고요하며 쓸쓸함

272 아주 적거나 얕은 지식을 말함

273 작년 같은 해오년에 입은 덕도 많사오나 새로 새 덕을 받아보고자 하는 정성을 말함

274 "글랑 그렇다 하려니와"와 같이 사용된다.

275 정칠월(正七月)은 정월(正月)과 칠월(七月)을 맞서게 일컫는 말로, 칠월(七月)의 강우량(降雨量)은 그 해 정월(正月)의 강우량(降雨量)에 비례한다고 하여 이르는 말이다.

276 이팔월(二八月)은 이월(二月)과 팔월(八月)을 맞서게 일컫는 말로, 2월에 눈비가 많거나 적게 옴에 따라 그해 8월에 비가 많이 오고 적게 온다 하여 2월과 8월이 맞섬을 이르는 말이다.

277 6월과 섣달을 아울러 이르는 말로, 한해 열두 달 가운데 여섯째 달과 음력으로 한해의 맨 끝 달을 나타낸다.

278 윤달이 낀 해

279 밤낮으로

280 시간의 간격을 두고 이따금씩

281 '액'(厄)은 재앙이나 재액과 같이 모질고 사나운 운수를 말하며, 액풀이는 보통 1년 12달을 나누어 달거리로 액을 풀어내는 것으로 구성된다.

282 제주도에서 음력 2월 초하룻날을 부르는 명칭으로, 풍흉을 관장하는 영등할미가 온다는 날로 이날 비가 오면 풍년, 바람이 불면 흉년이든다고 함

283 음력 3월 3일을 삼월 삼짇날이라고 한다. 옛말에 '삼질'이라고도 하며, 한자로는 상사(上巳)·원사(元巳)·중삼(重三)·상제(上除)·답청절(踏靑節)이라고도 쓴다. 삼짇날은 삼(三)의 양(陽)이 겹친다는 의미이다. 최남선에 의하면 삼질은 삼일의 자음(字音)에서 변질되어 파생된 것이며, 상사는 삼월의 첫 뱀날이라는 의미를 담고 있다고 한다.

284   제비꼬리를 뜻하며 다른 말로는 '연자초리'라고도 함

285   석가모니의 탄신일로 음력 사월 초파일을 달리 부르는 말

286   석가모니 부처님을 신성하게 이르는 말

287   성인이나 왕(임금)이 태어난 날

288   석가탄신일이나 불교행사에서 등불이나 횃불을 밝히는 것

289   음력 5월 5일. 1년 중에서 가장 양기가 왕성한 날이라고 해서 큰 명절로 여겨왔고, 단오떡을 해먹고 여자는 창포물에 머리를 감고 그네를 뛰며 남자는 씨름을 하는 풍습이 있다.

290   "푸른 저고리에 붉은 치마"라는 뜻으로, 흔히 새색시가 결혼할 때 입는 한복으로 붉은 색과 푸른색의 음양 조화를 잘 이루어 서로 상생하며 백년해로(百年偕老)와 다산(多産)을 기원하는 큰 의미가 있다.

291   반복적으로 왔다 갔다 하는 모양

292   그네의 줄을 뜻함

293   음력 6월 15일. 신라 때 유래한 우리나라 명절의 하나로 유두날, 물맞이라고도 한다. 유두의 뜻은 '흐르는 물에 머리를 감는다'는 뜻으로, 이날 맑은 개울에서 머리를 감고 액막이 술을 마신다.

294   또는 "유월 유두 창포물로 막아내고"

295   음력 7월 7일에 행해지는 세시풍속으로 이날 은하수 서쪽에 있는 견우와 동쪽에 있는 직녀가 까마귀와 까치들이 놓은 오작교에서 1년에 한 번씩 만나 물로 비가 내린다는 설이 있다.

296   견우성과 직녀성

297   서로 만나는 날

298   추석(秋夕). 음력 8월 15일. 한국의 4대 명절의 하나로, 한해 농사를 끝내고 오곡을 수확하는 시기이므로 명절 중에서 가장 풍성한 때다.

299   음력 9월 9일을 이르는 말로 중구(重九)라고도 한다. 9는 원래 양수(陽數)이기 때문에 양수가 겹쳤다는 뜻으로 중양이라 한다. 중양절(重陽節)은 제비가 강남(江南)으로 간다고 전하며, 이 때쯤 되면 제비를 볼 수 없다.

300   10월을 일 년 가장 좋은 달, 복된 달, 으뜸 달로 칭하는 말로, 한해의 농사가 끝나 하늘에 첫 수확한 곡식을 신에게 올리며 추수감사제(秋收感謝祭)를 지낸다.

301   24절기 중 22번째 절기로 하루의 길이가 가장 짧다. 동지는 음력 11월에 들어 있어 음력 11월을 말함

302　민간에서는 작은설이라 하여 동짓날에 붉은(액을 물리치는 색) 팥죽을 쑤어 조상께 제사 지내고 대문이나 벽에 뿌려 귀신을 쫓아 새해의 무사안일을 빌던 풍습에서 남아 있는 절식이다.

303　맑고 깨끗하게

304　부녀자가 거처하는 곳을 점잖게 이르는 말

305　바가지를 깨트려 액막이를 함

306　온전한 신앙의 대상이 아닌 잡스러운 귀신

307　들어오고 나가는 잡귀를 말함

308　잡귀를 물리치는 것

309　음력으로 한 해의 마지막 달인 음력 12월을 일컫는 말로 나라에서는 종묘와 사직에 제사를 지내고, 민간에서는 금년 농사를 잘 짓게 해주신 신에게 올해의 마지막 제사를 지내는 납일(臘日)이 들었다 하여 납월(臘月)이라고도 한다.

310　음력 12월(12월 30일)을 일컫는 말로 한 해의 마지막 달

311　가족들이 떡의 모양처럼 무병장수(無病長壽) 하길 바라는 마음과 가래떡의 둥근 모양이 동전을 닮았기 때문에 재복을 바라는 마음을 나타낸다.

312　곡식 농사가 잘 되기를 바라는 마음이 담겨 있다.

313　부정을 없애고 신에게 소원을 빌기 위하여 종이를 불살라 정화(淨化)하는 종교적 행위를 말함

314　집안의 복(福)과 안녕을 비는데도 사용하며, 북어를 실에 감아 집안 대들보에 묶어 두거나 출입하는 문틀 윗부분에 걸어 두어 악귀를 쫓아낸다.

315　음력 정월 열 나흗날 밤에 신수가 나쁜 자식을 위하여 어버이가 일종의 액막이로 냇물에 징검다리를 놓는 일

316　헤아릴 수 없는 많은 일들

317　매우 상서롭고 좋음

318　모든 일 또는 여러 가지 일

319　항상 한결같고 하나와 같다.

320　소원을 비는 것

321　후(後)고사는 축원고사소리의 뒷부분을 지칭하는 말로 뒷염불, 고사후염불 등으로도 불린다. 축원과 덕담이 주를 이루는 사설로, 집안의 평화와 인간의 수명 등을 기원한다.

322　윗사람을 받들어 잘 섬기는 것

323　아주 경사스러운 일을 말함

324　넉넉하고 복이 많음

325　온갖 것들을 가득 채우다.

326　백(百)을 말함

327　어찌

328　받드소서

329　산스크리트어는 'Namas(Namo)'로 '부처님께 바친다', '믿고 받든다', '돌아가서 의지한다', '귀의(歸依)한다'로 잃어버린 소리(나)를 찾고자 하는 의미를 지닌다.

330　시방세계는 온 세계를 뜻하며, 무량무변한 극락정토가 있다는 말로 마음이 청정한 사람에게는 이 세상에 청정한 불국토가 아닌 곳이 없다는 것을 가리킨다. '十方'은 동서남북 사방(四方)과 사방 사이의 간방(間方)을 뜻하는 사유(四維), 그리고 거기에 상하(上下)를 더하여 무량무변한 제불정토(諸佛淨土)를 가리킨다.

331　시방정토(十方淨土)중에 아미타불(阿彌陀佛)이 계시는 정토로써 고(苦)는 없고 낙(樂)만 있으므로 극락세계라 하며 다른 정토보다 가장 수승(殊勝)한 정토다.

332　중생의 번뇌수가 108가지가 있는데 6근(根)안(眼), 이(耳), 비(鼻), 설(舌), 신(身), 의(意)에서 6진(塵) 경계와 10방위(方位), 동, 서, 남, 북의 4방(四方)과 동북 · 동남 · 서북 · 서남의 4유(四維) 또는 4우(四隅)와 상(上) · 하(下)의 10방(十方, 십방, 시방) 즉 10가지 방위로 명명한 방위 · 방향 또는 공간의 개념)와 10법계(法界)와 10억(億) 세계를 곱한 것이 3십 6만억을 나타냄

333　불교에서 11有에 9地 5相의 세계를 합한 것이 1십1만 9천5백 동명동호(同名同號)의 아미타불이 되는 것을 말하는 것으로, 그 모습과 형상 처지는 각각 달라도 모든 중생들이 다 같이 하나의 불성(佛性)을 머금고 있기에 언젠가는 이 아미타부처님의 회상에서 미타의 화현으로 나타나 미타의 행을 실천하게 된다는 예증이 되고 또 현재 미타의 일신상에 나타난 무량불의 자비현상을 표현한 것이다.

334　그지없이 넓고 큰 자비(慈悲)를 뜻하는 말로, 관세음보살이 중생을 사랑하고 불쌍히 여기는 마음을 말한다.

335　직역은 '나'와 동등의 뜻이고, 의역은 '우리들' 즉 우리, 여러 사람들을 뜻함

336　부처와 보살의 통칭

337　구리나 청동(靑銅)으로 된 상(像)의 표면에 도금(鍍金)하거나 금박(金箔)을 입힌 불상

338　부처의 10개 존칭어(尊稱語)중에 하나로 석가모니불을 말함

339 불교에서는 헤아릴 수 없이 많은 수를 말하며, 존재하는 모든 수(數)중에서 가장 큰 수로 일명 무량대수(無量大數)라고도 불린다. 또한 인간 이성과 판단의 지평을 뛰어넘는 초월수를 뜻한다.

340 과거, 현재, 미래에 걸쳐 존재하는 일체(一體)의 부처로, 과거세의 부처는 이미 성불한 부처를 말하며, 현재세의 부처는 현재 성불해가고 있는 부처, 미래세의 부처님은 장차 성불하게 될 부처를 말한다.

341 수많은

342 소원이 이루어지게 비는 것

343 잘되기를 빌어주는 말

344 바라고 원하는 마음

345 건구(乾命)는 남자, 건명(坤命)은 여자를 뜻함

346 집안

347 집안의 행운과 축원을 비는 행위

348 오늘 여기 계신 분들

349 상극(相剋)은 서로 극(克.剋)하는 것으로, 물(水)은 불(火)을 끄고, 불기운을 누그려 뜨려, 우주 공간으로 발산하는 불기운을 차단하고 방해하여, 생명체에 필요한 온기와 열기를 만들 수 있게 도와주므로, 수극화(水剋火)가 된다. 불은 모든 것을 태우지 않고, 생명체에 적당한 온기와 열기를 주는 의무와 본분을 다하기 위해서는 水의 剋이 된다. 반면, 불(火)이 지나치게 많거나 강하면, 물(水)은 증발하여 사라지게 되므로, 오히려 물이 불한테 剋을 당하는 결과가 일어나기도 한다.

350 사람이 살아가는 데 음과 양이 있듯이 좋고, 나쁨, 어둠과 밝음 등 세상의 이치를 의미함

351 우리가 살고 있는 세상, 현실 세계를 의미함

352 왕이나 임금이 임종(臨終)때 세자(世子) 및 신하에게 뒷일을 부탁하여 남기는 말

353 오래오래 잘사는 것을 뜻함(현재 있을 때 잘되고 좋음을 의미).

354 또는 '건구건명 이 댁 가중'으로 부르기도 함

355 아주 귀중하고 소중한 것을 비유적으로 의미한 것

356 또는 아들따님

357 이름 석 자

358 '살더라도'의 존칭(敬稱)

359 수명을 늘려서

360 만복(萬福)은 '만 가지의 福'이라는 의미인데, 더 구체적이고 정확한 의미는 사람이 태어나면서 가지고 나오는 '만 가지의 복'이라는 의미가 담겨져 있다. 그 만(萬) 가지 복(福) 중에서 가장 중요하고 가치가 큰 세 가지가 있는데, '건강복', ' 화목복', '재물복'이다. 그중 건강 복이 최고를 의미한다.

361 삼재(三災)나 삼재팔난(三災八難)이라는 말은 삼재는 12년마다 한 번씩 들어와 3년간 머물다 나가는 것으로, 우리의 일상생활에서 흔히 접할 수 있는 말이다. 우리가 겪는 모든 재난으로 세 가지 재앙인 수재(水災), 화재(火災), 풍재(風災)를 말하는 것이며, 팔란(八難)에는 배고픔, 목마름, 추위, 더위, 물, 불, 칼, 병란(兵亂)을 말하며, 불교에서는 부처를 보지 못하고 불법을 들을 수 없는 8가지 곤란으로 지옥(地獄), 축생(畜生), 아귀(餓鬼), 장수천(長壽天), 맹롱음아(盲聾瘖瘂), 울단월(鬱單越), 세지변총(世智辨聰), 생재불전불후(生在佛前佛後) 등을 말한다. 삼재팔난은 대운, 세운이 좋을 때는 잘 넘어 가지만, 운세가 좋지 않을 때는 악삼재가 되어서 힘든 일이 아주 많이 생긴다.

362 관재(官災)는 관(官)에서 오는 재앙을 말한다. 관에서 시비(是非)를 다투거나 비방(誹謗) 당할 수 있는 망신살(亡身殺)이라 할 수 있으며, 구설(口舌)은 시비하거나 헐뜯는 말이란 뜻이다. 구설을 당하는 것을 '구설을 듣는다', '구설을 산다', '구설수에 오른다'라고 한다. 구설(口舌)은 한자에서 보듯이 붓과 혀로 인하여 발생하는 것으로, 사소하고 미미한 행동이 화근이 돼 남의 입방아에 오르기도 하고 자신은 선의로 한 일인데 잘못 전달되어 시비가 발생하는 재앙이다.

363 근심, 걱정, 병(病), 질병(疾病), 고통(苦痛), 괴로움, 환난(患難), 친상, 상중(喪中) 등 집안에 복잡한 일이나 환자가 생겨서 나는 근심걱정이다.

364 잡다한 온갖 귀신들

365 일체(一切) 액살로 불리기도 함

366 정성을 다함

367 도약 쳐서

368 작고 짧은 발이 달린 책상으로 여기서는 '상차림'을 말함

369 상차림 전체로 배를 삼아

370 양식으로 쓰는 쌀

371 성주 초를 말함 성주 쌀 위에 놓는 초로 불배기초를 말하는 것으로, 곧 대주가 모시는 성주신을 뜻한다.

372 쌓인 짐 위에 더 얹거나, 감아 매어 두르는 짐

373 음력 정월 첫 토끼날에 만든 실. 이것을 주머니 끈 따위에 차면 그해에 재액이 물러

가고 좋은 일이 생긴다고 한다〈자료출처: [네이버 국어사전] 명실〉.

374 밝고 환하게 비침

375 뱃삯

376 배가 가는 쪽으로 부는 바람

377 사라지거나 없어지는 것을 말한다.

378 소리꾼에 따라 "월미도 앞강에"로 부르기도 한다.

379 한강 행주 앞의 여울목

380 한강 건너 행주산성과 마주보며 건너는 행주나루

381 한강변에 위치한 선유봉(仙遊峯)으로 지금의 양화대교 남단에 해당한다.

382 시선 뱃노래의 〈노젓는 소리〉편을 보면 '염창목에 올라서니 선유봉이 비치누나, 선유봉을 지나치니..행주 참에 물서 대세'로 한강을 거슬러 올라가는 곳을 말함

383 동(靑帝), 서(白帝), 남(赤帝), 북(黑帝), 중앙(黃帝)을 지키는 오방신(五方神)에게 제(祭)를 올리며 기원하고 액을 막는 것(=오방지신).

384 사람에게 닥치는 3가지 재해(수종(水腫), 심화(心火), 풍병(風病))로, 삼재(三災)가 드는 해에 재액(災厄)을 미리 막기 위하여 드리는 치성

385 지게미와 쌀겨

386 의주가 면한 압록강 너머로 액을 내친다는 뜻. 즉, 우리나라를 넘어 중국으로 내침을 말함

387 소리 끝에 장단을 털어주고 자진가락으로 이어진다.

388 덩덕궁이 〈본장단〉

배역	장단											
꺽쇠	개	갱		개	갠	지	웃	갠	지	개	갱	
	개	개	개	웃	갠	지	갱	그	라	개	갱	

〈맺음가락〉

배역	장단										
꺽쇠	개	갠	지	개	갠	지	갱		그라	개	갱
	개	갱		갱		그라	갱			객	

389 꺽쇠를 중심으로 시계 반대방향으로 옴탈 춤으로 입장하여 9시 방향에서 서로 대면한다.

390 무엇하는

391 '하나만 알고 둘은 모르는 구나'라는 의미로 답답함을 뜻한다.

392 '외'는 서양을 뜻한다. 물 건너 옴, '외쟁반'은 우리나라에서 볼 수 없는 특이하게 생겼음을 은유적으로 표현한 것이다. 즉 서로 다름을 표현하는 말이다.

393 남자의 웃옷과 갓이라는 뜻으로, 남자가 정식으로 갖추어 입는 옷차림을 이르는 말 '옷차림'으로 순화한 것(자료출처: 네이버 국어사전).

394 떡을 찌는 데 쓰는 둥근 질그릇위에 가는 새끼로 떠서 시루 구멍을 가리도록 시루 밑에 까는 기구

395 어이없음을 말한다.

396 황토는 황색 빛깔을 뜻하는 것으로 '황인종=사람' 생김새는 사람인데 모양새가 이상 야릇하게 생김을 말한다.

397 '용천'은 본래 '마구 법석을 떨며 날뛰는 것'을 뜻하는 말인데, '용천'은 '지랄병(癲疾)이나 문둥병'을 가리키는 뜻으로 확대되어 사용된다. 이 '용천'이란 말에 '-백이'가 붙어서 된 말이 '용천백이'는 '문둥병에 걸린 사람'을 뜻하는 말이다.

398 부스럼(종기)은 모낭(털집)에서 기원한 깊은 염증성의 결절을 말한다(자료출처: 네이버 국어사전).

399 땜장이와 대장장이가 쇳물이나 불티 따위에 발등이나 손등을 데지 않게 하려고 감싼 물건들을 표현한 말

400 벌레 먹어서 삼잎이 구멍 나고 뒤틀어짐

401 해학과 과장의 표현이다.

402 우리나라의 별칭으로, '발해(渤海)의 동쪽나라'라는 뜻으로 불렀는데 이를 우리나라 사람들도 많이 사용하였다. 특히, 삼국시대와 고려시대에 많이 쓰였는데, 이는 해상으로 중국에 내왕하던 시대의 특징으로 보인다(자료출처: 네이버 국어사전).

403 으썩거림

404 오늘날 중국 허난성[河南省]을 중심으로 산둥성[山東省] 서부, 산시성[陝西省] 동부에 걸친 황허강[黃河] 중·하류 유역이 이에 해당한다. 흔히 한때 군웅이 할거했던 중국의 중심부나 중국 땅을 이른다(자료출처: 네이버 국어사전).

405 '호구별상'은 천연두 즉, 마마를 주관하는 신령이다. 매우 심술맞고 변덕도 심하여 무속에서 가장 골치 아프게 생각하는 신이다. 원래 호구별상은 그 자체가 천연두의 다른 이름이었지만 이후 천연두를 주관하는 신령의 이름으로 전화되었다. 즉, 옛날 천연두를 많이 앓던 시절에 아이들이 그 병에 걸리지 않고 편안하게 지낼 수 있도록 보

살펴 주는 역할을 하던 신령인데, 요즈음은 집안 식구들의 액운을 막아주고 병을 없게 해주는 신으로 상정된다(자료출처: 네이버 국어사전).

406 손님은 마마(천연두)를 주관하는 신의 무속적 명칭이다.

407 모시고

408 얼굴

409 체검(體檢)은 신체검사(身體檢査)의 약어로 건강상태 등을 알아보기 위하여 신체의 각 부분을 검사하는 것

410 사내와 계집을 낮잡아 부르는 말

411 손가락 끝, 손톱 사이

412 색깔이 노랗게 일어난다는 뜻으로 색깔이 노랗게 변했음을 뜻한다.

413 독이 차오르다. 독기가 생기다.

414 "옴"이라고 외치며 한발 나아가며 꺽쇠에게 대사와 함께 한삼을 뿌린다.

415 장단을 치라고 부르는 불림소리

416 편안한 소식이 바람결에 전해온다는 뜻으로 좋은 소식이 들려옴을 뜻한다.

417 타령장단 〈본장단〉

악기	장단								
쇠	갠		갯		개	갱		갯	
징	징								
장구	덩		기덕		덕	덩		딱	
북	둥		딱		딱	덩		딱	

〈맺음가락 또는 넘기는 장단〉

악기	장단								
쇠	개	개	개	갯		개	갱		갯	
징	징									
장구	덩			기덕		덕	덩		딱	
북	둥			딱		딱	덩		딱	

418 마주 보고 춤을 추는 것

419 텅텅걸음(일채)

악기	장단								
쇠	갱		갱		갱		갱		갱갱갱……
징	징		징		징		징		징징징……
장구	덩		덩		덩		덩		덩덩덩……
북	둥		둥		둥		둥		둥둥둥……

420 긴 담뱃대. 설대(煙道)가 긴 것을 장죽(長竹)이라하고, 설대(煙道)가 없거나 짧은 것은 곰방대라고 부른다.

421 굿거리 〈내는 가락〉

악기	장단											
쇠	개개	갱	갱	갱		개	갱		그라	갱	갯	갱

〈본장단〉

악기	장단											
쇠	갠	지	갠	갠	개개	갠	갠	갠지	갠지	갠	개개	갠
징	징											
장구	덩	다	기덕	궁	다	기덕	궁	다	기덕	궁	기덕	
북	둥		둥		둥		둥		둥			

422 장삼이나 한삼·도포 자락을 거머쥐고 느리고 무겁게 추는 춤의 총칭

423 현재 남사당의 덧뵈기에 나오는 샌님은 거드름춤으로 입장하고 있지만, 예전에는 한량무와 같이 뛰어나오거나 춤의 요소가 많아 볼거리를 제공하였다고 한다(증언: 박찬종(이수자, 사)남사당 천안지회장) 흔히 한량무가 남사당패의 유래와 연관되어 있다는 통설과 같이 하고 있음을 알 수 있으며, 춤의 요소가 많이 간소화되어 있음을 보여주는 대목이기도 하다.

424 엉덩이를 실룩실룩 거리며 상체를 들썩거리는 걷는 춤

425 악(樂)을 멈추라는 신호

426 주책과 바가지의 합성어로 주책없는 사람을 놀리거나 비아냥거림을 뜻한다.

427 자연스럽고 당연함 뜻함

428 보잘 것 없는 것을 비유한 것으로 젊음을 잃어버린 말라붙어버린 여성성(女性性)을 표현한 것이다.

429 한복에 입는 여자의 속옷으로 성(性)적인 부분을 묘사하는 것이다.

430 여성성(女性性)을 잃고 무시당함을 말함

431 놀음이 일어난 곳, 장소 등을 뜻한다.

432 시끄럽고 어지럽게

433 권세 있고 잘사는 즉, 경상도의 안동, 구미 등 잘 나가는 경상도 양반이라고 허세를 부림

434 억지를 부림

435 단가 '죽장망혜'를 부르거나, 바로 재담을 이어서 다음 내용으로 이어가기도 한다.

436 장(場)이 파하는 것으로 끝남을 뜻하는 것으로 어이없음을 말한다.

437 지청구를 세게 발음한 것으로, 꾸지람, 꾸중, 타박, 구박 등을 뜻한다.

438 땅에 두드려 박는 기둥이나 몽둥이를 말함

439 참빗처럼 촘촘하게 빠짐없이 사이사이를 표현함

440 구석구석 빠짐없이

441 어느 한 군데도 빼놓지 않고 전체를

442 허튼 타령에 맞춰 소리를 한다.

443 발음의 유사성을 통한 언어유희(遊戲)와 해학적 표현이다.

444 입을 벌렸다 닫는 것처럼 꿈뻑꿈뻑 거리는 모양새

445 말조롱, 신소리, 비속어, 은어 등을 사용하여 민중성과 해학성을 나타냄

446 제사를 안 지낸다는 뜻이다.

447 반주 장단

악기	장단								
쇠	갱		갱		갱		갱		개르르르……
징	징		징		징		징		징징징징……
장구	덩		덩		덩		덩		더르르르……
북	둥		둥		둥		둥		더르르르……

448 미륵님은 미래의 부처님을 뜻하는 것으로 바람을 일으켜 새로움을 일으키듯 부채를 비유하는 말로, 남사당의 은어로 누워있는 와불(臥佛)을 뜻한다. 즉 부채를 가로로 눕혀서 잡으란 말이다.

449 남사당의 은어는 대체로 신체, 인칭, 감정, 물건, 성별 등으로 다양하게 사용되는 신체에 사용되는 은어로는 쪽(얼굴), 여러냥(눈), 깨집(코), 피새집(입), 지우리(귀) 석거리(머리), 시랭이(손), 디딤(발), 비들기통(유방), 붕이(배, 속셈) 좌살(이), 뿍(여자의 성기),

뽁바이(창부), 숭이(남자의 성기), 짱숭이(남자의 성기), 설(생명), 섬(목소리), 멋(똥), 몸두리(월경), 식다(죽다), 따다(배설) 등이 있다.

450 반주 장단

악기	장단							
쇠	갱		갱		갱		갱	개르르르……
징	징		징		징		징	징징징징……
장구	덩		덩		덩		덩	더르르르……
북	둥		둥		둥		둥	더르르르……

451 반주장단

악기	장단							
쇠	갱		갱		갱		갱	개르르르……
징	징		징		징		징	징징징징……
장구	덩		덩		덩		덩	더르르르……
북	둥		둥		둥		둥	더르르르……

452 또는 "너한테 절 두 번 받다가는 제 명대로 못 살겠다."

453 공연 장소나 지명을 넣어 즉흥적으로 대사한다.

454 일정한 장소를 가득 채움을 뜻하는 말로 장소를 가득 채운 사람들(손님), 즉 여러분을 말함

455 한 해가 조금 넘는 동안

456 한판, 한마당

457 녹수(綠水)는 푸르른 산과 물이 흐르는 자연을 뜻한다.

458 마음이 늙지 않는다.

459 덧뵈기의 불림소리 중에서 '한삼(汗衫)', '한산(舍山)', '한상(限上)' 등으로 크게 3가지로 분류되는데, 부르는 소리에 따라 각기 다른 뜻이 전하고 있다. 첫 번째는 '한삼(汗衫)'은 '자연(녹수(綠水))에서 한삼을 가지고 춤을 추니 몸은 비록 늙었으나, 마음은 늙지 않는다(심불로(心不老))'란 뜻이고, '한산(舍山)'은 다른 가면무극과 마찬가지로 중국의 지명을 뜻하는 것으로 '한산의 자연에서 춤을 추고 놀으니 늙지 않는다'는 뜻이며, 세 번째 '한상(限上)'은 '높은 곳의 정점'을 뜻하는 것으로, '자연의 정점에서 춤을 추고 즐기니, 마음이 늙지 않고 즐겁다'라는 뜻이다. 이는 구음으로 전승되는 과정에서 생긴 불림소리의 변화로 전승자에 따라 다르게 전승되고 있다.

타령장단 〈본장단〉

악기	장단							
쇠	갠		갯	개	갱		갯	
징	징							
장구	덩		기덕	덕	덩		딱	
북	둥		딱	딱	덩		딱	

〈맺음가락〉

악기	장단								
쇠	개	개	개	갯		개	갱		갯
징	징								
장구	덩			기덕		덕	덩		딱
북	둥			딱		딱	덩		딱

460 피조리는 피(血)를 머금고 있는 여인을 뜻하는 것으로 이는 월경(月經) 이전의 신성한 여성, 즉 처녀를 뜻하거나 어린 여자 아이를 뜻하는 말이다.

461 털어주는 장단

악기	장단									
쇠	갱			갱		갱		갱		갱갱갱……
징	징			징		징		징		징징징……
장구	덩			덩		덩		덩		덩덩덩……
북	둥			둥		둥		둥		둥둥둥……

462 퇴장하는 장단

악기	장단									
쇠	갱			갱		갱		갱		갱갱갱……
징	징			징		징		징		징징징……
장구	덩			덩		덩		덩		덩덩덩……
북	둥			둥		둥		둥		둥둥둥……

463 염불장단

악기	장단									
쇠	갱		개		딱	딱	갱	갱갱갱갱……	갱		개
징	징				짓	짓	징	징	짓		
장구	덩		쿵		따	따	쿵	더르르르……	쿵		
북	둥		두		딱	딱	쿵	두르르르……	둥		

464 주장자(拄杖子)는 스님이 들고 다니는 지팡이로 불교에서는 법통의 맥을 잇는 상징물이다.

465 먹중춤의 구성은 대체로 얼굴을 가리고 피조리에게 다가서며 틈틈이 부채 사이로 훔쳐보거나 주장자(拄杖子)를 다리 사이에 끼고 성적(性的) 유희(遊戱)를 춤으로 표현하거나 주장자(拄杖子)를 들고서 힘을 과시하기도 하며, 긴 염주를 피조리 목에 두르고 마주보며 대무(對舞)하거나 뒤에서 감싸 안고 부채를 이용해 음탕한 행위를 춤과 마임 등의 형태로 춘다.

466 상좌는 먹중의 행태를 쫓아다니며 비판하고 못마땅하게 여기며 틈틈이 손가락질이나 표정 등으로 먹중의 행위에 대해 불만을 표시한다. 염불 장단에서는 5박에서 털어주는 장단에서 목탁을 같이 두드려 장단과 춤의 일체감을 나타내기도 한다.

467 취발이의 입장은 염불 장단의 5박에서 털어주는 장단에 "어~"라는 대사와 길게 부르며 입장한다.

468 마당 가운데서 원을 그리고 나오며, 다시 작게 달팽이 감듯이 동선을 취한다.

469 '니미럴'의 와음으로 '니/에밀/헐'로 '에밀'과 '헐' 사이에는 성관계라는 단어가 생략된 것으로 '니 엄마와 성관계할 놈'이란 뜻으로 근친상간을 의미하며, 이는 '짐승만도 못한 놈' 즉, 천하의 파렴치한 놈이란 쌍욕이다.

470 근친상간으로 '니미럴=네밀할'과 같은 뜻이다.

471 서로 어우러져야 살아가는 사회를 뜻함 조화를 상징

472 장구를 멜 때 말가죽을 사용함을 뜻함

473 북에 사용되는 가죽으로 튼튼한 소가죽을 사용함

474 안성 유기는 궁중에 진상품으로 올리는 것으로 안성 가서 쇠를 갈아 만들었음을 뜻함

475 고려 및 조선시대 역원제의 실시로 공무여행자에게 편의를 제공하기 위한 목적으로 설치된 것으로 중국으로 향하는 의주로에 위치하여 중요한 기능을 수행하였던 원이었다. 공관이 별도로 마련되었고, 누각도 있었다. 서대문 밖에서 무악재를 넘으면 동편에 위치하였고, 도성과는 가장 가까운 의주로 상의 첫 번째 원이었던 이유로 중국에서 오는 사신들이 많이 이용하였다. 따라서 중국 사신들을 위한 공관을 따로 지어 유숙하게도 하였으며, 사신들이 마지막으로 휴식을 취하고 예복을 갈아입는 등 성 안으로 들어오기 위한 준비를 갖추던 곳이었다. 1895년(고종 32)까지 건물이 남아 있었으나 현재는 그 터만 남아 있으며 언제 건물이 없어졌는지에 대한 정확한 기록은 없다(출처: 한국민족문화대백과).

476 당산(堂山)은 민간신앙(民間信仰)의 하나로 마을 신앙(信仰)의 구심점으로 마을을 지켜주는 신령(神靈)을 지칭하기도 하며 신성시하는 특정 장소(산이나 언덕 등)를 지칭하는

등 매우 광범위하게 사용된다.

477 솔개는 매목 수리과 솔개 속에 해당하는 조류로, 날개 길이가 45~53cm 정도이고, 꼬리가 27~33cm 정도 되는 맹금류다.

478 '훨훨'에 한삼을 뿌리며 춤을 춘다.

479 장단을 치라는 불림소리다.

타령장단 〈본장단〉

악기	장단								
쇠	갠		갯		개	갱		갯	
징	징								
장구	덩		기덕		덕	덩		딱	
북	둥		딱		딱	덩		딱	

〈맺음가락〉

악기	장단									
쇠	개	개	개	갯		개	갱		갯	
징	징									
장구	더	더	더	덩		기덕	덩		딱	
북	둥			딱		딱	덩		딱	

480 서울특별시 성북구 안암동에 있는 산으로서, 개운산(開運산)이라고도 불린다.

481 ① 출가하여 승려가 되기 전의 집안 ② 불교를 믿지 않는 사람의 집안(자료출처: 네이버 지식백과).

482 남녀(男女)가 음탕(淫湯)한 소리와 난잡한 행동으로 수작부리며 놀아 대는 짓거리(= 농탕질).

483 형식(型式)은 근본(根本)과 같이 자라온 환경이나 경력 등을 이른다.

484 육십갑자의 첫째로, 천간(天干)이 '갑'이고 지지(地支)가 '자'인 간지, 또는 세월이나 나이를 나타낸다.

485 잡아옴 또는 소환(召還)함을 나타낸다.

486 삼세(三世)의 하나. 죽은 뒤에 다시 태어나 산다는 미래의 세상을 이른다. 비슷한 말로는 당(當)·당래(當來)·당래세·뒷세상·미래(未來)·미래세·후세·후제(後際)가 있다(자료출처: 네이버 국어사전).

487 가난한 사람이 부자가 되는 것

488 생김새나 됨됨이가 제대로 갖추어져 흠 잡을 데 없이 충분하고 어지간하다. 내용에 따라서는 특별하다는 의미로 '별별(別別)'을 사용하기도 한다.

489 어르다.

490 24절기 중 음력 6월 5일, 망중은 보리를 베고 모내기를 하는 적절한 시기로 수확한 보리를 가지고 보리떡을 해먹는 풍습이 있다.

491 '중'으로 끝나는 발음의 유사성을 통한 언어유희와 해학적 표현을 통한 주제에 접근하는 재담적 성격을 보여준다.

492 부처님의 가르침

493 불림소리가 끝나면 바로 타령장단이 따라 붙는다.

3. 타령장단

〈본장단〉

악기	장단									
쇠	갠			갯	개	갱	갯			
징	징									
장구	덩			기덕	덕	덩	딱			
북	둥			딱	딱	덩	딱			

〈맺음가락〉

악기	장단									
쇠	개	개	개	갯		개	갱		갯	
징	징									
장구	더	더	더	덩		기덕	덩		딱	
북	둥			딱		딱	덩		딱	

494 "장단을 바짝 몰아놓고 놀아보는데"는 실제 장단을 빠르게 몰아가는 것이 아니라, 춤으로 상대하는 먹중을 춤을 바짝 몰아서 정신없이 만드는 것을 말한다.

495 타령장단 〈본장단〉

악기	장단									
쇠	갠			갯	개	갱	갯			
징	징									
장구	덩			기덕	덕	덩	딱			
북	둥			딱	딱	덩	딱			

〈맺음가락〉

악기	장단											
쇠	개	개	개	갯		개	갱		갯			
징	징											
장구	더	더	더	덩		기덕	덩		딱			
북	둥			딱		딱	덩		딱			

496 굴건(屈巾)과 제복(服)으로 굴건은 거친 삼베를 사용하여 만든 것으로, 상주가 상복(喪服)을 착용할 때에 두건 위에 덧쓰는 건(巾)이고 제복은 상복을 말함

497 줄줄

498 탈춤의 춤사위로 한쪽 방향으로 도는 것

499 어머니

500 곡식, 가루, 액체 등의 분량을 헤아릴 때 사용하는 것으로 됫박이마는 잘 빠지고 틈새 없이 예쁘게 생긴 모양새를 나타낸다.

501 가는 붓

502 짧은 지팡이

503 중국에서 들여온 명주실을 뜻함

504 한 가닥의 실

505 조선시대 액정서에 딸린 부사안(副司案)의 체아직으로 어전시위(御殿侍衛)를 담당하는 것으로 왕의 거처에서 심부름을 하는 벼슬.

506 무예청(武藝廳)이라고도 하며, 조선시대 왕을 호위하는 일을 맡아보던 무관(武官)의 관서이다.

507 조선 시대에, 의금부에 속하여 죄인을 문초할 때에 매질하는 일과 귀양 가는 죄인을 압송하는 일을 맡아보던 하급 관리(자료출처: 네이버 국어사전).

508 타령장단을 부르는 불림소리다.

타령장단 〈본장단〉

악기	장단											
쇠	갠			갯		개	갱		갯			
징	징											
장구	덩			기덕		덕	덩		딱			
북	둥			딱		딱	덩		딱			

〈맺음가락〉

악기	장단										
쇠	개	개	개	갯		개	갱		갯		
징	징										
장구	더	더	더	덩		기덕	덩		딱		
북	둥			딱		딱	덩		딱		

509 덧뵈기의 기본무(基本舞)로써 탈춤을 구성하는 다양한 춤사위로 이루어져 있으며, 합동무는 전 배역들이 어우러져 추는 군무로 이루어져 있다.

510 2000년 초까지는 삼현육각으로 구성된 반주로 공연되었지만 현재는 타악기와 태평소로 구성된 주된 반주를 사용하고 있으나, 최근 공개행사(2018년 11월 18일, 서울놀이마당 기준)에서는 타악기(쇠, 장구, 북, 징)와 태평소로만 반주되고 있다.

511 1965년 국립영화제작소에서 제작한 덧뵈기 영상은 굿거리와 덩덕궁이로 입장하였음

512 경기·충청지역의 고사덕담의 뒷소리를 말한다.

513 또는 맺는 장단으로 연주된다.

514 신라시대 때 춤의 하나, 신라 헌강왕이 포석정에 나들이 갔을 때, 산신의 터럭이 서리처럼 흰 남산의 산신령이 나타나서 추는 춤을 보고 따라 추었다는 춤

515 신라시대 때 금빛 탈을 쓰고, 방울채를 손에 쥐고 귀신을 쫓기 위해 가면을 쓰고 추는 춤

516 조선시대 지방 각 읍을 단위로 만든 지방이야기이자 행정사례집

517 일년 중 행사나 월별, 계절별 세시풍속기

518 조선 중기 향악정재로 두 무동이 북향하여 서서 두 손을 번갈아 바꾸어 이마에 대면서 추는 영조 때 궁중 무용

519 무극으로 중국 진나라 말 항우와 유방의 이야기로 홍문연의 이야기를 춤 극화한 것

520 송나라에서 전래된 춤

521 궁궐에서 일하는 여자들의 노동무

522 제시한 춤들의 내용은 각종 의궤와 '정재무도홀기(呈才舞圖笏記)'와 문헌을 참고

523 덧뵈기의 전체 과장을 마치고 난 후, 전체 배역이 마당으로 나와 함께 추는 군무(合同舞)를 말함

524 한 박(拍) 한걸음에 좌, 우로 팔을 흔드는 춤사위로 한 장단에 한 걸음씩 뛰는 동작을 소리 나는 대로 표현한 춤사위 명칭이다.

525 덧뵈기의 불림소리 내용 중 '한삼(汗衫)'은 전승자에 따라 '한상(限上)', '한산(舎山)' 등
으로 불리는데, 남사당 보유자 박용태는 '한삼'으로, '자연(녹수(綠水))에서 한삼을 가
지고 춤을 추니 몸은 비록 몸은 늙었으나, 마음은 늙지 않는다(심불로(心不老))'란 뜻
으로, 세한대 남기문 교수는 '한상(限上)'으로, 자연의 정점에서 춤을 추고 즐기니, 마
음이 늙지 않고 행복하다'라는 뜻으로, 사)남사당놀이 이사장 남기수는 '한산(舎山)'으
로, '한산의 자연에서 춤을 추고 즐기니, 늙지 않는다'는 뜻으로 각기 사용되고 있다.

526 '좌우새'는 특별한 신호 없이 3번만에 넘어간다.(보유자 박용태 증언, 1996년) 하지만 연
행내용에 따라 '좌우새'는 생략하고 바로 나비춤으로 진행되기도 한다.

527 나비춤의 다른 명칭은 '볏짚가리 사위'라 불리는데, 이는 춤동작이 볏짚을 집어 들고
좌, 우로 옮기는 동작을 표현한 춤사위에서 유래된 것이다. 나비춤은 전승과정에서
전승자에 따라 춤을 마무리하는 동작의 차이를 보이는데, 양팔을 뿌리고 다시 원상
태로 돌아서 마무리짓는 형식으로, 춤의 진행은 왼쪽 방향으로 양팔을 벌려 뿌리고,
오른팔을 머리 사위로 감아서 얼굴막음사위와 좌우새로 마무리한다. 반대 방향도 같
은 형식으로 반복 진행된다.

528 흔히 춤동작에서 좌우새의 마무리 동작으로 부분 동작 명칭으로는 허리 좌우 막음
사위라 불린다.

529 닭이똥사위의 한삼을 감는 동작은 두 가지 패턴으로 연행되는데, 한삼을 말아서 감
는 동작의 마무리가 왼손인 경우와 오른손인 경우로 나뉘며, 장단에 따라 한삼을 감
는 속도에 따라 마무리 춤동작이 달라지는 특징을 보인다. 닭이똥사위의 경우 보유
자 박용태 선생님은 '왼손－오른손－말아서－오른손'으로 마무리하고, 남기문(前 전수
교육조교) 선생님은 '왼손－오른손－말아서－왼손'으로 마무리한다.

530 '엿보는 사위'는 '훔쳐보는 사위'라고도 불리며 무엇인가를 몰래 바라보는 동작을 흉
내 낸 춤사위다. 이때 '고개잡이'와 같이 장단에 맞춰 고개를 아래, 위로 흔들어 준다.

531 맺는 사위까지가 덧뵈기의 합동무 1장으로 구분된다.

532 '뒤로 휘젓는 사위', 또는 '활갯짓'이라고도 불린다.

533 탈꾼이 많을 경우 열을 지어 쫓아가지 않고 바로 풀어서 원을 만든다(보유자 박용태
증언, 1996년).

534 탈꾼들의 퇴장 방식은 열을 지어 '을(乙)자진'을 그리며 무대를 돌아 퇴장하는 방식과
'을(乙)자진'을 그리고 나서 일렬로 나란히 서서 장단을 맞춰 다시 인사하고 탈을 벗어
얼굴을 보여주며 배역을 확인하고 다시 퇴장하는 방식이 있다.